Elena Galini

DIE DREI JAHRESZEITEN
*Brauchtum und Natur in Griechenland
unter besonderer Berücksichtigung Kretas*

Die Blauen Grotten von Zakynthos

*Titelbilder: Die Paraportiani auf Mykonos (großes Bild oben),
Adonisröschen (kleines Bild links), Olivenhain (kleines Bild rechts),
Georgios spielt die dreisaitige Lyra (Bild unten links),
Paartanz in einer Reihe (Bild unten rechts).
Rückseite: Oktoberabend im Golf von Phaistos, Kreta.*

ISBN 3-7059-0030-7
1. Auflage 1996
© Copyright by Herbert Weishaupt Verlag, A-8342 Gnas,
Tel: 03151–8487, Fax: 03151–2024.

Druck: Theiss, A-9400 Wolfsberg.
Printed in Austria.

Elena Galini

DIE DREI JAHRESZEITEN

*Brauchtum und Natur
in Griechenland
unter besonderer
Berücksichtigung Kretas*

Weishaupt Verlag

Inhalt

Geleitwort von
S. E. Metropolit Augoustinos

Brauchtum ist das Gedächtnis eines Volkes. Je älter seine Geschichte, um so mehr Erinnerungen bewahrt ein Volk an die Erfahrungen und Verhaltensweisen seiner Ahnen.

Ihr Weg führt die Griechen durch Jahrtausende von der ursprünglichen Unterwerfung unter die unerklärlichen Phänomene der Natur zum furchteinflößenden olympischen Götterhimmel und macht sie bereit für die Verheißungen des Christentums.

Die von allen Epochen geprägten Erinnerungen der griechischen Welt und damit des gesamten Abendlandes leben fort in der christlichen Religion ebenso wie im weltlichen Brauchtum. Sie leben vor allem fort in der tief verwurzelten Volksfrömmigkeit der Griechen, die sowohl ihr religiöses als auch ihr alltägliches Leben prägt.

Hier liegt ein Buch in deutscher Sprache vor, das eine Brücke schlägt vom Griechenland der Mythen, der Säulen und Skulpturen, der Philosophen und Rhapsoden hin zum lebendigen Griechenland der Gegenwart. Es öffnet dem Fremden ebenso wie dem Griechen Geist und Herz für seit Generationen ererbte Verhaltensweisen. Es erschließt die geheimnisvolle Welt der Symbole, die im traditionsreichen religiösen Brauchtum ebenso gegenwärtig ist wie in Natur und Alltag.

Wir wünschen diesem Buch einen Leserkreis besonders bei der griechischen Jugend, die in zweiter und dritter Generation fern ihrer Wurzeln heranwächst und lebt, damit die Erinnerungen im Gedächtnis unseres Volkes erhalten bleiben. Wir wünschen ihm ebensosehr einen Leserkreis unter den Freunden Griechenlands, die ihr „Bild von der Geschichte" um das „Bild von Leben in der Gegenwart" bereichern möchten.

Metropolit Augoustinos von Deutschland und Exarch von Zentraleuropa

„Was ist dir, du Meer, daß du fliehst, du Jordan, daß du zurückweichst?" (Aus: Fest der Taufe Jesu)

Einleitung

Überall auf der Welt erkennen die Griechen einander an der Sprache. Wessen Muttersprache Griechisch ist, der ist Grieche. Hinter der deutschen Sprache kann auch ein Österreicher oder ein Schweizer stecken, hinter Italienisch ebenso auch ein Schweizer, hinter Französisch gar auch ein Kanadier usw.

Im antiken Griechenland war die Sprache das einende Band. Wer nicht griechisch sprach, war ein Barbar. Bei den Olympischen Spielen war die griechische Sprache Voraussetzung für die Teilnahme. Sie war der Identitätsausweis des Hellenen. Sprache und in der Folge die Schrift waren somit die Pfeiler der griechischen Kultur schlechthin.

Ein wesentlicher Pfeiler war die Religion. Zeus einte alle Hellenen und mit ihm der gesamte olympische Götterhimmel. Gemeinsam verehrten sie Zeus in Olympia, Apollo in Delphi und auf der Insel Delos, Athena in Athen, Demeter in Eleusis. Die unter Peisistratos im 6. Jh. v. Chr. niedergeschriebenen Epen des Homer wurden zur „Bibel" für alle Hellenen. Hellenisch drückten sich die Bildhauer aus, die die Götterstatuen schufen, die Baumeister, die die Tempel errichteten, die Dichter, die Philosophen.

Dem einenden Band der Kultur stand das Trennende der griechischen Landschaft gegenüber. In einem von Bergen und Schluchten zerstückelten Land, in einer Landschaft, deren Lebensraum zu einem großen Teil aus Inseln besteht, fanden die Menschen, die zu unterschiedlichen Zeiten aus unterschiedlichen Regionen in dieses Land eingewandert waren, zu keiner nationalen Geschlossenheit. Das politische System der Stadtstaaten war zudem geeignet, das Trennende zu fördern, mehr, als es den gemeinsamen Kulturpfeilern möglich war zu einen. Kriege zwischen Athen und Sparta, Korinth und Athen, Makedonien und dem übrigen Griechenland, um nur einige wesentliche zu nennen, waren die Folge. Einig waren die Griechen, wenn es darum ging, dem höchsten Gott Zeus in Olympia mit gemeinsamen Spielen Ehre zu erweisen. Einig waren sie auch im Kampf gegen den gemeinsamen Feind, die Perser.

Im griechischen Alltag wußte der Athener nichts vom Spartaner, der Korinther nichts vom Thebaner, der Insulaner von Milos nichts von jenem aus Rhodos. In Sprache und kultischem Ritual verstärkten sich lokale Färbungen. Die Stammesdialekte der Dorer oder der Ionier entwickelten sich in den vom jeweiligen Stamm überwiegend besiedelten Gebieten. Den Stammeseigenschaften entsprechend überwog die Verehrung der jeweils bevorzugten Götter. Landschaftliche Gegebenheiten übten ihren Einfluß aus. So konnte sich im waldreichen, gebirgigen Norden der Kult des Dionysos mit seinen durch die Wälder rasenden Mainaden entwickeln, während im intellektuell geprägten ionischen Athen die weise Athene den Sieg über Poseidon davontrug. Im lichten Delos war der Sonnengott Apollo zu Hause, während im düsteren, strengen Sparta seine Menschenopfer fordernde Schwester Artemis Verehrung fand.

Das Bedürfnis nach Gründungsmythen ließ in der Erinnerung der Menschen Götter mit Sterblichen Heroen zeugen, auf die sie ihre Abstammung zurückführen konnten. Die Gewohnheit, sich durch Eroberungszüge gegenseitig Land abzujagen, wurde im Nachhinein mit der Hochzeit irgendeines Gottes mit irgendeiner Göttin beschönigt. So entstanden lokale Genealogien, lokale Kulte, lokales Brauchtum.

Nur unter Alexander dem Großen fand im 4. Jh. v. Chr. eine Einigung aller Griechen statt. Griechische Kultur wurde bis weit nach Asien hineingetragen, und die gesamte damals bekannte, östliche Welt sprach eine Sprache, die Koiné, die ein einheitliches Griechisch war. Die bis dahin untereinander geübte Toleranz der Griechen, *„jeden in seiner Facon selig werden zu lassen"*, ging nun sogar soweit, daß orientalische Kulte, ägyptische Götter, Sitten und Brauchtum im ganzen Reich Einzug hielten. Anläßlich eines gigantischen Festes vermählte Alexander 9000 seiner griechischen Soldaten und sich selbst mit persischen Frauen nach persischem Ritus.

Das Alexanderreich zerfiel. Übrig blieb Griechenland als römische Provinz Makedonien. Doch Augustus erkannte endlich, daß dieses Land nicht als Einheit zu regieren war und unterteilte es in mehrere kleine Provinzen. Die Regierung des Byzantinischen Reiches in Konstantinopel stieß auf dieselben Schwierigkeiten und erfand das System der Themenverwaltung. Wieder wurde Griechenland zerstückelt. Schlimmer noch trieben es die Franken und die Venezianer nach dem 4. Kreuzzug vom Jahr 1204. Adelsfamilien zersplitterten das Land in unzählige Kleinheiten. Von Einheit konnte auch jetzt nicht die Rede sein. Ähnlich war es zur Zeit der Osmanen, als der Sultan den Paschas die Herrschaft überließ.

In all diesen Jahrhunderten waren, mehr noch als in der Antike, kleine Gemeinwesen im Kampf ums Überleben sich selbst überlassen. Einzig und allein das Christentum, die Orthodoxe Kirche, deren Leitlinie das Evangelium und die von den großen Kirchenvätern aufgestellten Regeln waren, vermochte diese Gemeinwesen zusammenzuhalten. Die Kirche hielt innerhalb dieser Gemeinwesen Traditionen aufrecht, pflegte Sprache und Schrift, sakrale Kunst und Wissenschaften. Es entwickelte sich ein stark dem Volk verbundenes religiöses Brauchtum ebenso wie ein sich an der Religion orientierendes Volksbrauchtum.

Aus diesen historischen Gegebenheiten des Landes resultiert eine ungeheure Vielfalt der Traditionen. Zwar sind die Voraussetzungen durch Religion, Volkscharakter, Landschaft und Klima im wesentlichen überall gleich. Deshalb erkennt der oberflächliche Beobachter meist kaum die oft nur geringfügigen Unterschiede in den Gewohnheiten der Menschen. Gleichwohl hat jede Landschaft, ja beinahe jedes Dorf, Gepflogenheiten, die es von anderen unterscheidet. Ebenso wie es unmöglich ist, in die griechische Mythologie eine systematische Ordnung zu bringen, ebensowenig läßt sich das Brauchtum Regeln unterwerfen. Dazu kommt, daß durch die Entwicklung seit der Neugründung des griechischen Staates nach der Befreiung von der Osmanen-Herrschaft auch die Brauchtumsgrenzen innerhalb Griechenlands mehr und mehr verwischen. Die Mobilität der Menschen, das sich kreuz und quer durch die Landschaften Verheiraten bringt einst rein kretisches Brauchtum bis nach Makedonien oder die Sitten der Korfioten bis in die Dodekanes. Typische Essensgewohnheiten vermischen sich ebenso wie Dialekte. Traditionelle Handwerksberufe werden von der Industrie verdrängt, Musik und Tanz von europäischen Einflüssen bedrängt. Doch gerade letztere beweisen eine besonders tiefe Verwurzelung im Volkscharakter. Kaum eine Nation der zivilisierten Welt kann auf eine derart ungebrochene Tradition von Musik und Tanz zurückblicken wie die griechische. Wenn auch Pop und Beat die Jugendlichen in die Diskos locken, wenn auch die europäischen Klassiker die Konzertsäle füllen: die traditionelle griechische Musik leidet keinen Nachwuchsmangel an Komponisten und Interpreten und ist überall gegenwärtig.

Seit dem frühesten Christentum ungebrochen ist die religiöse Tradition. Allen fremden Einflüssen zum Trotz orientiert sich das seiner Orthodoxen Kirche eng verbundene griechische Volk am Evangelium und den von den ersten großen Kirchenvätern des 4. Jh. erarbeiteten Regeln streng nach dem Grundsatz, daß der Mensch Gottes Gesetz nicht verändern darf.

Nach diesen Betrachtungen wird deutlich, daß ein Werk über griechisches Brauchtum keinerlei Anspruch auf Vollständigkeit oder Detailgenauigkeit erheben kann. Es kann nur ein Versuch sein, lebendig Gebliebenes zusammenzutragen und es da und dort auf seine Wurzeln zurückzuführen. Es soll Verbindungen herstellen vom Heute zum Vorgestern.

Und ein anderes: Was heute, im ausgehenden 20. Jahrhundert noch lebendig ist, soll erhalten bleiben. Inhalte von zu Ritualen erstarrtem Brauchtum sollen auch von nachfolgenden Generationen verstanden werden, und zwar von Generationen eines neuen, verjüngten Europa, dessen Geist zwar seit zweitausend Jahren von Griechenland geprägt wird, dessen Sinn für Schönheit und dessen Bezug zur Natur jedoch schon lange vorher ein Volk beeinflußt hat, das wir heute Minoer nennen, ohne zu ahnen, wie lebendig diese Minoer auf Kreta, in ganz Griechenland und in jedem von uns geblieben sind.

Mein Dank für das Zustandekommen dieses Buches gilt den vielen Menschen, vor allem auf Kreta, die mir in vertrauten Gesprächen ihren reichen Wissensschatz zur Verfügung gestellt haben. Ich danke Papa Manoli aus meinem kretischen Dorf, der Trachtenschneiderin Maria Patedaki aus Agios Mironas, vor allem aber meiner Nachbarin und Freundin Zambia Iliaki, die mir ahnungslosen Fremden mit unendlicher Geduld erzählt und erklärt hat.

Meinen ganz besonderen Dank entbiete ich S. E. Metropolit Augoustinos von Deutschland. Sein Zuspruch und seine Bereitschaft zu einem Geleitwort für dieses Buch waren mir Ansporn und gaben mir Vertrauen in meine Arbeit.

Elena Galini

FRÜHLING

Erste Frühlingsboten: Hahnenfuß

Der griechische Stadtmensch hat sich längst dem kalendarischen Rhythmus der Jahreszeiten unterworfen. Der Wetterbericht im Fernsehen und der Griff in den Kleiderschrank prägen seinen „natürlichen" Jahreskreislauf. Für den Festlandgriechen haben die vier Jahreszeiten der nördlichen Breiten Gültigkeit. Vor allem im waldreichen und gebirgigen Norden, in Epeiros, Makedonien und West-Thrakien, wo der Winter eisig ist und die Dörfer und Städte im Schnee versinken, wo der Frühling mit Macht über das Land hereinbricht und die Natur förmlich zum Bersten bringt, wo der Sommer heiß und trocken ist, und im Herbst sich das Laub der Bäume bunt färbt, gilt die Vierteilung des Naturjahres.

Ganz anders im Süden, auf den Inseln und auf Kreta. Vordergründig kennen die Menschen hier nur zwei Jahreszeiten: Sommer und Winter. Im ganzen Land, doch ganz besonders hier, gilt das Sprichwort: *„Ab März Sommer, ab August Winter."* Wenn es nämlich im Mai allmählich so richtig heiß wird, Regen längst der Vergangenheit angehört und die Blumen langsam verblühen, stöhnt der Kreter: *„Wie sollen wir den Sommer überstehen?"* Kaum werden im Oktober die Tage kürzer und nach den ersten Regenfällen auch merklich kühler, fragt er sich, wie er wohl den Winter überleben wird.

Doch wenn auch das Wort im griechischen Sprachgebrauch wenig Bedeutung hat, warten alle sehnlich auf den Frühling. Aber entgegen allgemein gültiger Theorien beginnt er am 1. März. So verkünden es jedenfalls die Medien. Es hat etwas für sich. Denn Ende Februar werden – außer in den Bergregionen, wo sich der Ablauf naturgemäß klimatisch bedingt etwas verschiebt – die letzten Netze der winterlangen Olivenernte zusammengerollt und in den Ästen der Bäume oder auf dem Hausdach verstaut. Die Mutterschafe haben ihre Osterlämmer geworfen. Auf den Wiesen verblühen die Anemonen ebenso, wie die wilden Mandelbäume an den Straßenrändern. In den Orangen- und Zitronenhainen hängen leuchtend die reifen Früchte, und die Winterkartoffeln sind eingebracht. Es gibt auch längst keine riesigen Weißkraut- und Blumenkohlköpfe mehr auf den Feldern. Dafür wagen sich an den Zitrusbäumen neben den reifen Früchten die neuen Blüten hervor, entfalten sich Aprikosen- und sonstige Obstbäume in voller Pracht, erblühen der golden leuchtende Dorn-

Reichgedeckter Frühlingstisch

Mutterglück

ginster, Weißdorn, Schlehen, Zistrosen, Baumheide, Salbei und Brandkraut in der Macchia, überziehen unzählige Arten wilder Blumen, gelbe Wucherblumen und weiße Margariten, wilde Malve und Ochsenzunge, die saftig grünen Wiesen und die Wegraine, drängen die ersten Orchideen- und Liliengewächse ans Licht. Bienen umsummen die Blüten, Käfer krabbeln aus Erdlöchern, Vögel turnen liebestrunken singend und zwitschernd durch die Zweige und steigen trällernd in den blauen Himmel empor. Die Luft ist rein und klar und tagsüber mild, obwohl die Gipfel der Berge überall noch tief verschneit sind.

Fast mag man in den Mittagsstunden den Schatten suchen, und mancher Bauer auf den Feldern ahnt schon die Hitze des kommenden Sommers. Es ist die Zeit, da er seine Felder pflügt. Nicht mehr hin-

Reife Orangen und schneebedeckte Berge

ter der hölzernen Pflugschar und dem Ochsen oder dem Muli sich abrackernd. Nein, hoch oben auf dem modernen Traktor thronend, gräbt er mit der eisernen Pflugschar tiefe Furchen in die Mutter Erde, die weich und duftend aufbricht und die grüngelbe Winterpracht des afrikanischen Sauerklees in sich aufnimmt. Es ist Frühling in Griechenland.

Es ist die Zeit, da Demeter, die große Fruchtbarkeitsgöttin des olympischen Götterhimmels, sich mit dem Titanen Iasion in einem dreimal gepflügten Brachfeld vereinigte. Wie aus mehreren zuverlässigen Quellen verlautet, ließ sich die ansonsten als äußerst seriös bekannte Fruchtbarkeitsgöttin anläßlich der Hochzeit von Kadmos und Harmonia zu diesem amourösen Abenteuer hinreißen. Sie soll zu tief ins Nektarglas geschaut haben. Übrigens: Iasion bezahlte den Frevel mit seinem Leben. Ein Blitz des Zeus traf ihn. Obwohl Kadmos der König von Theben war und anzunehmen ist, daß er seine Hochzeit im eigenen Palast gefeiert hat, reklamieren die Kreter den Sündenfall der Göttin für sich. Wie das?

Demeter war schon da, als noch niemand an den olympischen Götterhimmel dachte. Sie war die *Ge-mater*, die Erdmut-

ter, eine Unterweltsgöttin, der schon im vorgeschichtlichen Kreta geopfert wurde, wie auf Linear-B-Schrifttäfelchen belegt ist. Allerdings war sie nicht eine reine Totengöttin, sondern zuständig für alles, was in der Tiefe der Erde schlummerte und was aus der Mutter Erde kam – für Fruchtbarkeit also im weitesten Sinn. Auch für die Fruchtbarkeit der Frauen, für die sie die Eileithyia war. Und wo war diese Muttergöttin zu Hause? Auf Kreta, wohin sie aus dem Vorderen Orient gekommen war. Die phönikische Prinzessin Europa brachte sie mit, die Zeus in Gestalt eines Stieres nach Kreta entführt hatte. Und auch Kadmos nahm den Weg über Kreta auf der Suche nach Europa; denn sie war seine Schwester. Erst über Kreta hielt Demeter dann als Tochter der Göttermutter Rhea und Schwester des Zeus und der übrigen Olympier Einzug im griechischen Götterhimmel.

Ihr Abenteuer mit Iasion, dem sie den Plutos, den Reichtum, gebar, machte sie zur *Da-mater*, zur Getreidemutter, als die sie später ihren Ruhm in Eleusis erlangte, wo sie dem Königssohn Triptolemos das Geheimnis des Getreideanbaus verriet. Womit wir endlich wieder bei den Jahreszeiten wären. Und zwar beim Frühling. Denn der göttliche Beischlaf im gepflügten Feld ist nichts anderes als ein Fruchtbarkeitsritus. Gerüchten zufolge soll es bei den Bauern auf Kreta sogar noch bis in unser Jahrhundert durchaus üblich gewesen sein, daß im Frühling der Bauer mit seiner Bäuerin in die Felder ging ... Auch dafür sind die Wurzeln in den alten Demeterriten zu suchen, daß wir überall auf den Feldern noch heute auch die Frauen bei der schweren Arbeit finden. Seit Demeter das Geheimnis des Ackerbaus gelüftet hatte, war es Sache der Frauen, dieses Mysterium auszuüben. Erst als die Männer begriffen, welche Bedeutung der berühmte kleine Unterschied für den Fortbestand des Menschengeschlechts hat, wurde die Macht der Mutter Erde, die Macht der Frauen, untergraben, und sie drängten – diesmal zum Glück für die Frauen – auch in diesen Bereich hinein.

Nun, es ist Frühling in Griechenland. Wir haben Demeter, die dreifaltige Göttin, in ihrer zweiten Erscheinungsform, nämlich als Nymphe, als junges Weib kennengelernt, das sich unbefangen hingibt, empfängt und gebiert wie die Erde die Saat empfängt und Frucht gebiert. Wie die Geschichte angefangen hat bzw. weitergeht, werden wir erfahren, wenn der Sommer Einzug hält.

Der Frühling ist geprägt von Festen, die das Drängen der Menschen hinaus in die Natur widerspiegeln. Wer immer kann, nimmt die Gelegenheit wahr, die Städte zu verlassen, mit der ganzen Familie hinauszufahren, Freunde und Verwandte zu treffen und bei einem Picknick unter freiem Himmel das Wiedererwachen des Lebens zu feiern.

Die erste Gelegenheit dazu bietet – man kann es kaum glauben – der Fasching.

ADONISRÖSCHEN
Adonis annua

Welche Blume genau damit gemeint ist, ist nicht so ganz sicher. Denn das echte Adonisröschen ist gelb.
Wahrscheinlich wurde die rote Anemone zum mythischen Adonisröschen. Kronenanemonen und Asiatischer Hahnenfuß verwandeln im Spätwinter und Frühling ganze Wiesen zu einem bunten Teppich. Auch tiefrote Blüten sind häufig anzutreffen, die sich zitternd dem Wind, dem *anemos*, aussetzen. Die rasch welkende Blume erinnert an Adonis, den wunderschönen Geliebten der Aphrodite, der in jugendlicher Blüte von einem Eber getötet wurde. Sie sproß aus einem Blutstropfen und wurde zum Symbol für Tod und Wiedererwachen der Natur. Denn auf Bitten Aphrodites erlaubte die Unterweltsgöttin Persephone dem Adonis, daß er jedes Jahr im Frühling für kurze Zeit auf der Erde erscheinen dürfe.
Mit Gärtchen aus rasch welkenden Blumen – Adonis-Gärtchen – gedachten die Frauen in der Antike im Frühling des Todes von Adonis. Noch bis in unsere Zeit werden mancherorts die Adonis-Gärtchen als Frühlingssymbol gehegt.

Bauernregeln im Frühling

Februar

- Wie das Wetter an Ipapanti (2. Februar, Darstellung Christi im Tempel – Mariä Lichtmeß), so bleibt es 40 Tage.
- Wenn es am Ipapanti-Tag regnet, gibt es eine gute Ernte.
- Wer im Februar heiratet, wird besonders glücklich werden.

März

- Der März hat zwei Frauen und will sich von keiner trennen. Deshalb schläft er zwischen beiden in einem Bett. Wenn er sich zur häßlichen wendet, gibt es schlechtes Wetter, gelegentlich sogar Schnee. Dreht er sich zur hübschen und lacht, dann gibt es Sonnenschein. Oder: Der März hat nur eine, allerdings sehr hübsche Frau. Solange sie zu Hause bleibt und er sie betrachten kann, freut er sich und mit ihm das ganze Land. Aber sobald sie außer Haus geht, schmollt er und es gibt schlechtes Wetter.
- Am Morgen des 1. März sollen sich die Mädchen mit dem Tau von den Gräsern waschen, damit sie die Märzfrische schön macht.
- Junge Mädchen sollen sich am Morgen des 1. März Baumwollfäden um das linke Handgelenk binden, damit die Märzsonne sie nicht verbrennt.
- Wer im März als erstes ein Schaf sieht, ist eine Schlafmütze den ganzen Sommer über. Wer eine Ziege sieht, wird besonders wach und erfolgreich bei der Arbeit sein.
- Wer im März einen Kuckuck schreien hört, ist das ganze Jahr über ein Glückspilz.
- Am Tag der 40 Heiligen (9. März) soll nicht gesät werden, weil diese Saat vierzig Tage nicht aufgeht.
- Am Tag der 40 Heiligen soll man Blumen pflanzen mit dem Spruch: *„40 sollst Du essen, 40 sollst Du trinken, 40 sollst Du in die Erde pflanzen für Deine Seele".* Blumen, die an diesem Tag gepflanzt werden, gedeihen besonders gut.

April

- Am 1. April necken sich die Menschen mit Lügen. Wen sie belügen, dem wünschen sie damit von Herzen einen guten April. Wem darüber hinaus die massivste Lüge glaubhaft gelingt, der gilt als der Schlaueste der Gesellschaft.
- Tau vom 1. April ist ein Heilmittel gegen Fieber. Deshalb soll man am Morgen des 1. April Tau in einem Fläschchen sammeln und davon trinken, wenn man Fieber hat.
- Blumen soll man im April pflanzen. Denn obwohl der Mai als Blumenmonat gilt, ist er für sie ein Unglücksmonat (es beginnt die Hitzeperiode).
- Der April bricht die Kälte, der Mai die Blumen.
- Am Vorabend des hl. Georg (23. April) soll man vor dem Haus Feuer anzünden und sagen: *„Hinaus Läuse und Flöhe und weit weg ihr Mäuse"* und das Haus sauber machen.
- Am Tag des hl. Georg bricht die Kälte. Deshalb sollen an diesem Tag die Hirten ihre Tiere von den Tälern in die Berge treiben (von jetzt ab ist für die Kreter Sommer).

Mai

- Der Mai hat den Namen, der April die Blumen.
- Im Mai heiraten nur Könige und Esel.
- Iß Knoblauch im Mai, und Du brauchst keinen Arzt.
- Wer im Mai geboren wird, braucht keine Verwünschungen zu befürchten.
- Im Mai darf man kein Basilikum pflanzen, sonst stirbt ein Angehöriger.
- Im Mai soll man weder Besen noch Kehrichtschaufel kaufen.

KRETISCHE KÖNIGSKERZE
Verbascum spinosum

Unter den rund 150 Endemiten Kretas, gehört die Kretische Königskerze zu den hübschesten und seltensten. Der Zufall führte mich in die Agio Farrango, die Heilige Schlucht im Süden der Insel, wo noch bis zum Beginn unseres Jahrhunderts Eremiten in Höhlen ihr abgeschiedenes, gottgeweihtes Leben lebten, wo auch eine alte, byzantinische Kirche steht. Die Wanderung führte entlang eines munter plätschernden Baches, in dem sich Myriaden von Kaulquappen tummelten. Gelegentlich beäugten mich neugierige, halbwilde Ziegen. Sonst war um mich nur heilige, stille Einsamkeit. Das Flußtal wurde enger, rote Felsen ragten steil empor, schwarze Höhlen öffneten sich über mir. Da winkte mir etwas Gelbes von hoch droben aus der roten Wand zu. Da wieder, aber unerreichbar für mich, vielmehr für meinen Fotoapparat. Ich wanderte weiter, ein Auge suchend an der Felswand, eines auf dem steinigen Ziegenpfad. Dann wagte sich so ein gelbes Etwas tiefer zu mir herunter. Mein Herz klopfte. Meine Hoffnung bestätigte sich. Es war die kretische Königskerze mit ihren langen, zarten Fühlern, an die sich die leuchtend gelben Blüten mit ihren violetten Staubgefäßen klammern. Vor lauter Freude wäre ich beinahe über die byzantinische Kirche des hl. Antonius gestolpert, die sich eng unter die Felswand schmiegt. Es scheint doch etwas Wahres daran zu sein, daß der hl. Antonius beim Suchen hilft.

Kretische Königskerze

Fasching

Apokries und *karnavali* – Fasching und Karneval: beide Worte bedürfen der Erläuterung.

Apokries wird abgeleitet von von *apo kreas* = „von" im Sinne „weg von" Fleisch, d. h., Verzicht auf Fleisch. Von den vier Sonntagen der Vorfastenzeit, dem Sonntag der Zöllner und Pharisäer, dem Sonntag des verlorenen Sohnes, dem Fleisch-Sonntag und dem Käse-Sonntag sind drei im Brauchtum lebendig geblieben: der Sinkokali-Sonntag als der Sonntag des verlorenen Sohnes, an dem alle Speisen erlaubt sind, der *Kreatini*, der Fleisch-Sonntag (von *kreas* = Fleisch), an dem traditionell nur Fleisch gegessen wird, und der *Tirini*, der Käse-Sonntag (von *tiri* = Käse), an dem nur Käse und sonstige Milchprodukte verzehrt werden.

Karnavali, unser Karneval, ist das hin-

Miss Karna-
vali

brannt, was dem Haus und seinen Bewohnern Glück bringen soll. Sie nennen ihn den „verbrannten Donnerstag". Der Brauch läßt an die antiken Brandopfer denken. Haut und Knochen des Opfertieres wurden vor dem Tempel zu Ehren der Gottheit verbrannt. Der zum Himmel steigende Rauch beschwor den Segen.

Am Donnerstag nach dem Fleisch-Sonntag, dem letzten Donnerstag vor der Fastenzeit, fließt – ebenfalls vor allem auf Kreta – vor dem Kaminfeuer der Wein in Strömen, und der Geruch des auf dem Holzkohlenfeuer gebratenen Fleisches erfüllt die Dörfer. Die Lyra- und Lautespieler haben Hochkonjunktur und überbieten sich im Erfinden lustiger *mantinades,* Stegreifreime, in denen alles und jeder durch den Kakao gezogen wird.

Der Samstag vor dem *Kreatini* ist der Seelensamstag. Die *kollyva,* die Totenspeise, wird bereitet, zusammen mit Wein in die Kirche gebracht und nach der Messe zum Gedenken an die Verstorbenen unter die Gläubigen verteilt. Auch der Samstag vor Pfingsten ist ein solcher Seelensamstag, während am 1. Fastensamstag zwar auch *kollyva* gereicht wird, allerdings für die Gesundheit und das Wohlergehen der Lebenden. Dies geht zurück auf ein Wunder des hl. Theodor: Als Kaiser Julian die Christen durch eine List dazu veranlassen wollte, den heidnischen Göttern zu opfern, erschien Theodoros dem Patriarchen im Traum, um ihm zu sagen, die Christen sollten am Samstag nur Getreidespeisen zu sich nehmen. So wurde verhindert, daß Rauch von „verbranntem" Fleisch zu den heidnischen Göttern emporstieg. Zum Gedenken essen die Gläubigen an diesem Tag die *kollyva* aus Weizenkörnern.

Am letzten Fastensonntag, dem *Tirini,* stellen sich die Menschen bereits auf das Fasten ein. Es gibt nur Milchprodukte, bestenfalls noch Makkaroni mit Käse, weshalb dieser Sonntag auch *Makaronou* genannt wird. Der Tisch bleibt den ganzen Tag, oft bis Mitternacht, gedeckt. Niemand ißt an diesem Tag allein. Wenn endlich abserviert wird, sammeln die unverheirateten Mädchen die Brotkrumen ein und legen sie unter ihr Kopfkissen. Vielleicht träumen sie dann, wer ihr Bräutigam sein wird.

Der Unfug treibt allmählich seinem Höhepunkt entgegen. Auch Maskeraden spielen am letzten Sonntag eine Rolle; tagsüber die Kleinen, abends und nachts treiben es die Großen. Da geht es rund.

länglich bekannte, möglicherweise als Scherz aus dem Klosterjargon überlieferte lateinische *carne vale* = Fleisch, leb' wohl! Viel tiefer geht die ebenfalls ins Lateinische führende Deutung *carrus navalis* = Schiffskarren, die an das Totenschiff der Alten erinnert, an den Fährmann Charon, der die Seelen der Toten mit seinem Kahn in die Unterwelt übersetzte. In christlicher Deutung ist das Schiff das Symbol der Kirche, die Arche Noah, die die Gläubigen zum Leben führt.

Mit dem *Sinkokali* beginnt die Zeit der Fröhlichkeit und Ausgelassenheit vor der vierzigtägigen österlichen Fastenzeit.

Während der zwei letzten Wochen vor der Fastenzeit ist so ziemlich jeder Unfug erlaubt. Es finden vor allem Feiern im Familien- und Freundeskreis statt. Am Donnerstag vor dem Fleisch-Sonntag, also am vorletzten Donnerstag vor der Fastenzeit, wird auf Kreta das Essen in der Pfanne gebraten und absichtlich etwas ange-

Besser gesagt: ging es rund. Überall waren die *maskares* unterwegs (das Wort erinnert frappierend an das bayerische „Maschkara"). Die moderne Zeit läßt allerdings sogar den Menschen in den Dörfern kaum mehr Muse, sich zu überlegen, in welcher Verkleidung sie am Käse-Sonntag in die Häuser ihrer Freunde einbrechen sollen. Früher haben sie sich lange darauf vorbereitet, haben aus Schaf- und Kaninchenfellen wilde Kostüme geschneidert, sich Gesichtsmasken gebastelt, damit sie keiner erkennen konnte. Um Hals und Hüften behängten sie sich mit Glocken ihrer Schafe und Ziegen. So zogen sie, bewaffnet mit einem dicken Stock und einen Höllenlärm verbreitend, los und erschreckten ihre Mitbürger. Was hier nichts anderes bedeutete wie überall: nämlich das heidnische Vertreiben der bösen Winterdämonen.

Heutzutage muß man Glück haben, am Abend des Käse-Sonntags einem Maskierten zu begegnen. Dafür werden in den großen Vergnügungslokalen, wo zu anderer Jahreszeit Verlobungen, Hochzeiten und Taufen gefeiert werden, Faschingsbälle abgehalten. Das Maskentreiben verlegen sie mancherorts auf die *Kathari Dhevtera*, den Reinen Montag, den letzten Tag der närrischen Zeit.

Ab diesem Tag wird mit dem Fasten endgültig Ernst gemacht. Das bedeutet, daß im Haus auch nicht ein Hauch von Tierischem, Fleisch, Käse usw. verbleiben darf. Ab den frühen Morgenstunden ist die Hausfrau damit beschäftigt, ihr gesamtes Geschirr, ihren gesamten Küchenhausrat gründlichst zu reinigen, damit am Reinen Montag wirklich alles rein und sauber ist.

Dann füllt sie die Taschen mit Proviant. Es ist ja Frühling und höchste Zeit für den ersten Ausflug in die Natur. In die Taschen kommt nur Vegetarisches, Süßes oder Gaben aus dem Meer: Tomaten und *koukia*, die frischen Saubohnen in Schoten; *loupounia*, die Samenkerne der Lupinen, flach und rund wie Linsen, aber groß wie Bohnen und goldgelb; *taramas*, der salzige Fischrogensalat und *chalvas*, die wunderbare, süße Sesampaste mit Nüssen; frische Zwiebeln, Knoblauch und Rettich, Fisch oder gebratene Kalamaria. Dazu Brot, Zwieback, Berge von saftigen Orangen und natürlich Wein. Mit ziemlicher Sicherheit scheint in Griechenland an so einem Tag die Sonne. Familien und Freunde ziehen hinaus in die Natur, ans Meer oder in die Berge, um heiter und

ausgelassen die Fastenzeit zu beginnen. Rundherum wünschen sie sich „*Kali sarakosti*" – eine gute Fastenzeit.

Vor Sonnenuntergang sind alle wieder zu Hause, um die „Prozession" nicht zu versäumen, in der in manchen Dörfern der *Karnavalos* zu Grabe getragen wird. Dieser Trauerzug ist ein jüngerer Brauch, wie auch *karnavali* eine moderne Bezeichnung für den griechischen Fasching ist. Der als *Karnavalos* Verkleidete wird auf einer Bahre durch das Dorf getragen, begleitet von einer wild kostümierten Trauergesellschaft, die mit rußverschmierten Gesichtern auf alten Pfannen und sonstigen „Instrumenten" den Trauermarsch spielt. *Moirologia*, Trauerlieder, werden gesungen, witzig und böse, und ein als Papas Verkleideter gibt dem Trauerspiel die notwendige ernste Note. Am Ende wird der *Karnavalos* in Gestalt einer Strohpuppe verbrannt.

Kinderfasching

15

In den letzten Jahren hat sich in vielen Dörfern, dem Beispiel der Großstädte folgend, die ihrerseits wieder vom übrigen Europa bis zum Karneval von Rio abgeschaut haben, ein straff durchorganisierter „Faschingsumzug" eingebürgert. Die Kulturvereine der Dörfer versuchen einander mit viel Fantasie bei der Wahl und Ausgestaltung der Themen zu überbieten. Aktuelles und Altes wird fröhlich vermischt. In meinem Dorf auf Kreta halten sie treu daran fest, den Umzug am Reinen Montag mit *„Europa auf dem Stier"* zu eröffnen. Aber auch Herakles mit dem Löwenfell muß herhalten, der mit einer Feuerkeule die Lernäische Hydra vertilgt. Die Situation in den Krankenhäusern wird auf die Schippe genommen, und Traktoren werden als Flugzeuge verkleidet. Die vermeintliche Auffindung des Grabes Alexanders des Großen im Jahr 1995 in Ägypten inspirierte dazu, einen Sarg mit der makedonischen Sonne mitzuführen und so an das aktuelle politische Problem zu erinnern. Der Fantasie und der Bastelbegabung sind keine Grenzen gesetzt. Denn alles wird in eigener Regie angefertigt, soll möglichst wenig kosten und möglichst viel Effekt erzielen. In den kretischen Dörfern fehlt natürlich nie

Die Kleinen haben den größten Spaß

das uralte und ewig junge Thema des Viehdiebstahls, den sich die Kreter trotz aller Bemühungen der Polizei noch immer zur Ehre gereichen lassen. Zwei, drei Schafe oder Ziegen erleiden den Horrortrip ihren Lebens, wenn sie während des Umzugs von einer Horde junger Raufbolde zum x-sten Male eingefangen werden, die dann eine ebenso wilde Horde von „Polizisten" ziemlich schonungslos in den „Polizeiwagen" prügelt. Das Spiel wiederholt sich, solange der Umzug dauert zur Freude und zum Gelächter der Zuschauer, wenn dann und wann die Prügel tüchtig sitzen.

Natürlich dürfen die Kinder nicht fehlen, die als zauberhafte bunte Clowns auf ihren Fahrrädern durch die Gegend turnen; die als die „Sieben Zwerge" mit ihrem Schneewittchen stolz paradieren, als Prinzessinnen oder Indianer, als Cowboy oder Engel das Treiben schmücken. Die überaus aufwendigen Kostüme würden jedem Theaterfundus zur Ehre gereichen, denn für seine Kinder ist dem Griechen nichts zu teuer.

Wenn dann endlich die „Dorfschönen" erscheinen, rätseln alle, wer sich unter den abgrundtief häßlichen Masken verbergen mag. Denn nicht erkannt zu wer-

den und in der Anonymität der Maske sich Streiche zu erlauben, von denen man das ganze Jahr geträumt hat, ist für viele der Sinn der Maskerade.

Traditionell finden die Faschingsumzüge und die Beisetzung des *karnavalos* am Käse-Sonntag statt, denn der Reine Montag ist ja der erste Tag der Fastenzeit. In den Städten wird es auch gewöhnlich so gehandhabt. Nur in den Dörfern verteilen sie die Umzüge auf Sonntag und Montag und auf verschiedene Uhrzeiten, damit die potentiellen Zuschauer die Möglichkeit haben, ihren Faschingsausflug von einem Dorf zum andern zu unternehmen, von einem Umzug zum andern zu fahren, nichts zu verpassen, ihre fachmännische Kritik abzugeben und vor allem die Straßenränder zu füllen, damit jedes Dorf, jeder Kulturverein behaupten kann, es seien heuer die allermeisten Zuschauer dagewesen.

Nicht zu vergessen, daß am Käse-Sonntag und am Reinen Montag nicht gearbeitet wird. Sollte sich früher ein Bauer mit seinem Esel auf ein Feld gewagt haben, wurde ihm einfach der Sattel weggenommen und der Esel am Dorfplatz angebunden, damit jeder wußte, wer der „Sünder" war.

Im Traktorenzeitalter heißt es für übereifrige Bauern wachsam sein, damit die närrische Zeit nicht ein kostenträchtiges Nachspiel hat.

WILDE GLADIOLE
Gladiolus segetum

Sie überzieht im April Wiesen und Felder mit einem rosaroten Schleier. Die Zeichnung ihrer Blüten verführt dazu, in ihr die Hyazinthe zu sehen, von der erzählt wird, daß sie aus dem Blut des Hyakinthos sproß, den Apollo versehentlich mit einem Pfeil getötet hatte. Apollo war verzweifelt über den Tod des Geliebten und soll Klagelaute ausgestoßen haben, die sich in der Zeichnung der Blüten ausdrückten. Von einer Hyazinthe mit gezeichneten Blüten wird auch in antiken Quellen erzählt, während die Blume, die wir als Hyazinthe kennen, keine Zeichnung hat.

Weniger verzweifelt war Apollo übrigens über den Tod der Python, vielmehr war es seine erste Tat nach seiner Geburt auf Delos, diese seiner Mutter Leto feindlich gesinnte Schlange zu töten und das Orakel in Delphi zu übernehmen. Vergebung für den Mord an Python suchte Apollo bei dem Priester Karmanor in Tarrha auf Kreta, dem heutigen Agia Roumeli.

Fastenzeit

Obwohl es sich durchaus nicht um typisch Griechisches handelt, sind doch ein paar Worte zur Fastenzeit zu sagen; denn zweifellos hat sie in der Orthodoxie einen wesentlich höheren Stellenwert als in anderen christlichen Glaubensgemeinschaften.

Schon primitive Religionen in grauer Vorzeit kannten den Brauch des kultischen Fastens. Er war ein bewährtes Mittel, die Menschen über den Glauben wenigstens periodisch vom Genuß bestimmter Speisen abzuhalten, denen man die Verursachung von Krankheiten und andere schädliche Wirkungen nachsagte. Der Islam und die jüdische Religion gingen und gehen sogar soweit, den Genuß von Schweinefleisch und Alkohol völlig zu verbieten. Schließlich weiß auch in unserem Kulturkreis jeder, wie ungesund Schweinefleisch und wie schädlich Alkohol ist.

Strenges Fasten wurde später zum Mittel der Selbstkasteiung, ein Opfer, das Gott entgegengebracht wurde, wer auch immer dieser Gott war, um seinen Zorn von sich abzuwenden. Für die Teilnehmer an den antiken Mysterien sind umfangreiche vorbereitende Reinigungszeremonien bekannt, bei denen dem Fasten eine besondere Bedeutung zukam. Das Christentum schließlich machte den Fastenden zu einer Art Leidensgenossen Christi.

In den christlichen Glaubensgemeinschaften und auch in anderen Religionen haben sich die Fastenperioden mehr oder weniger ausgeprägt bis in unsere Tage erhalten. Der orthodoxe Christ kennt besonders strenge Fastenregeln, die vor allem von der ländlichen Bevölkerung und hier wieder meist von den Frauen konsequent eingehalten werden. Es ist nicht nur das wachsende Bewußtsein, daß die Enthaltsamkeit von Fleisch und anderen tierischen Produkten über einen gewissen Zeitraum der Gesundheit nützlich ist, sondern die Überzeugung, durch Askese Christus näher zu sein.

Die erste Fastenperiode in dem am 1. September beginnenden Kirchenjahr ist das vierzigtägige Fasten vor Weihnachten vom 15. November bis 24. Dezember. Der Beginn der vierzigtägigen Fastenperiode vor Ostern richtet sich nach dem beweglichen Termin für das Osterfest. Entsprechend der Beweglichkeit von Ostern und

Pfingsten ist auch der Beginn der Fastenperiode vor dem Fest der hl. Apostel (29. Juni: Peter und Paul, 30. Juni: Die Zwölf Apostel) beweglich. Sie beginnt am Montag nach dem ersten Sonntag nach Pfingsten. Die vierte Fastenperiode dauert vom 1. bis zum 14. August und dient der Vorbereitung auf das Fest der Entschlafung Mariens am 15. August (Mariä Himmelfahrt der Westkirche). Besonders strenge Fastentage innerhalb der Fastenperioden sind jeder Mittwoch und Freitag, an denen neben allen tierischen Produkten auch Öl verboten ist.

Einzelne strenge Fastentage sind der Tag der Kreuzerhöhung am 14. September sowie der Todestag Johannes des Täufers am 29. August. Bekannt ist die Enthauptung des Johannes auf Wunsch der Salome. Seine Enthauptung hat nach altem Volksglauben den Körper des Johannes zum Erzittern gebracht und ist Ursache geworden für hohes Fieber, das mit Schüttelfrost verbunden ist. Der 29. August, der Todestag des Johannes, wird deshalb weitverbreitet als Tag des Agios Ioanis Rigologos, etwa „der Zittrige", begangen, an dem streng gefastet wird und vor allem alle roten und schwarzen Beeren gemieden werden. Denn sie enthalten das Blut des Heiligen. Man denke nur an die Johannisbeeren! Wer das Fastengebot nicht beachtet, läuft Gefahr, eine fiebrige Erkrankung zu bekommen.

Als die wichtigste Fastenperiode gilt diejenige vor Ostern, die auf das für den orthodoxen Christen bedeutendste Ereignis im Kirchenjahr vorbereitet: den Tod und die Auferstehung des Herrn.

40 Tage dauern diese Fasten und erinnern an die 40 Tage, die Jesus vor Beginn seines öffentlichen Wirkens in der Wüste verbrachte. Sie beginnen eigentlich am Dienstag nach *apokries*. Aber bereits am *Tirini* und an *Kathari Dhevtera* unterbleibt jeglicher Fleischgenuß, ebenso wie nach dem Palmsonntag auch während der gesamten *Megali Evdhomada*, der Karwoche, so daß die Fastenzeit tatsächlich 49 Tage dauert.

Wo während des ganzen Jahres täglich der *orthros*, die Morgenandacht, und der *esperinos*, die Abendandacht, stattfindet, feiert die Orthodoxe Kirche während der Osterfasten zusätzlich jeden Mittwoch und Freitag morgen die *„Liturgie der vor-*

Der hl. Johannes der Täufer befindet sich in der Ikonostase immer rechts neben Christus. Kloster Agii, Theodorii, Peloponnes

Prozession am Sonntag der Orthodoxie

des Koran und auch die jüdische Religion, die beide keine Bilderverehrung kennen, die Geisteshaltung des byzantinischen Kaisers beeinflußt haben, mag dahingestellt bleiben. Feststeht, daß mit dem Erlaß Leons III. ein erbitterter Kampf zwischen den Ikonodulen (Bilderverehrern) und den Ikonoklasten (Bilderstürmern) entbrannte, dem im gesamten Byzantinischen Reich unschätzbare Kirchenschätze, Ikonen und Wandmalereien, zum Opfer fielen.

Zwar schuf bereits die Synode von 787 die Legitimation für die Ikonenverehrung, indem sie sich auf Johannes von Damaskus berief: *„Die Verehrung der Ikone geht auf das Dargestellte über, und wer eine Ikone verehrt, verehrt die Hypostase des auf ihr Dargestellten."* Eine weitere Rechtfertigung, ja geradezu Verpflichtung, Christus (und nach ihm die Heiligen) abzubilden ergab sich aus der Menschwerdung Christi, die andererseits von den ikonoklastischen Kaisern geleugnet wurde. Aus der Überzeugung des orthodoxen Christen, daß die in der Ikone dargestellte Person leibhaftig anwesend ist, weil das Abbild dem Bild gleicht, resultiert seine innige Ikonenverehrung. Aber erst nach der Synode von 842, in der die byzantinische Kaiserin Theodora zugunsten der Bilderverehrung entschied, wurde diese endgültig wieder eingeführt und der Weg zu einer neuen – der mittelbyzantinischen – Epoche in der sakralen Kunst der Ostkirche eröffnet.

Der 1. Fastensonntag erinnert jährlich an diese Wiedereinführung der Bilderverehrung und wird in allen orthodoxen Kirchen gefeiert. Nach der Liturgie findet mit allen in der jeweiligen Kirche verehrten Ikonen eine feierliche Prozession statt.

Der 2. Fastensonntag ist der Sonntag des bedeutenden Religionswissenschaftlers des 14. Jh., Gregor Palamas. Er entwickelte die theologische Begründung für den Hesychasmus, die Lehre von der Schau der göttlichen Energien und des Taborlichtes, in dem Christus bei seiner Verklärung auf dem Berg Tabor erstrahlte.

Der 3. Fastensonntag ist der Sonntag *tis stravroproskiniseos*, der Kreuzesverehrung, und wird wieder besonders festlich begangen. Es schließen der Sonntag des Mönches und späteren Abtes des Sinaï-Klosters, Johannes Klimakos und der Sonntag der Maria von Ägypten an. (Der 6. Fastensonntag, der Palmsonntag, wird im Zusammenhang mit Ostern besprochen.)

geweihten Gaben" und gibt dem Fastenden damit Gelegenheit, auch am Mittwoch und Freitag durch die am vorausgehenden Sonntag geweihten Gaben an der *koinonia*, der Hl. Kommunion, teilzunehmen, um ihm so Kraft für die durch das Fasten angestrebte geistige und körperliche Katharsis zu verleihen.

Wie die vier Sonntage der Vorfastenzeit haben auch die sechs Fastensonntage ihre besondere liturgische Bedeutung. Hinzu kommt die historische Bedeutung des 1. Fastensonntages, der als *„Sonntag der Orthodoxie"* besonders feierlich begangen wird. Im Jahre 726 erließ der byzantinische Kaiser Leon III. ein Edikt, wonach die Heiligenverehrung auf Bildern verboten wurde. Schon zwei Jahre vorher hatte der arabische Kalif Jazid II. in den unter arabischem Einfluß stehenden Teilen des Byzantinischen Reiches alle Heiligenbilder aus den christlichen Kirchen entfernen lassen. Inwieweit die Regeln

Eine ebenfalls feierliche Angelegenheit ist der Marienhymnus, der fünf Wochen lang jeden Freitag nachmittag gesungen wird. Es ist der Akathistos-Hymnos, der im Stehen gesungen wird *(a-kathistos = nicht sitzend)*. Er führt zurück in das Jahr 626, als Konstantinopel von den Awaren belagert wurde und durch die Hilfe der Panagia Odigithria, der Allheiligen Anführerin, entsetzt werden konnte.

Fasten bedeutet aber nicht nur die Enthaltsamkeit von Fleisch und an den be-sonderen Tagen sogar den Verzicht auf Öl. Eines Abends, draußen war es ziemlich kalt, und auf dem Herd summte der Wasserkessel, da setzte sich Zambia, meine Nachbarin, fröstelnd neben ihren Mann auf das Kanapee. Er rückte, was sonst gar nicht seine Art ist, demonstrativ beiseite. Auf meinen erstaunten Blick hin erhielt ich die mit einem verschmitzten Augenzwinkern gewürzte Auskunft: *„Es ist Fastenzeit."*

BÄRENKLAU
Acanthus spinosus

Diese Art des Bärenklau, der zur Gattung der Akanthusgewächse gehört, hat keine Ähnlichkeit mit dem auch in Deutschland heimischen Wiesenbärenklau (Heracleum sphondylium), der zur Gattung der Doldengewächse gehört.
Der Acanthus spinosus ist ein Distelgewächs mit beeindruckender Blütenpracht. Was Wunder, daß er die sich an der Natur orientierenden alten Grie-chen in der Kunst inspirierte. Das „korinthische Kapitell", die neben der dorischen und der ionischen dritte Bauordnung in der griechischen Architektur, wurde erstmals im 4. Jh. v. Chr. von dem korinthischen Bildhauer Kallimachos geschaffen. Der Bärenklau, das Akanthus-Motiv, soll Pate gestanden haben.

Links: Bärenklau.
Rechts: Korinthische Säulenkapitelle. Agios Pandeleimonos, Kreta

Ostern

In frühen Zeiten feierten die Menschen um die Tage der Frühlings-Tagundnachtgleiche große Feste zu Ehren der Fruchtbarkeitsgötter, die anläßlich des Wiedererwachens der Natur milde gestimmt werden sollten. Im germanischen Sprachbereich soll es eine Frühlingsgöttin namens *Ostara* gewesen sein, die später dem christlichen Ostern seinen Namen gegeben hat. Ihre Existenz ist jedoch fraglich. Wahrscheinlicher ist, daß die Bezeichnung Ostern aus dem althochdeutschen *ostar* für östlich abgeleitet ist. Aus dem Osten, aus Richtung der aufgehenden Sonne, kam schließlich auch das Christentum und mit ihm das Fest, das zunächst dem Gedächtnis an den Tod Jesu Christi gewidmet war.

Im antiken Griechenland fand das Fest des Frühlingsäquinoktiums einst zu Ehren des Adonis, des Lieblings von Persephone und Aphrodite, statt. Aphrodite, die ihn mit List ganz für sich gewonnen hatte, weckte damit die Eifersucht und den Zorn des Ares, der sich in Gestalt eines wilden Ebers auf Adonis stürzte und ihn tötete. Aphrodite, verzweifelt über den Tod ihres Liebsten, wodurch er für immer in die Arme der Königin der Unterwelt, Persephone, getrieben wurde, erreichte bei Zeus, daß Adonis nur die dunklen Monate des Jahres im Hades verbringen mußte. Jährlich im Frühling kehrte er für zwei Drittel des Jahres auf die Erde zurück. Man feierte den Tod und die Auferstehung des Adonis, das Absterben und Wiedererwachen der Natur, ebenso wie schon mehr als tausend Jahre vorher im minoischen Kreta Tod und Wiedergeburt des Vegetationsgottes Velchanos begangen wurden, wovon vielleicht die bislang noch nicht von der Wissenschaft anerkannten archäologische Funde in Knossos Zeugnis ablegen, die auf kultischen Kannibalismus hinweisen. Auch vom Tod des Zagreus, des kretischen Dionysos wird erzählt, der von den Titanen zerrissen und von der Göttermutter Rhea wiedererweckt wurde. Nachgewiesen ist ein blutiger Opferkult in der Zeus-Höhle am Ida, anläßlich dessen jährlich die Wiedergeburt des Zeus-Kindes gefeiert wurde.

Ostern ist das älteste Fest der christlichen Kirche und hat seinen Ursprung schon in der ersten Hälfte des 2. Jh., als es in der Gemeinde der Christen die Stelle des jüdischen Passahfestes einnahm. Von *Passah*, dem Fest zur Erinnerung an den Auszug der Juden aus Ägypten, ist das griechische Wort *Pas'cha* für das Fest zum Gedächtnis an den Tod und bald auch an die Auferstehung Christi abgeleitet. Auch das Passahfest diente ursprünglich einem Fruchtbarkeitskult. Doch während das Ritual der Schlachtung des Passahlammes im Tempel mit der Zerstörung des Tempels in Jerusalem im Jahr 70 endete, übernahm und behielt die christliche Orthodoxe Kirche den Brauch des Osterlammes bei. Mehr noch: Das Lamm ist zum Symbol Christi geworden. Christus ist das Lamm Gottes und hat die heidnischen Götter verdrängt. Das Gedächtnis an seinen Tod und seine Auferstehung verschmolz mit dem Fest vom Absterben und Wiedererwachen der Natur. Im Konzil von Nikäa wurde im Jahr 325 der Termin für das Osterfest auf den ersten Vollmond nach Frühlingsanfang festgelegt und setzte sich allmählich in der gesamten Christenheit durch.

Der ursprünglich nach Mondphasen berechnete Kalender erwies sich im Laufe der Jahrhunderte insofern als nicht sinnvoll, als die Daten mehr und mehr von den Jahreszeiten abwichen und zum Ausgleich eine zu große Zahl von Schalttagen eingefügt werden mußte. Gajus Julius Cäsar führte den alten römischen Mondkalender zu einem Sonnenkalender, dem sogenannten Julianischen Kalender, über mit 30 bzw. 31 Monatstagen sowie 28 Tagen für den Februar und einem Schalttag alle vier Jahre. Den Jahresanfang verlegte Cäsar vom 1. März auf den 1. Januar.

Auch bei dieser Berechnung traten wegen der Differenz zwischen Sternjahr und Sonnenjahr Fehler auf. Sie hatten bis Ende des 16. Jh. zu einer Abweichung des Kalenderjahres vom Sonnenjahr um zehn Tage geführt, die Papst Gregor XIII. durch eine Reformierung und Einführung des Gregorianischen Kalenders beseitigte. Nun wurde auch der Frühlingsanfang auf den 21. März festgelegt, wodurch die endgültige Grundlage für die Festlegung des Ostertermins geschaffen war.

Man spricht nun vom alten bzw. neuen Stil, wobei Griechenland und auch seine Orthodoxe Kirche erst 1924 den neuen Stil übernommen haben mit Ausnahme einer kleinen Gruppe, die bis heute als die sogenannten Altkalendaristen weiterbesteht. Bei der Berechnung des Ostertermins orientieren sich jedoch alle Orthodoxen Kirchen nach wie vor am Julianischen Kalender. Daraus ergibt sich der terminliche Unterschied zwischen dem Osterfest der Ostkirche und dem der Westkirche.

Inzwischen beträgt die Differenz zwischen dem Julianischen und dem Gregorianischen Kalender 13 Tage, d. h., daß der für die Berechnung des Ostertermins maßgebliche Frühlingsanfang nach dem Julianischen Kalender 13 Tage früher liegt. Entsprechend können Unterschiede zwischen dem Osterfest der Ostkirche und dem der Westkirche bis zu fünf Wochen auftreten.

Die *Megali Evdhomada*, die Große Woche (Karwoche), beginnt mit dem *Kyriaki Ton Vaion*, dem Palmsonntag, als Christus auf einem Esel reitend in Jerusalem einzog. Die Bevölkerung begrüßte ihn mit Palmzweigen.

Eng verbunden mit dem Palmsonntag ist die dem Einzug in Jerusalem unmittelbar vorausgehende Auferweckung des Lazarus durch Jesus. Sie gilt in der Ostkirche als Symbol für die kommende Auferstehung Christi ebenso wie sein Einzug in Jerusalem Symbol für seine triumphale Wiederkehr ist. Mancherorts ist der Lazarus-Samstag für die dörfliche Jugend Anlaß zu Verkleidung als Lazarus, zu Auferweckungsspielen mit Lazarus-Puppen und zu Gesängen, mit denen sie von Haus zu Haus ziehen. Auch Lazarus-Brote, kleine Brote in Form eines in Tücher gewickelten Menschen, werden gebacken.

Mangels Palmen feiert die Westkirche, zumindest in nördlicheren Breiten, den Palmsonntag mit den ersten frischen Zweigen, die die Natur spendet; in Süddeutschland beispielsweise mit Palmkätzchen, den Zweigen von Weiden oder Haselnußsträuchern mit ihren silbrigen Blütenkätzchen.

Auf Kreta ist seit Jahrtausenden die Theophrast-Palme heimisch, die wilde Dattelpalme, deren Zweige am Palmsonntag die Kirchen schmücken. In anderen Teilen Griechenlands stehen Zierpalmen, aber auch Myrte und Lorbeer für den Palmsonntagsschmuck zur Verfügung.

In einigen Familien hat sich die Tradition erhalten, aus Palmblättern kleine Kreuze zu fertigen. Fast jede Familie hat ihre eigene Technik. In „meiner" Familie auf Kreta ist die Kunstfertigkeit eines längst verstorbenen Kantors unserer

Dorfkirche erhalten, die aber wiederum nur der Sohn beherrscht. Also leisten wir anderen einfache Vorarbeiten und starren bewundernd auf seine gewandten Finger, mit denen er aus den gespaltenen, zurechtgeschnittenen Blättern kunstvolle, kleine Palmkreuze flicht.

Am Morgen des Palmsonntag ist in der Kirche die Ikone des in Jerusalem einziehenden Herrn mit großen Palmwedeln umrahmt. Viele unserer hübschen Palmkreuze zieren das Templon und hängen rund um die Schöne Pforte, den Eingang in den Altarraum, durch den nur der Papas und auch er nur anläßlich der Liturgiefeier nach vorbereitenden Gebeten eintreten darf. Die übrigen Kreuze häufen sich zusammen mit denen anderer Familien in einer Schale im Altarraum, wo sie während der Liturgie gesegnet werden.

Kurz vor Ende des Gottesdienstes zieht die ganze Gemeinde, angeführt von den

Palmsonntag, Christi Einzug in Jerusalem

papadakia, den Ministranten, gefolgt vom Papas und den Gläubigen, aus der Kirche. In einer Prozession wird die Ikone, beschattet von einem großen Olivenast, dreimal um die Kirche getragen. Der Olivenast wird anschließend neben dem Kirchenportal abgestellt, und jeder bricht sich sein Zweiglein, sein ganz persönliches Friedenssymbol ab, bevor er wieder die Kirche betritt.

Fast die gesamte Gemeinde geht heute zur heiligen Kommunion, auf die sich die Menschen mit vierzigtägigem Fasten vorbereitet haben. Entgegen dem eigentlichen Sinne der geistigen Nahrung, die auch Kraft für den Alltag verleihen soll, behalten sich viele die Teilnahme an der *koinonia* für die besonderen Festtage des Jahres vor.

Nach der Liturgiefeier tragen alle ihr Palmkreuzchen und ihren Olivenzweig nach Hause, wo sie ihre Hausikone damit schmücken.

Das traditionelle Essen am Palmsonntag ist Fisch. Ebenso wie am 25. März, dem Tag Mariä Verkündigung, ist am Palmsonntag mit dem Verzehr von Fisch eine Lockerung der Fastenregeln gestattet. Fisch als Suppe, Fisch mit Kartoffeln und Gemüse im Rohr gebraten, Fisch in der Pfanne. Bei uns gibt es von allem etwas, und die ganze Familie ist um den großen Tisch versammelt, wie es sich an hohen Feiertagen gehört.

Der Fisch ist das Symbol Christi aus der Urkirche. In der Buchstabensymbolik ergibt die Buchstabenfolge des griechischen Wortes *ICHTYS* für Fisch die Anfangsbuchstaben der griechischen Worte für *Iesous Christos Theou Yios Sotir*, Jesus Christus Gottes Sohn Erlöser. Während der Christenverfolgung wurde somit der

Fisch zum Erkennungsmerkmal unter den Glaubensbrüdern. Aber auch der Menschenfischer ist gemeint, der mit der Taufe die Gläubigen aus dem Meer der Sünde errettet; oder das Wunder der Vermehrung bei der Speisung der Fünftausend. In der Eucharistie symbolisiert der Fisch das eucharistische Brot, den Leib Christi.

Am Abend gehen wieder alle in die Kirche. Der *nymphios* soll aufgestellt werden. Noch kann ich mir nicht viel darunter vorstellen. Denn *nymphios* bedeutet Bräutigam. Christus, der heilige Bräutigam? Aber wie?

Im Gotteshaus sind alle Lichter gelöscht. Viel Weihrauch und gedämpftes Psalmodieren begleiten den Papas, der aus der Seitenpforte des Templon die große, figurale Ikone des dornengekrönten „Bräutigam der Kirche" trägt. Dreimal führt er sie durch die Reihen der Gläubigen. Alle verneigen sich ehrfürchtig, bekreuzigen sich ohne Unterlaß, bis die Ikone in der Mitte der Kirche aufgestellt und mit Kränzen aus Orangen- und Zitronenblüten behängt ist.

Dann drängt alles zur Proskinese, zur Verehrung der Ikone, zur Verehrung des Dornengekrönten, der im Abbild leibhaftig anwesend ist. Die ganze Gemeinde zieht an der Christusdarstellung vorüber, küßt ihre Hände, die Fesseln, den heiligen, roten Mantel, der Christus einst umgehängt worden war, um ihn als neuen König zu verhöhnen, bekreuzigt sich voller Ehrfurcht vor dem Leiden des Herrn, und jeder, ob klein oder groß, entzündet eine Kerze. Bald erstrahlt das Gotteshaus wieder im hellen Licht.

Nach der Andacht gehen alle ergriffen nach Hause. Denn mit diesem Ereignis beginnt von neuem die Leidenszeit des Herrn.

An *Megali Dhevtera*, dem Großen Montag, hebt in den Häusern das Großreinemachen an. Die Hausfrauen putzen, schrubben, fegen, waschen und weißeln. Manche, die, wie meine Nachbarin, die gröbsten Arbeiten bereits in der vergangenen Woche erledigt haben, können auch schon ans Backen denken. Bei uns sind heute die *tsourekia* an der Reihe. Aus 6 kg Mehl, Unmengen von Zucker, Butter und zahllosen Eiern rührt Zambia Mürbteig an. Dann sitzen wir zu dritt und formen Kringel und Zöpfe und Schleifen, bis acht riesengroße Backbleche, die zu diesem Zweck vom Bäcker ausgeliehen wurden – der Bäcker ist ein Cousin der Familie,

Der Fisch, Symbol für Christus. Kloster Maritsas, Peloponnes

deshalb stellt er nicht nur die Bleche zur Verfügung, sondern backt für uns auch in seinem großen Backofen – voll belegt sind. Das Bestreichen mit geschlagenem Eigelb unternimmt Zambia mit einem Rasierpinsel, damit es schneller geht. Sie hat ihn, seit sie verheiratet ist, und er wird nur zu diesem Zweck benützt, wie sie mir glaubhaft versichert.

Das Fasten wird fortgesetzt. Vor allem die Frauen in den Dörfern, die jetzt beinahe rund um die Uhr schuften und werkeln, damit für das große Fest alles auf Hochglanz poliert ist, nehmen das Fasten in der Großen Woche noch ernster als vorher. Doch trotz der harten Arbeit und der Kasteiung finden sie Zeit und Kraft zum *esperinos*, zur Abendandacht. Für viele ist dies die einzige Stunde der Besinnung und ein unerschöpflicher Kraftquell, weil sie nämlich schon am Großen Donnerstag die Kinder und Enkel erwarten, die aus dem Ausland oder aus der fernen Großstadt kommen, um Ostern, das Fest aller Feste, bei den Ihren zu verbringen. Sie sollen zu Hause alles strahlend vorfinden und sich wohlfühlen.

Die *Megali Triti*, der Große Dienstag, vergeht in derselben Weise. In der Abendliturgie wird auch der Sünderin Maria von Ägypten oder Maria Magdalena in einem Hymnus vom Beginn des 9. Jh. gedacht. In den Großstädten finden sich gerade zu diesem Gottesdienst auch Prostituierte ein und es kann zu ergreifenden Szenen in der Kirche kommen.

„Sie entblößten mich meiner Kleider und haben mich umhüllt mit einem Scharlachgewand.“ (Aus: Gottesdienst des Großen Donnerstag)

Das erste Ostergebäck ist fertig

Das Letzte Abendmahl

An *Megali Tetarti*, dem Großen Mittwoch, heißt es wie an jedem Mittwoch und Freitag der Fastenzeit früh aufstehen. Denn schon um halbsieben Uhr beginnt die Liturgiefeier der vorgeweihten Gaben. Tagsüber gehen die kraftraubenden Arbeiten weiter. Im Haus sind die Frauen am Werk, während die Männer auf den Feldern und Weiden, in den Treibhäusern oder ihren Geschäften zu tun haben. Sie nehmen die Fastenregeln nicht ganz so ernst. Doch auf Fleisch verzichten, zumindest auf dem Land, auch unter ihnen die meisten.

Es ist Mittwoch abend. In der Andacht wird *O Mistikos Deiphnos*, das Letzte Abendmahl, gefeiert. Mit anderen Worten: die Ikone des *nymphios* wird während der Liturgiefeier entfernt; an ihre Stelle tritt die Ikone mit der Abendmahlszene.

Ich beginne, das Drama zu begreifen, das die Leidenszeit Christi für die orthodoxe Christenheit bedeutet. Hier ist es nicht nur das Wissen um die Passion und das fromme Gedenken an ein Ereignis, das vor zweitausend Jahren geschah. Hier ist es leibhaftiges Erleben. Leiden, Tod und Auferstehung ereignen sich jedes Jahr von neuem. Nicht ein Passionsspiel wird hier inszeniert. Vielmehr werden mit einfachsten dramaturgischen Mitteln die Gläubigen in das Geschehen der Passion einbezogen und erleben Tag für Tag, Schritt für Schritt die Leidenszeit und den Leidensweg als hier und heute bis hin zum großen, beglückenden Ereignis der Auferstehung.

An diesem Abend des Großen Mittwoch wiederholt sich das gleiche feierliche Ritual wie am Sonntag abend. Mit dem Erscheinen der Abendmahlikone beginnen die letzten Lebensstunden des Herrn. Alle sind eingebunden in dieses Bewußtsein. Etwas wie eine dumpfe Ahnung der bevorstehenden Ereignisse breitet sich im Gotteshaus aus.

Es ist zudem der Tag des *evchelio*, der Salbung mit geweihtem Öl und Wein, wie einst der barmherzige Samariter dem unter die Wegelagerer Gefallenen seine Wunden gereinigt hat. In der Mitte des Kirchenschiffs steht ein Tisch mit einer Schüssel voll Weizenkörner, dem ewigen Symbol des Lebens. Öl und Wein, sieben mit Watte umwickelte Getreidehalme und sieben Kerzen vervollständigen den kleinen Altar. Der Papas mischt Öl und Wein. Er betet sieben Fürbittgebete, entzündet nach jedem Gebet eine Kerze und taucht einen Wattestab in die Öl-Weinmischung,

den er dann in die Weizenkörner stellt. Am Ende der Messe salbt er alle Gläubigen: Stirn, Mund, Wangen kreuzförmig, dann beide Handflächen und die Handrücken.

Sich mit duftendem Öl einzureiben, war bereits antiker Brauch. Bei der Einbalsamierung der Toten wurde Öl als „Heilmittel" verwendet, um den Leib „wie lebendig" zu erhalten. Die Herrscher bis hin zu den byzantinischen Kaisern wurden mit Öl gesalbt. Christus selbst, der Messias, ist der zum Heiligen König Gesalbte. Das Mysterium der Salbung, das bereits dem Täufling mit der Myron-Salbung die Gaben des Heiligen Geistes verleiht, dient in der Abendmahlliturgie der seelischen Heilung der Gläubigen, der barmherzigen Reinigung – der Vergebung der Sünden. Später bekommt die Salbung noch einmal auf dem Sterbebett Bedeutung.

Meine anschließenden Diskussionen mit meiner Freundin Zambia, warum die Abendmahlikone am Mittwoch und nicht, wie ich glaube, daß es zeitlich korrekt ist, am Donnerstag, dem Abend vor der Kreuzigung, verehrt wird, enden mit dem Hinweis: *„Du sollst nicht fragen, Du sollst glauben."* Doch die Erklärung liegt darin, daß der kirchliche Tag mit dem *esperinos*

des Vorabends beginnt. In der Liturgie der Passionswoche finden daher die Morgengottesdienste bereits am Vorabend statt, ebenso, wie sich zu vielen Namensfesten von Heiligen *(panigyri)* die Gläubigen bereits zur *paramoni*, am Vorabend, versammeln.

Zambia will auch von mir einiges wissen. Wie z. B. die übrigen Christen, außerhalb der Orthodoxie, die Karwoche erleben. Und mir wird einmal mehr bewußt, wieviel nüchterner unser Ritual ist. Wir hören die Evangelien, wir hören die Kreuzwegandachten, wir sehen schließlich das schwarzverhüllte Kruzifix und später das verschlossene Grab Christi. Wir stehen andächtig davor, und nur wenige begreifen wirklich. Zambia dazu: *„Was Du liest oder hörst, aber nicht leibhaftig siehst, das kannst Du nicht verstehen."*

Hier liegt einer der entscheidenden Unterschiede der Orthodoxie zu den anderen christlichen Religionen. Hierin liegt wohl auch der Grund, warum der orthodoxe Christ in der Lage und auch bereit ist, seinen Glauben als einen unverzichtbaren Teil seines Lebens anzunehmen; warum die orthodoxen Kirchen, in denen sich die Liturgiefeier seit 1600 Jahren nicht mehr

„Herr, Gebieter, heilige dieses Öl, auf daß es denen, die damit gesalbt werden, zur Genesung und zur Vertreibung jeden Leidens, der Befleckung des Leibes und der Seele und jeden Übels gereiche."
(Aus: Das Sakrament der Öl-Salbung)

27

verändert hat, allen modernen Strömungen zum Trotz, gefüllt sind. Die Leidenswoche des Herrn, die ich in Griechenland zum ersten Mal von Anfang an miterlebe, führt mir deutlich vor Augen, wie lebendig diese Kirche ist.

Ein Ereignis, das innerhalb der orthodoxen Christenheit sonst nur noch vom Patriarchen von Jerusalem zelebriert wird, zieht an *Megali Pempti*, am Großen Donnerstag, zahlreiche Gläubige auf die Insel Patmos. An der nach Jerusalem und Rom für alle Christen heiligsten Stätte, wo Johannes der Evangelist die Apokalypse erlebte und niederschreiben ließ, wiederholt der Abt des Klosters an seinen Mitbrüdern die Fußwaschung, die Jesus beim Letzten Abendmahl seinen Jüngern zuteil werden ließ.

Beim Eierfärben

In den Häusern werden am Großen Donnerstag die Ostereier gefärbt. Die meisten Familien auf dem Lande sind der Tradition treu, die Eier rot zu färben als Symbol für das von Christus vergossene Blut. Sowohl das Ei als auch die rote Farbe sind aber auch uralte, heidnische Symbole. Das Ei verkörpert die Fruchtbarkeit als Keimzelle allen Lebens; die rote Farbe symbolisiert Fruchtbarkeit und Tod. Man denke nur an den Granatapfel, dessen rote Fruchtkerne üppig hervorquellen; von denen aber auch Hades, der Gott des Totenreiches, der Persephone, der Tochter der Fruchtbarkeitsgöttin Demeter, zu essen gab, damit sie regelmäßig in das Totenreich zurückkehre, damit sie aber auch auf der Erde verweile, um Fruchtbarkeit zu spenden.

Inzwischen sind fast alle Verwandten und Freunde aus der Ferne eingetroffen.

Im Dorf wimmelt es vor Menschen, „Ausländern", „Großstädtern", deren Wurzeln hier liegen.

Entsprechend überfüllt ist die kleine Dorfkirche am Abend. Und noch immer strömen sie herbei, zünden ihre Kerzen an, küssen die Abendmahlikone, die bald schon durch den Gekreuzigten ersetzt werden wird. Es ist stickig heiß in der Kirche. Die Stimme des Papas und die des Kantors, von Lautsprechern verstärkt, übertönen das unablässige Gemurmel der Gläubigen und gelegentliche Geschrei kleiner Kinder. Zwischendurch, wenn ihm die Unruhe zu ungebührlich erscheint, gebietet der Papas schon mal energisch Einhalt, was jedoch nur für wenige Minuten Erfolg hat. Auch darin zeigt sich die Intensität im Erleben. Denn sie verhalten sich nicht anders, als wenn sie einen der Ihren zu Grabe tragen.

Zwölf Evangelien werden heute verlesen. Zwölf Abschnitte aus den Schriften der vier Evangelisten, die vom Letzten Abendmahl, vom Verrat durch Simon Petrus und durch Judas Ischarioth und von Pontius Pilatus erzählen bis hin zum Ruf des Volkes: *„Heute wird ER gekreuzigt!"* Wieder wird die Kirche verdunkelt. Nur ein paar Kerzen flackern. Aus der Seitentür des Altarraumes tritt die Prozession. Der Papas hat das große, schwere Holzkreuz geschultert und trägt es dreimal durch die Reihen der Gläubigen. Tiefe Andacht herrscht jetzt, in der nur die dumpfe Stimme des Kantors zu hören ist: *„Heute wird ER gekreuzigt!"*

Die Abendmahlikone ist zwischenzeitlich entfernt worden. An ihrer Stelle wird nun das Kreuz mit der lebensgroßen Darstellung des sterbenden Heilands aufgerichtet. Wieder drängen alle zur Proskinese, küssen die durchbohrten Füße des Gekreuzigten, berühren zögernd mit den Händen den gemarterten Leib. Das Verlesen der Evangelien nimmt seinen Fortgang. Für jedes Evangelium wird auf einem Ständer neben dem Gekreuzigten eine Kerze entzündet. Ich kann aber auch Gläubige beobachten, vor allem junge Mädchen, die einen Wollfaden in der Hand halten und für jeden Abschnitt einen Knoten machen. Den Wollfaden mit den zwölf Knoten tragen sie später um den Hals oder am Handgelenk und glauben fest daran, daß er sie gesund erhält.

Der Wollfaden am Handgelenk erinnert an die Mysterien von Eleusis, wo die Besucher des Festes bei der Überquerung der Brücke über den Kephissos, beim Betreten des heiligen Bezirkes mit einem Wollfaden am Handgelenk gekennzeichnet wurden. Auch dieses Zeichen hatte symbolisch heilende Wirkung, war doch auch der Besucher der Mysterien einer Art ewigem Heil nähergekommen.

Am Morgen der *Megali Paraskevi,* des Großen Freitag, nimmt das Drama seinen Fortgang. In der Nacht haben Frauen und Mädchen den *epitaphios,* das Grab, geschmückt. Unmengen von Rosen, Nelken und Lilien wurden geschickt am Ciborium, dem baldachinartigen, kunstvoll geschnitzten Aufbau des „Grabtisches" befestigt. Über den Tisch ist eine weiße Altardecke, mit goldenem Kreuz bestickt, gebreitet, die bis zum Boden reicht: Christi Grabtuch. Nun steht der *epitaphios,* übervoll mit Blumen, in der Mitte der Kirche vor dem Gekreuzigten. In der Morgenliturgie des Großen Freitag werden die Karfreitagsevangelien der Vier Evangelisten verlesen, in deren Verlauf die Kreuzabnahme und die Grablegung erfolgt.

Die Kirche ist brechend voll. Es ist, als würde ein geliebtes Familienmitglied betrauert, als jeder mit einer brennenden Kerze in der Hand den Augenblick erwartet, wenn der Diakon den Leib Christi vom Kreuz nimmt, ihn mit einem weißen Seidentuch verhüllt und dem Papas überreicht. Dieser trägt ihn in den Altarraum.

Daraufhin zieht die Prozession mit der „Beweinung Christi", dargestellt in einer wunderschönen Stickerei, die der Papas behutsam auf den ausgebreiteten Armen trägt, wieder dreimal durch die Reihen der Gläubigen. Niemand spricht jetzt. Alle verneigen sich stumm. Manche haben Tränen in den Augen, als der Papas endlich den „Leib Christi" in den „Sarg" – die gestickte Beweinungsszene auf den *epitaphios* – legt. Zuletzt wird der Leichnam mit Rosenblättern bedeckt. Wieder, wie schon bei der Errichtung des Kreuzes am Vorabend, ertönt dumpf die Totenglocke.

Die Andacht geht zu Ende. Die Kerzen verlöschen. Der Papas wünscht seiner Gemeinde: „Kai tou chronou – Nächstes Jahr wieder". Das gleiche wünschen sich alle gegenseitig, will heißen, daß wir nächstes Jahr alle wieder zusammen hier sein können. Sie küssen das symbolische Grab, so wie sie zum Abschied auch ihre Toten im offenen Sarg küssen, und verlassen die Kirche.

Es wird ein stiller Tag, ein Tag der Trauer. Für die allermeisten ist es so, als hätten sie einen lieben Verwandten in der Kirche aufgebahrt, und während des

„Heute wird ER gekreuzigt!" (Aus: Gottesdienst des Großen Donnerstag)

„Statt mich zu lieben, habt ihr mit Nägeln ans Kreuz mich geheftet!" (Aus: Gottesdienst des Großen Donnerstag)

ganzen Tages kommen sie, halten eine Weile Totenwache und gehen bedrückt wieder nach Hause. Verhalten mahnt die Totenglocke.

Der Höhepunkt der Trauerfeierlichkeiten ist die Beisetzung am Abend des Großen Freitag.

Um sieben Uhr beginnt die Andacht, deren Hauptteil die *moirologia*, die Totengesänge, sind. Vor dem *epitaphios* versammelt sich der Chor. Immer neue Sänger, Trauernde, treten hinzu. Klagend hallen ihre Stimmen durch die Kirche, in der beileibe keine traurige Stille herrscht. Denn es gibt immer wieder irgendetwas über den Verblichenen zu sagen, wie bei einer tatsächlichen Trauerfeier. Oder sie plaudern über ganz Alltägliches, um dem Schmerz eine Atempause zu gönnen. Für die Kleinen ist es sowieso ein Tag wie jeder andere in der Kirche. Ihnen dauert alles viel zu lange. Sie langweilen sich und sind unruhig. Gleichwohl ist die Kirche von einer dumpfen Traurigkeit erfüllt.

Dann, gegen neun Uhr, als die Kirche und der Kirchhof schwarz von Menschen sind, wird der *epitaphios* hinausgetragen, und es formiert sich der Leichenzug durch das Dorf. Die *papadakia* voran, dann der Papas mit dem goldenen Evan-

geliar und hinter ihm, von vier Männern geschultert, der schwere, blumengeschmückte *epitaphios*. Von Trauergesängen begleitet bewegt sich der schier endlose Zug durch das ganze Dorf, immer wieder durch Aufenthalte unterbrochen. Denn kaum ein Dorfbewohner will es sich nehmen lassen, wenigstens einmal unter dem *epitaphios* hindurchzukriechen. Bis aus den hintersten Reihen des Trauerzuges drängen sie nach vorne, um nur ja dieses wichtige Ritual für ein glückliches und vor allem gesundes Jahr nicht zu versäumen. Wer ganz sicher gehen will, bückt sich dreimal unter dem *epitaphios* hindurch. Und wenn sich alte Weiblein oder Männer am Stock nicht tief genug bücken können, heben die Träger eben ein kleines Stückchen an. Bis endlich der Friedhof erreicht ist, haben es die meisten geschafft.

Denn der Friedhof ist das Ziel des Leichenzuges, ist doch der Karfreitag auch der Tag der Toten. Während der Großen Woche haben die Verwandten die Gräber ihrer verstorbenen Angehörigen gesäubert; so es keine Marmorsarkophage sind, wurden sie frisch gekalkt. Vasen mit frischen Blumen wurden aufgestellt, die Öllämpchen mit neuem Öl gefüllt und Gefäße mit Sand bereitgestellt. Denn nun bringen sie ihren Toten das Osterlicht aus der Kirche, das mit brennenden Kerzen in fast jeder Hand den Zug begleitet hat. Jeder Hinterbliebene steckt seine Kerze in das Sandbecken auf dem Grab, und bald blühen auf vielen Gräbern ganze Lichtersträuße.

Während die Menschen an den Gräbern ihrer Lieben verweilen, begleitet der Papas den *epitaphios* um die Friedhofskirche. Dann verläßt der Zug den Friedhof. Christus ist zu Grabe getragen.

Was nun folgt, ist ein beinahe heiterer Ausklang. Vor dem Kirchenportal halten sie den schweren *epitaphios* hoch. So hat jeder nocheinmal Gelegenheit, darunter hindurchzugehen. Alle suchen ihren Platz jetzt möglichst weit vorn in der Kirche. Das Gedränge ist schier unerträglich. Kaum, daß für den *epitaphios* noch Platz zu finden ist, als er zuletzt hereingetragen wird.

Dann nützt alles Mahnen des Papas und alles Schimpfen des Diakon nur wenig. Es beginnt die Plünderung des *epitaphios*. Rigoros wird er seines Blumenschmuckes beraubt, denn jeder will sein *kalorisiko*, seinen Glücksbringer, ergattern, ein paar halbverwelkte Rosen- oder Nelkenblüten vom Heiligen Grab. Die Kirchendiener versuchen, wenigstens einen Teil in Körben aufzufangen, damit auch die Bescheideneren unter den Gläubigen nicht zu kurz kommen. Diejenigen nämlich, die geduldig darauf warten, ihre Blüten aus der Hand des Papas mit dessen persönlichen Wünschen in Empfang zu nehmen. Die drei halberblüten Rosenknospen, die er für mich in dem unerhörten Trubel sorgfältig auszuwählen imstande war, verwahre ich noch heute.

Mancherorts – und in früheren Jahren auch in meinem Dorf – lodert in der Karfreitagnacht das Osterfeuer in den Himmel. Seit Tagen haben die Kinder trockenes Holz dafür gesammelt und freuen sich um so mehr, je höher die Flammen züngeln. Einst diente es der Verbrennung von Judas, dem Verräter, in Gestalt einer Strohpuppe. Viele sind froh darüber, daß dieser makabre Brauch weitgehend ausgestorben ist. Wo das Osterfeuer noch entzündet wird, liegen die Wurzeln jedoch viel tiefer. Denn schon in heidnischer Zeit diente das Feuer der Reinigung.

Am *Megalo Savvato*, dem Großen Samstag, findet die *Mikri Anastasi*, die Kleine Auferstehung, statt. Es ist eine fast inti-

Es bringt Segen, sich unter das Grab Christi zu beugen

„Dies ist der Sabbat, der hochgesegnete, an dem Christus, vom Schlafe erwachend, am dritten Tag wird auferstehen." (Aus: Gottesdienst des Großen Freitag)

„Des Todes Reich vernichtest Du, des Hades Tote richtest Du auf." (Aus: Gottesdienst des Großen Freitag)

me Feier in der Kirche, während derer der Papas die Auferstehungsikone durch die Reihen der Gläubigen trägt und Rosenblätter über ihre Häupter streut. Auch hier ist jeder glücklich, wenn er ein paar der zarten Gebilde erhaschen kann.

Niemand war bei der leiblichen Auferstehung Christi zugegen. In den Evangelien wird sie nicht beschrieben. Es wird nur geschildert, daß das Grab mit einem Stein verschlossen und Wachen aufgestellt waren. Als bei Sonnenaufgang des ersten Tages der Woche die Frauen kamen, um den Leichnam zu salben, sahen sie, daß der Stein weggerollt war. Ein Jüngling in weißem Gewand, ein Engel, sagte ihnen, daß der, den sie suchen, Jesus, der Nazarener, auferstanden ist. Sie sollten nach Galiläa gehen; dort würden sie ihn sehen, wie er es vorausgesagt hatte.

Der Fantasie der sakralen Kunst war somit alle Freiheit in der Darstellung der Auferstehung gelassen. Während sich in der westeuropäischen christlichen Kunst der aus dem offenen Sarg steigende, triumphierende Christus mit Kreuznimbus, Kreuzesfahne und sichtbaren Wundmalen, der in späteren Darstellungen auch von schlafenden Wächtern und von Engeln umrahmt ist, durchsetzt und

schließlich sogar über dem Sarg schwebend oder als Lichterscheinung abgebildet wird, kennt die byzantinische Kunst der Ostkirche zunächst die Auferstehungsdarstellung überhaupt nicht. Vielmehr deutet sie das Hinabsteigen in das Grab als die Höllenfahrt Christi. Obwohl das Thema als *Anastasis*, Auferstehung, bezeichnet wird, zeigen die Darstellungen Christus, der die Altvorderen aus der Hölle befreit. Die zerbrochenen Höllenpforten liegen gekreuzt zu seinen Füßen. In frühen Darstellungen ist auch der gefesselte Satan zu erkennen. Immer aber sind es Adam und Eva, die Christus, stellvertretend für das ganze Menschengeschlecht, aus dem Hades erlöst. Die Darstellung der orthodoxen *Anastasis* zeigt Christus somit als Retter und Sieger über die Mächte der Finsternis. Auch in der sakralen Kunst der Westkirche hat sich neben dem triumphalen und später verklärten Bild der Auferstehung das Thema der Höllenfahrt entwickelt. Sie betont jedoch den Kampf Christi mit den Mächten der Finsternis.

Nach dem Kirchgang gehört der Tag wieder den Hausfrauen, die heute nocheinmal am Backofen zu finden sind. Die *kalitsounia* werden gebacken, kleine Törtchen aus einer Art Strudelteig, gefüllt mit *mizithra*. *Mizithra* ist ein süßer Frischkäse, in der Regel aus Schafsmilch, und wird an diesem Tag in jedem Haus in Unmengen verbraucht; denn die *kalitsounia* schmecken frisch am allerbesten.

Währenddessen kümmern sich die Männer um den Sonntagsbraten. Wer es sich leisten kann, hat schon seit Wochen sein Osterlamm im Hof und füttert es liebevoll mit allerlei Leckerbissen, damit es noch tüchtig Fleisch ansetzt. Der Brauch, am Großen Samstag vormittags, nach der Kleinen Auferstehung, die Osterlämmer zu segnen, ist vielerorts dem Streß zum Opfer gefallen, dem sich selbst die Geistlichen in griechischen Dörfern nicht entziehen können.

Am Samstag nachmittag ist Schlachttag, und überall ist das Blöken der Lämmer oder auch das Meckern der Kitze zu hören, die zur Schlachtbank geführt werden. Mit einem raschen Schnitt durch die Kehle hauchen sie schmerzlos ihr Leben aus. Es ist die antike Art des Schlachtens, wie sie schon Homer beschreibt (Ilias III/292): *„.... und die Kehlen der Lämmer zerschnitt er mit grausamem Erze"*. Im Judentum und im Islam ist das Schächten, wodurch das Tier völlig ausblutet und das Fleisch rein ist, sogar durch die Religion vorgeschrieben. Naturgemäß ist das Fleisch aufgrund dieser Schlachtmethode weniger leicht verderblich, was besonders in heißen Ländern von Bedeutung ist.

Viele sparen sich aber auch neuerdings die Mühe des Schlachtens und Vorbereitens des Osterbratens. Sie holen sich ihre Fleischportion beim Metzger, in dessen modernem Kühlraum schon seit Tagen nur noch Lamm oder Ziege zu finden sind.

In den späten Nachmittagsstunden wird es still auf den Straßen. Nur ein paar Jugendliche tollen herum, die schon seit Tagen die Nerven der Dorfbewohner mit Böllern strapazieren; ein Vorgeschmack auf das, was um Mitternacht zur Auferstehungsfeier zu erwarten ist. Die anderen sind zu Hause und bereiten sich auf den abendlichen Kirchgang vor. Die Schüssel mit den roten Ostereiern, das Gebäck und der Topf mit der *magiritsa*, der Ostersuppe, stehen für das Mitternachtsmahl bereit. Jetzt heißt es für jedes Familienmitglied baden, Haare waschen, für die Männer rasieren, und sich hübsch anzuziehen. In vielen Familien schenken sie sich zu Ostern Kleidungsstücke, die selbstverständlich zur Auferstehungsfeier erstmals ausgeführt werden.

Dann sitzen sie und warten, knabbern ein paar Oliven, ein Stück *paximadhi*, hartes, trockenes Brot. Denn noch immer wird gefastet. Endlich, um elf Uhr, ruft die Glocke zur Feier. Von allen Seiten strömen sie jetzt herbei: Männer und Frauen, jung und alt; zahllose Kinder, die kleineren mit den *lampadhes*, den geschmückten Osterkerzen, oder mit Lampions in den Händchen, herausgeputzt wie Puppen.

Die Kirche füllt sich, und bald ist auch der Kirchhof schwarz von Menschen, wohin über Lautsprecher die Andacht übertragen wird.

Endlich ist es soweit. Der Papas schließt die Schöne Pforte, die mittlere Tür des Templon. Alle Lichter in der Kirche verlöschen, sogar alle Kerzen. Es ist stockdunkel. Menschen drängen, ihre weißen Osterkerzen in der Hand, nach vorne. Da, während sich die Schöne Pforte wieder öffnet, ertönt die Stimme des Papas:

„Kommt und empfanget Licht vom Ewigen Licht!" (Aus: Gottesdienst der Osternacht)

„*Kommt und empfanget Licht vom Ewigen Licht!*" Er trägt die weiße Osterkerze mit dem Heiligen Licht aus dem Altarraum heraus zu den Gläubigen. Ein ungeheures Gedränge, denn jeder will seine Kerze am Heiligen Licht entzünden, will sein Heiliges Licht nach Hause tragen.

In vielen Gemeinden ist es Licht vom Heiligen Grab, das aus Jerusalem per Flugzeug nach Athen gebracht, von dort aus in die zahlreichen Metropolien und von dort wiederum in die Gemeinden verteilt wird. Aber es ist für die Gläubigen gar nicht so besonders wichtig, woher das Licht kommt. Es ist das Heilige Licht, Licht vom Ewigen Licht. Das Symbol der Reinheit und der Unvergänglichkeit. Das Licht, das über die Finsternis gesiegt hat und jetzt auch in ihre Häuser Einzug halten soll.

Licht und Feuer, heiliges Licht und heiliges Feuer sind nicht eine Errungenschaft des christlichen Glaubens. Ebenso wie das reinigende Opferfeuer für die heidnischen Götter gab es auch das heilige Licht, das mit der Erscheinung der Gottheit in Verbindung stand. Auf Kreta war es Ariadne, die Tochter des Minos, die mit einer Lichterkrone an den Sternenhimmel verpflanzt wurde. Und in Eleusis, dem großen Heiligtum der Fruchtbarkeitsgöttin Demeter, erschien den Teilnehmern an den Mysterien auch immer ein unerklärlicher Lichtschein, der über dem Heiligtum zu schweben schien.

Nachdem alle ihre Osterkerzen entzündet haben und die Kirche wieder im hellen Glanz erstrahlt, ziehen der Papas, angeführt von den *papadakia* und gefolgt von der Gemeinde ins Freie. Alle verneigen und bekreuzigen sich vor dem goldenen Evangeliar, das der Papas trägt und aus dem er die heiligen Worte verlesen wird, die die Auferstehung des Herrn verkündigen. Es ist kurz vor Mitternacht.

Jetzt treibt die Spannung einem Höhepunkt entgegen. Alle blicken aufgeregt auf die Uhr und verfolgen aufmerksam die Worte des Papas, bis er endlich, Schlag zwölf Uhr Mitternacht, den erlösenden Satz spricht: „*Christos anesti! – Christus ist auferstanden!*" Und alle, fast wie aus einem Mund, antworten: „*Alithos anesti! – ER ist wahrhaft auferstanden!*" Dann folgt ein gegenseitiges Umarmen und Beglückwünschen. Der Osterkuß, der Bruderkuß der Urkirche, macht alle zu Brüdern und Schwestern. Und jeder sagt es dem anderen: „*Christus ist auferstanden! – Ja, ER ist wahrhaft auferstan-*

den!" Sie wünschen einander „*Chronia polla! – Viele Jahre!*" – und „*Kai tou chronou! – Nächstes Jahr wieder!*" Eine Woge der Freude geht durch die Menschen. Haß und Feindschaften werden begraben, so, wie es Christus gefordert hat. Es ist ein wahres Fest der Liebe. An Ostern bemüht sich jeder, in dem anderen nur den Freund zu sehen, und in vielen Fällen werden zerbrochene Freundschaften gekittet. Die Kleinsten stolzieren mit ihren *lampadhes* herum, werden getätschelt und geliebkost. Den Ältesten, die sonst kaum mehr aus dem Haus gehen, werden Zuwendung und Fürsorge zuteil.

In manchen Dörfern allerdings hat sich etwas verändert. Jugendliche Rowdies nehmen den uralten Brauch, die Wintergeister mit Lärm zu vertreiben, zum Anlaß, mit Unmengen von Knallkörpern, die sie vom Beginn der Feier an zum Explodieren bringen, ihr eigenes Osterspektakel zu veranstalten. So hat die moderne Zeit mancherorts einen harmlosen Brauch zum Eskalieren gebracht mit dem Ergebnis, daß am höchsten Freudenfest der orthodoxen Christenheit den Menschen manchmal der Weg in ihre Dorfkirche verleidet ist. Sie ziehen es dann vor, in ein nahegelegenes Kloster zu fahren, wo ihnen der Inhalt der Auferstehungsfeier noch bewußt werden kann, oder sie bleiben zu Hause und verfolgen den Gottesdienst am Fernsehschirm. So vergrößert sich bei manchen Menschen der Abstand zu ihrer Kirche, obwohl es allein der Kraft der Orthodoxen Kirche zu danken ist, daß das Griechentum und das griechische Christentum rund 400 Jahre (auf Kreta ca. 250, in Nordgriechenland ca. 500 Jahre) osmanisch-islamischer Herrschaft überdauert hat.

Mit Jubel und Freude haben sie einst den Auferstandenen begrüßt. Auch mit Knallerei. Erwachsene Männer schossen mit ihren Pistolen, wie sie vor allem auf Kreta jeder gestandene Mann trug – und mancher heute noch trägt –, ein paarmal in die Luft. Jugendliche bastelten sich aus Zündhölzern harmlose Knallkörper. Noch früher benützten sie Rasseln oder die Glocken ihrer Tiere. Es sollte eben ein bißchen laut zugehen. Das Vertreiben der Wintergeister und das Begrüßen des Frühlings sollte, wie schon vor Urzeiten, mit viel Lärm verbunden sein.

Weil das Osterfest, heidnischer Tradition zufolge, auch das Fest der wiedererwachenden Natur ist, feiern sie die Auferstehung im Freien. Tief im Verborgenen schlummert noch eine Ahnung vom kretischen Velchanos, vom Vegetationsgott, der jedes Frühjahr stirbt, dessen Blut in einem grausigen Fruchtbarkeitsritus, für den ein Jüngling sein Leben lassen mußte, über die Felder vergossen wurde; der Vegetationsgott aber auch, der wiedergeboren wird und der Natur ebenso neues Leben schenkt, wie nach ihm Adonis. Es schlummert eine Erinnerung an den kretischen Zeus, der jedes Jahr starb und wiedergeboren wurde, weshalb auch nur die Kreter das Grab des Zeus verehrten, das auf dem Jouchtas-Berg gelegen haben soll. Weshalb aber auch den Kretern schon im 6. Jh. v. Chr. durch den Seher, Sühnepriester und Dichter Epimenides aus Knossos nachgesagt wurde, sie seien alle Lügner; denn nach seiner 57tägigen Meditation in der Höhle am Ida wußte er, daß Zeus unsterblich war. Apostel Paulus hat diese Worte wieder aufgenommen, so daß sie bis heute nicht in Vergessenheit geraten sind.

Ein Teil der Gläubigen bleibt nach der Auferstehungsfeier zur nächtlichen Liturgie in der Kirche. Die meisten aber gehen nach Hause, sorgsam ihr Heiliges Licht hütend. Denn mit dem Ruß der brennenden Kerze zeichnen sie ein Kreuz über den Türbalken, damit das ganze Jahr nur Gutes ins Haus einkehre. Mit derselben Kerze entzünden sie das Ewige Licht ihrer Öllampe vor der Hausikone neu und wachen darüber, daß es möglichst bis zum nächsten Osterfest nicht verlischt.

Dann versammelt sich die Familie um den festlich gedeckten Ostertisch. Die Kinder stürzen sich auf die roten Eier und beginnen mit dem Eierpecken. Dieser Brauch ist seit dem 13. Jh. bekannt und soll einerseits aus dem zerbrochenen Ei Segen und wohl auch Fruchtbarkeit entströmen lassen, andererseits in dem heilgebliebenen Ei Kraft und Stärke symbolisieren. Auch die Erwachsenen vergnügen sich mit den Eiern, während die Hausfrau die *magiritsa*, die Ostersuppe, serviert. Sie ist eine geheimnisvoll gewürzte Ei-Zitronenlegierung aus einer Fleischbrühe, in der die kleingeschnittenen Innereien des Osterlammes gekocht wurden. Viele Kräuter und gelegentlich auch Artischocken verfeinern den Geschmack. Sie ist das erste Fleischgericht seit neunundvierzig Tagen und soll den entwöhnten Magen sanft auf die bevorstehenden Völlereien vorbereiten.

Ich hatte mir für meine Freunde eine besondere Überraschung ausgedacht. In

der Heimat hatte ich einige Silvesterraketen besorgt und allen Gefahren zum Trotz aufbewahrt und durch die Flugkontrolle geschmuggelt. Als alle versammelt waren, rief ich sie ins Freie. Es gab keinen großen Lärm, dafür lauter strahlende Augen. Wir feierten bis in die Morgenstunden.

Viele, vor allem diejenigen, die noch keine Möglichkeit hatten, der Auferstehungsfeier beizuwohnen, folgen am Sonntag morgen dem Ruf der Kirchenglocke zur „Zweiten Auferstehung". In einer Prozession werden die Auferstehungsikone und das goldene Evangeliar durch das Dorf getragen. Immer mehr Menschen schließen sich dem Zug an, bis er endlich die kleine Kirche am Ortsrand erreicht. Nocheinmal erfaßt alle die Osterfreude, während sich zu Hause wenigstens ein männliches Familienmitglied am Holzkohlenfeuer um das Osterlamm kümmert. Der Rest des Tages verläuft mit Es-

Vor allem die alten Frauen verbringen die Osternacht in der Kirche

Jetzt wird gefeiert

sen und Trinken, oft auch mit Musik und Tanz, und überall duftet es nach frisch Gebratenem.

Der Ostermontag gehört der Erholung. Bis in die späten Vormittagsstunden hinein ist es still im Dorf. Zum Mittagessen versammelt sich nocheinmal die ganze Familie. Die Reste vom Osterlamm kommen auf den Tisch, und vielleicht hat die Hausfrau zusätzlich noch ein Huhn gekocht oder ein Kaninchen gebraten. Aber der Hunger auf Fleisch ist gestillt, die allgemeine Müdigkeit unübersehbar. Nur die ganz Unentwegten machen sich am Nachmittag auf zu einem Ausflug ins Grüne.

Auf der Dodekanes-Insel Karpathos werden die österlichen Feierlichkeiten am Dienstag fortgesetzt. Nirgendwo anders in Griechenland gibt es die *Lambri Triti,* den Leuchtenden Dienstag. Ort des Geschehens ist das Bergdorf Olympos, wo sich in jahrhundertelanger Weltabgeschiedenheit uralte Traditionen erhalten haben. Seit der mittelbyzantinischen Epoche war das Dorf im Norden der Insel nur über das Meer und von der Anlegestelle aus auf Eselsrücken zu erreichen. Erst seit Ende der siebziger Jahre führt eine miserable Straße dorthin. Wohl deshalb, weil es für die zum Osterfest heimkehrenden Verwandten und Freunde nicht immer leicht ist, pünktlich einzutreffen, feiern die Olympioniten einen Tag länger als die übrigen Griechen.

Mit der Liturgiefeier und einer prächtigen Prozession durch das Dorf zum Friedhof beginnt der Tag. Besonders prächtig deshalb, weil die olympionitischen Frauen mit ihren farbenfrohen Trachten und ihrem reichen Goldschmuck dem Zug einen ganz besonderen Reiz verleihen. Nir-

gendwo in Griechenland hat sich die byzantinische Tracht mit bunten, plissierten Seidenröcken, seidenen Schürzen, funkelnden Goldbrokatjäckchen, glitzernd geschmückten, bunten Kopftüchern und vor allem dem eindrucksvollen, oft kiloschweren Goldschmuck, der den ganzen Reichtum der Familie ausmacht, erhalten. Diese Tracht steht allerdings nur den heiratsfähigen Jungfrauen zu, und sie tragen sie vornehmlich am Leuchtenden Dienstag, dem Tag, an dem alle Olympioniten ins Dorf kommen. Nicht nur der Tag, die österliche Prozession sollen damit geschmückt werden. Die Mädchen stellen sich ganz unverhohlen zur Schau, bieten sich so auf einem von allen Institutionen einschließlich der Kirche und der Eltern genehmigten Heiratsmarkt an. Ostern, wenn alle Ausgewanderten nach Hause kommen, ist für sie die einzige Gelegenheit, Männer, die aus wirtschaftlichen Gründen meist schon sehr jung in die Fremde gezogen sind und nur in diesen Tagen zurückkehren, kennenzulernen. Wenn die Mädchen auf diesem Heiratsmarkt auch scheinbar steif und teilnahmslos wirken mögen, ihre feurigen Augen suchen eifrig nach Blickkontakt mit einem Auserwählten, und mancher Bund fürs Leben wird besiegelt.

Selbstverständlich endet dieser letzte Ostertag mit ausgelassenem Feiern bei Essen, Trinken, Musik, Tanz und auch Tränen. Sieht man sich doch erst im nächsten Jahr wieder.

Für die Gläubigen in der Mesara, der südlichen Tiefebene Kretas, ist der Dienstag nach Ostern noch einmal ein hoher Festtag. In den mächtigen Ruinen der frühchristlichen Basilika des hl. Titos in Gortys zelebriert der Metropolit von Gortyna und Arkadia, der seinen Sitz in der Kreisstadt Moires hat, zu Ehren des Heiligen, der als Schüler des Apostels Paulus Kreta bereits im 1. Jh. christianisiert hat, die Liturgie. Geistliche aus den umliegenden Dörfern sind die Konzelebranten. Es ist eine ergreifende Feier. Die Darstellungen der Kirchenväter im Altarraum byzantinischer Kirchen erwachen vor den Augen der Gemeinde zu neuem Leben, wenn der Metropolit in prächtigem Ornat, mit der goldenen Mitra gekrönt, und die Priester in ebenso prachtvollem Ornat im Altarraum der ehrwürdigen Ruinen agieren und weit über das Gelände der einstigen Hauptstadt der römischen Provinz Kreta und Kyrenaika die Hymnen ertönen.

Nach der Liturgie nehmen die Geistlichkeit und die Honoratioren der umliegenden Dörfer im Schatten uralter Oliven ein gemeinsames „heiliges Mahl" ein: Käse, Brot, Wein und gebratenes Lamm. Das „heilige Mahl" oder das „Liebesmahl" der Alten nach der Opferung an die Götter? Ich durfte daran teilnehmen und war versucht, einen Tropfen Wein auf den Boden zu gießen, ein Trankopfer darzubringen. Ich dachte an die homerischen Verse (Ilias VI/59,60): *„Daß du Zeus dem Vater zuvor und den anderen Göttern sprengtest, und dann auch selber des Labetrunks dich erfreuest."* Währenddessen entwickelte sich draußen auf dem Vorplatz ein wahres Volksfest. Rote Ostereier und *tsourekia* waren auf einem Tisch ausgebreitet; Kanister mit Wein und Plastikbecher. Jeder Vorbeikommende durfte sich bedienen, auch die überraschten Touristen, die in

Omnibussen angereist waren, um die Ausgrabungen zu besichtigen. Lyra und Laute spielten zum Tanz auf.

Liturgie in der Basilika des hl. Titos am Dienstag nach Ostern

ASPHODELE

Asphodelus aestivus

Bei uns Affodill genannt, ist sie die Lilie des Totenreiches. Schon Ende Februar überzieht sie mit ihren hohen, von zarten, fahlweißen Blüten umgebenen Stengeln die Weiden. Schafe und Ziegen meiden die Pflanze, weshalb sie in Unmengen erblüht und ihre Blütensterne wie Geister über dem Land schweben läßt. Es sind die Geister, über die Minos und Rhadamanthys zusammen mit Aia-

kos in der Unterwelt zu Gericht sitzen. Die Bösen schicken sie in den Tartaros, die Guten erwarten die Elysischen Gefilde. Wer weder gut noch böse war, zieht für alle Ewigkeit durch die trostlosen Asphodelischen Wiesen. Die verwandte, besonders attraktive gelbe Asphodele mit ihrem grasähnlichen Blattstand ist seltener und nur in mittleren Bergregionen zu Hause.

Weiße und gelbe Asphodele

Totenbrauchtum –
Die letzten Liebesdienste

Es fängt damit an, daß nicht der grausige „Sensenmann" oder gar der „Boandlkramer" kommt, um die Seele abzuholen, sondern ein Engel, der Schutzengel, der auch der Namenspatron des Sterbenden ist. Auf Kreta ist es *Michalaki*, der kleine Michael. Gemeint ist der Erzengel Michael. Er ist der Anführer der himmlischen Heerscharen aber auch der Todesengel, der Seelengeleiter – der Gegenspieler des Teufels, der auf manchen Darstellungen auch derjenige ist, der die Seelen abwägt. Der Engel erinnert an Hermes, den geflügelten Götterboten, der die Seelen in den Hades geleitete, er gelegentlich allerdings sogar gewaltsam.

Undenkbar in Griechenland, damals wie heute, daß ein Sterbender in seiner schweren Stunde allein bleibt. Angehörige, denen es aus irgendeinem Grund nicht gegönnt ist, von einem nahen Verwandten noch zu dessen Lebzeiten Abschied zu nehmen, leiden nicht selten ihr ganzes Leben lang darunter. Bis vom anderen Ende der Welt kommen sie angereist, scheuen weder Zeit noch Kosten, um die letzten Stunden am Sterbebett zu sein und dem Toten das letzte Geleit zu geben.

Auch ein Priester begleitet den Sterbenden auf seinem letzten Weg. Er erteilt ihm die Krankenölung. Öl galt seit frühesten Zeiten als Heilmittel. An diese antike Tradition schließt die christliche Krankenölung an, die nicht die Letzte Ölung der Westkirche darstellt, sondern als geistiges Heilmittel sowohl den Leib des Erkrankten als auch seine Seele gesunden läßt. Sie erfolgt mit Öl und Wein, womit einst der barmherzige Samariter Wunden reinigte. Sieben Kerzen, sieben mit Watte umwickelte Stäbchen, Weihrauch, eine Schale mit Weizenkörnern als Symbol der Auferstehung, das Kreuz und das Evangelienbuch als die hilfreiche, starke Hand Gottes sind für die Zeremonie erforderlich. Heilung und Vergebung der Sünden erbittet der Priester für den Kranken.

Hat *Michalaki* endlich die Seele in Empfang genommen, verkündet die Totenglocke den Heimgang. Währenddessen schließen die nächsten Angehörigen dem Verblichenen die Augen, waschen ihn mit Wein und kleiden ihn an. Zuerst wird er in das *savano*, das Totenhemd, gehüllt, ein vier Meter langes Tuch, das zusammengefaltet wird. An der Bugkante wird eine Öffnung für den Kopf eingeschnitten. Um die Taille wird es gefaltet. So tritt der Tote am Jüngsten Tag vor seinen himmlischen Richter. Wem es möglich war, zu Lebzeiten eine Pilgerreise nach Jerusalem zu machen, der bringt sein eigenes Totenhemd dorthin, um es durch ein Bad im Jordan – die Taufe Christi – weihen zu lassen. Für viele Christen der Ostkirche ist so ein Totenhemd der schönste Trost in ihrer letzten Stunde. Über das Totenhemd werden dem Verstorbenen seine besten Kleider angezogen, in manchen Gegenden noch die traditionelle Tracht. Verlobte Frauen, die vor der Heirat sterben, werden gelegentlich als Braut bestattet.

Dann wird der Leichnam in der guten Stube des Hauses mit Blickrichtung nach Osten aufgebahrt, und alle, die den Verstorbenen kannten und mochten, kommen, um ihm eine Kerze anzuzünden und Totenwache zu halten. Ist der Herr des Hauses verstorben, legt man ihm den Hausschlüssel unter das Kopfkissen, damit kein anderer seinen Platz einnehme.

Gelegentlich läuft das heutzutage alles sehr still ab. Aber oft noch wird der Schmerz, wird die Totenklage laut hinausgeschrien, werden die *moirologia*, die Klagelieder, gesungen. In ihnen wird der guten Eigenschaften und der Taten des Toten gedacht. Der eigene Schmerz kommt zum Ausdruck, aber auch die Ergebenheit in Gottes Ratschluß. Es ist eine scheinbar fatalistische Einstellung zum Tod. Doch schon Sokrates gehorchte dem Gesetz, verzichtete auf die Befreiung aus dem Kerker und trank den Giftbecher. Und Jesus Christus gehorchte Gott: *„Dein Wille geschehe ..."*

Trotzdem: Die Frauen raufen sich die Haare und schlagen sich die Brust mit Fäusten, wie es Homer oft genug in der Ilias beschreibt. In abgelegenen Dörfern der Sfakia auf Kreta, wo die Frauen ihr Haar noch in langen Zöpfen tragen, schneidet sich die Ehefrau eines Verstorbenen diese ab und legt sie dem Toten auf die Brust. Sie zerkratzt sich das Gesicht mit den Fingernägeln bis Blut fließt. Die Hinterbliebenen leben ihren Schmerz aus, sie verarbeiten ihre Trauer.

Die Totenwache im Haus dauert ununterbrochen bis zum nächsten Tag. In der Regel nach 24 Stunden erfolgt die Beisetzung. Der Leichnam wird in die Kirche gebracht und nun im Kirchenraum für die *teleti*, die feierliche Totenmesse, aufgebahrt. Nach der *teleti* sowie nach jedem *mnimosyno*, jedem folgenden Gedenkgottesdienst, wird die *kollyva*, die Totenspeise, gereicht. Gekochte Weizenkörner, das ewige Symbol des Lebens – denn aus dem Korn sprießt die Ähre – und nach Johannes das Symbol der Auferstehung, werden mit Nüssen, Rosinen, Zucker, Honig und vor allem mit Granatapfelkernen vermischt. Der Granatapfel, die Totenspeise der Antike. Denn wer kennt nicht den Mythos von Persephone und Hades, dem Gott der Unterwelt, der der Demeter-Tochter vor ihrer Rückkehr in die lebendige Welt Granatapfelkerne zu essen gab, damit sie immer wieder in die Unterwelt zurückkehre? Antike Grabreliefs zeigen den Verstorbenen, der einen Granatapfel in Händen hält als Symbol des Lebens, der Wiedergeburt.

Der Granatapfel gilt aber auch als christliches Symbol. Die rote Farbe seiner saftigen, fleischigen Kerne steht für das Blut Christi, die Vielzahl seiner Kerne für die zahlreichen Gläubigen im Schutz der Kirche. Der durchschnittene Granatapfel zeigt das vierstrahlige oder das achtstrahlige Kreuz im Kreis, das Sonnen-Christus-Monogramm.

Alle Trauergäste essen die *kollyva* als Zeichen der Verbundenheit mit dem Toten und, wo nötig, als Zeichen der Versöhnung. Sie wird auch dem Toten an das Grab gebracht, in einer Kuchenform, mit Zucker bedeckt und mit einem Kreuz aus silbernen Zuckerperlen geschmückt. Denn er soll in der anderen Welt keine Not leiden, ein Gedanke, der schon den Grabbeigaben der Antike zugrundelag. Anläßlich des *panigyri* am Himmelfahrtstag bei der Christus-Kirche auf der Nidhas-Hochebene schmücken sie die Gräber von Widerstandskämpfern mit den Speisen für die Lebenden ebenso wie mit der *kollyva*.

Ein speziell kretischer Brauch ist die *psychopitta*, der Seelenkuchen, ein kleines, rundes Sauerteigbrot, das jeder Trauergast erhält. Zu *kollyva* und *psychopitta* wird Wein gereicht. Vielleicht der Wein des antiken Totenopfers bei Homer? Nach der *teleti* für einen unverheiratet Verstorbenen wird den Trauergästen oft auch die *kouphetta* überreicht, eine süße

Der symbolträchtige Granatapfel

„… ich sage Euch: Wenn das Weizenkorn nicht in die Erde fällt und stirbt, bleibt es allein. Wenn es aber stirbt, bringt es reiche Frucht." (Joh. 12 / 24)

„Lasset uns hinausgehen, die Gräber betrachten und sehen, was des Menschen Gebein in seiner Nacktheit ist ...“ (Aus: Der Totengottesdienst)

„Wenn die Posaune erklingt, werden die Toten alle auferstehen und Dir entgegengehen!“ (Aus: Der Totengottesdienst)

Gabe, die bei Taufen und Hochzeiten üblich ist.

Während der Totenmesse ist der Sarg offen, und bevor sich der Trauerzug zum Friedhof in Bewegung setzt, nehmen die nächsten Angehörigen und die besten Freunde nocheinmal innigen Abschied, indem sie dem Verblichenen die blassen Lippen küssen. Manch einer verliert die mühsam aufrechterhaltene Beherrschung, bricht in bitteres Wehklagen aus oder wirft sich über den Leichnam. Ich habe es selbst erlebt, wie die Schwester eines jungen Mannes, eines Höhlenforschers, der in Ausübung seiner Arbeit verunglückt war, den geliebten Bruder in ihrem Schmerz aus dem Sarg riß und völlig die Sinne verlor. Manche mögen dieses Ausleben des Schmerzes als Hysterie bezeichnen, doch auffallenderweise gab es in Griechenland zumindest bislang kaum Menschen mit psychischen Problemen wegen unverarbeiteter Trauer. Je mehr allerdings die moderne Zeit „vornehme Zurückhaltung“ abverlangt, vor allem in den Großstädten, wo das Sterben auch in Griechenland mehr und mehr aus dem täglichen Leben verbannt wird, umsomehr werden auch hier die Psychotherapeuten beschäftigt werden.

Nun bewegt sich der Trauerzug zum Friedhof. Den Leichnam im offenen Sarg tragen Verwandte und Freunde. Offen wird der Sarg in das Grab gesenkt, das ein Stein- oder Marmorsarkophag ist. Denn die Erde ist steinig, bedeckt oft nur mühsam den blanken Fels und läßt es nicht zu, daß tief in sie gegraben und der Leichnam in sie gesenkt wird. Deshalb sind auch schon seit minoischer Zeit auf Kreta und später in ganz Griechenland die runden oder rechteckigen Grabkammern aufgemauert oder in den Fels gehauen worden.

Der Sarg wird nicht geschlossen, um die Verwesung zu beschleunigen. Oft liegen deshalb wie achtlos hingeworfen in einem Winkel des Friedhofs einige Sargdeckel, deren Anblick den fremden Betrachter schockieren mag. Es ist noch nicht lange her, daß Särge das Vorrecht der Reichen waren und die Toten im Leichentuch beigesetzt wurden. Immer liegt der Friedhof außerhalb der Wohngebiete, außer in den Städten, die sich allmählich ausgedehnt und die Friedhöfe in die Wohngebiete eingeschlossen haben. Denn wie in der Antike ist der Tod ebenso wie die Geburt mit Unreinheit verbunden. Schon im 5. Jh. v. Chr. wurden deshalb Gebären und Sterben von der dem Apollo heiligen Insel Delos verbannt. Bestattungen aus früheren Jahrhunderten wurden auf die Nachbarinsel Rheinia umgebettet.

Der Friedhof ist von hohen, schlanken Zypressen überschattet, wie sie schon in der Antike an Kultstätten und Gräbern zu finden waren. Die Zypresse war Apollo, dem Gott des Lichtes, heilig, ebenso Persephone, der Göttin der Unterwelt. Sie war als immergrüner Baum Symbol des Lebens und wegen ihrer Form ein Phallussymbol, ein Symbol der Zeugungskraft und damit des Sieges über den Tod. Seit der Antike ist sie der Lebensbaum und die Himmelsleiter. Auch Christus ist der Lebens- und Weltenbaum, die Wurzel, aus der alles sprießt. Und er ist das Licht, das über die Unterwelt, über den Tod triumphiert.

Nach dem Verlassen des Friedhofs waschen sich die Trauergäste am Brunnen die Hände, denn der Glaube an die Unreinheit des Todes lebt im Unterbewußtsein der Menschen fort. Vor allem deshalb befindet sich beim Friedhof immer ein Brunnen. Manche sprühen auch das reinigende, heilende Wasser hinter sich, um Dämonen zu verscheuchen, die sich um die Seele streiten.

Wenn Grabstätten, wie vorwiegend in großen Städten, nur gemietet sind, wird das Grab nach drei Jahren aufgelassen; die Gebeine kommen ins Beinhaus. Das Öffnen des Grabes und die Entnahme der Gebeine ist uralter Brauch, um zu sehen, ob die Seele des Verstorbenen im Hades oder in den Elysischen Gefilden ist, nach christlichem Verständnis im Himmel oder in der Hölle, je nachdem, ob die Gebeine weiß oder schwarz sind. Das Fegefeuer kennt die Ostkirche nicht. Heutzutage überlassen in vielen Dörfern die Angehörigen den Toten seiner Ruhe solange, bis in der Familie einer neuer Todesfall eintritt; denn oft sind in Dörfern, wie auf Kreta, die Grabstätten Eigentum der Familien. Dann werden die Gebeine des Vorverstorbenen entweder in ein Tuch gehüllt in einer Ecke des Grabes aufgeschichtet oder sie kommen auch hier in das Beinhaus, das Ossiarium.

Ossiarien gehörten bereits zu frühminoischen Rundgräbern, die Bestattungsorte für ganze Dorfgemeinschaften waren und zahlreich vor allem in der Mesara-Ebene entdeckt wurden, ebenso wie in der über mehr als eintausend Jahre belegten Nekropole von Phourni bei Archanes, der größten Gräberstadt der Ägäis. Ebenso wie im minoischen Kreta sind die Grabstätten im heutigen Griechenland in Ost-West-Richtung ausgerichtet, d. h., der Verstorbene liegt mit dem Kopf im Westen und blickt der aufgehenden Sonne – Christus und der Auferstehung – entgegen. In vorchristlicher Zeit wohl der Wiedergeburt; denn Sterben und Wiedergeborenwerden, das beinhaltete schon der frühe Glaube der Minoer an die Vegetationsgötter, der in der Auferstehung Christi, in der Auferstehung am Jüngsten Tag seine Vollendung gefunden hat. Auch die Götterstatue im antiken Tempel blickte nach Osten, und der Altarraum in der ostkirchlichen Architektur befindet sich immer im Osten. Doch das gläubige Volk sieht in der Aufbahrung und in der Bestattung mit dem Haupt im Westen einen ganz anderen Grund. *„Im Westen"*, so sagte mir meine Freundin Zambia, *„wo die Sonne untergeht ..."* und blickte mich bedeutsam an. Was weiß diese einfache Frau vom Totenfluß Acheron, vom Okeanos, von den Grenzen der Welt, von der Unterwelt, die die Alten dort vermuteten, wo die Sonne versank? Oder ahnen die Menschen noch etwas vom antiken Glauben, wenn in ihren *moirologia* der Charos, der Totenfährmann der Antike als der personifizierte Tod, gegenwärtig ist; wenn sie vom Hades, der von Charos beherrschten Unterwelt singen, womit sie – undeutlich zwar – den Teufel und die Hölle meinen?

Nach der Beisetzung wird im Haus des oder der Verstorbenen ein bescheidenes Totenmahl gereicht: Kaffee und Cognac, Käse und *paximadhi,* hartes Brot. Anderswo treffen sich Verwandte und Freunde in einer Taverne zum Liebesmahl mit dem Verstorbenen, das ebenfalls mit Kaffee und Cognac, mit Käse und Brot eröffnet wird. Der Papas, der den Toten zu Grabe getragen hat, ist anwesend und segnet die Speisen. Die Freunde sprechen den Angehörigen ihr Beileid aus: das Bedauern über das Hinscheiden oder auch den Wunsch, der andere wenigstens möge leben. Auch, daß Gott dem Verstorbenen vergeben möge, ist ein häufiger Kondolenzwunsch.

Äußeres Zeichen der Trauer ist schwarze Kleidung. Wer einen besonders nahen Angehörigen, Ehegatten, Elternteil oder Kind, verloren hat, kleidet sich mindestens ein Jahr lang schwarz. Männer rasieren sich vierzig Tage lang nicht, lassen oft auch ihr Haupthaar wachsen. Der Trauerbart ist jedoch erst seit Beginn des 3. Jh. v. Chr. bezeugt. Denn bis zu dieser

Zeit war der Bart eine Modeerscheinung, und, entgegen dem späteren Brauchtum, entfernten ihn die Männer zum Zeichen der Trauer. Bart, langes Haar und schwarzer Talar der orthodoxen Geistlichen sind in diesem Sinne als äußeres Zeichen der Trauer um die Sünden der Welt und die eigenen Sünden zu verstehen.

Frauen, die den Ehepartner oder ein Kind verloren haben, tragen zusätzlich zum schwarzen Kleid ein schwarzes Kopftuch. Beides legen sie oft ein Leben lang nicht mehr ab. Mit auffallender Solidarität taten dies diejenigen Frauen, deren Männer oder Söhne während des Zweiten Weltkriegs Opfer der Besatzungsmächte geworden waren. In vielen Fällen verhalten sich auch Mütter so, die einen Sohn verloren haben. Nichts Grausameres kann das Schicksal einer griechischen Mutter antun, als ihr den Sohn zu nehmen. Das schwarze Hemd, das vor allem zur Tracht der Männer der Sfakia auf Kreta gehört, ist ein Relikt aus der Zeit der Osmanen-Herrschaft, als die Männer aus Trauer um ihre ermordeten Kameraden schwarze Hemden trugen.

Nach drei, neun und vierzig Tagen, nach drei, sechs, neun und zwölf Monaten, nach einem, zwei und drei Jahren findet je ein *mnimosyno*, ein Gedenkgottesdienst, statt, zu dem sich möglichst alle Angehörigen in der Kirche treffen, die *kollyva* in Empfang nehmen, gemeinsam das Grab besuchen und im Haus des Toten wieder bei einem kleinen Imbiß seiner gedenken. Die Gedenktage sollen ein allmähliches Abschiednehmen ermöglichen und somit den Schmerz mildern. Das bedeutendste Gedenken ist das *sarrantaimera* oder das *sarrantari*, das Vierzigtägige. Denn nach vierzig Tagen, so will es der Volksglaube, verabschiedet sich die Seele endgültig von den Hinterbliebenen und verläßt den häuslichen Bereich. Sie wartet nun auf den Jüngsten Tag.

Ich hörte mit eigenen Ohren an so einem *sarrantari* den monotonen Sprechgesang einer kretischen Mutter und war von der Lebensnähe ihrer *moirologia* erschüttert. Zwischen zwei jungen Frauen, mehr schwebend als gehend, befand sie sich in einer Art Trance. Ihr Blick war wie verklärt zum Himmel gerichtet, als sie ihren Sohn anflehte: *„Ach mein Kind! Ihr dort oben, ihr habt doch sicher auch Telefon. Dann denk doch an deine Mutter und ruf sie an, damit sie beruhigt sein kann, daß du gut angekommen bist."* Die *mnimo-*

syna dienen vor allem dazu, der Seele auf ihrem schweren Weg vor den himmlischen Richter zu helfen. Die Seele hat ja nichts außer den Gebeten der Angehörigen und Freunde.

Es fällt auf, daß zwar die offizielle Trauerzeit ein Jahr beträgt, daß in der Orthodoxen Kirche seit Jahrhunderten die letzte vorgeschriebene Gedächtnisfeier jedoch erst nach drei Jahren stattfindet. Dies stimmt überein mit der Ansicht vieler moderner Psychologen, daß der Schmerz über den Verlust eines nahen Angehörigen erst nach zwei bis drei Jahren überwunden ist.

Allgemeine Totengedenktage sind die Samstage, besonders die *psychosavvata*, die Seelensamstage vor Beginn der österlichen Fastenzeit und vor Pfingsten. Auch am Karfreitag, wenn Christus zu Grabe getragen wird, besuchen alle die Gräber ihrer Verstorbenen und schmücken sie mit Kerzen. Tief im Innern glauben sie daran, daß die Seelen an Ostern mit Christus den Hades verlassen und 50 Tage, bis Pfingsten, auf der Erde weilen. In dieser Zeit dürfen vor allem keine Bäume beschnitten werden, denn es könnte eine Seele daraufsitzen. Es wird deutlich, wie nahe sich religiöses und volkskundliches Brauchtum sind. Denn es ist nur logisch, daß Bäume nicht in ihrer besten Wachstumsphase beschnitten werden dürfen.

Im Totenbrauchtum erinnern nicht nur das Raufen der Haare und das Schlagen an die Brust an antike Riten, die oftmals bei Homer geschildert sind. Macherorts gibt man wie in alten Zeiten dem Toten Dinge, die ihm wichtig waren, mit ins Grab, damit die Seele sie wiederfinde. In Glasvitrinen auf Kindergräbern liegt oft beim Foto des lieben Verstorbenen Spielzeug, als wollte man sagen: *„Da, spiel nur!"* Denn das Foto, das Abbild, stellt wie die Ikonen der Heiligen die vergeistigte Anwesenheit des geliebten Menschen dar. Eine unabdingbare Grabbeigabe sind überall nach wie vor die Brautkronen, die dem erstverstorbenen Ehegatten mitgegeben werden. Vielleicht ist dies ein Zeichen, daß selbst der Tod nicht scheidet und für so viele Frauen Anlaß, die Trauerkleider nicht mehr abzulegen.

Vordergründig logisch mutet an, daß das Gefäß, in dem der Wein enthalten war, mit dem der Leichnam gewaschen wurde, zerschlagen wird. Aber muß es im Hof zerschlagen werden, weil es eine bittere Erinnerung birgt und unbrauchbar geworden ist? Erinnert dieses Zerschlagen eines Gefäßes nicht vielmehr an antikes Ritual wie es im Nekromanteion, im Totenorakel von Ephyra in Nordgriechenland, der Brauch war? Dort wohnten weit im Westen, nahe der Grenze der irdischen Welt, antikem Glauben zufolge, die Unterweltsgötter Hades und Persephone in einem unterirdischen Gewölbe. Dorthin kamen die Menschen, um mit den Seelen ihrer verstorbenen Angehörigen Kontakt aufzunehmen. Odysseus befragte dort den Seher Teiresias über den Heimweg nach Ithaka; Orpheus wollte dort Eurydike aus der Unterwelt zurückholen; Aineias sprach mit seinem Vater, und Herakles zerrte den Höllenhund Kerberos ans Licht. Sie alle und zahllose andere warfen, um sich bei den Totengöttern Gehör zu verschaffen, Steine und zerschlugen Keramikgefäße. In einem Vorraum zu dem bestens erhaltenen unterirdischen Gewölbe in Ephyra aus dem 3. Jh. v. Chr. fanden die Archäologen haufenweise Keramikscherben. Vielleicht ist in dem kretischen Zerschlagen des Gefäßes etwas vom antiken Glauben, vom antiken Anrufen der Unterweltsgötter erhalten geblieben. Ganz sicher sind die Totenklage bei der Aufbahrung und am Grab und die schwarze Trauerkleidung, sind die Gedenkfeiern am dritten, neunten und vierzigsten (ursprünglich dreißigsten) Tag antike Tradition. Mit Gebeten, Totenlob, Totenopfer und Totenmahl wurde des Verstorbenen gedacht, am vierzigsten Tag das Ende der Trauerzeit und die Lösung der Hausgemeinschaft verkündet. Die Überzeugung, daß Toter, Sterbehaus und Begräbnisteilnehmer „unrein" seien, führte in der Antike zu kultischer Reinigung mit Wasser. Das Händewaschen und Wasser hinter sich sprühen „zum Verjagen böser Geister" hat sich bis in unsere Tage erhalten.

„Wie eine Blume verwelkt und wie ein Traum zerfließt ..."
(Aus: Der Totengottesdienst)

ZISTROSE
Cistus creticus

Mit zu den ersten Blüten, die in der Macchia erscheinen, gehört die zartrote Zistrose. Wie zerknittert sehen sie aus und verblühen rasch, um neuen Blüten Platz zu machen. Das Harz, das die Blätter in der Sommerhitze ausschwitzen, ist das Labdanum, das wegen seines Wohlgeruches seit der Antike in der Medizin, in der Parfümerie und als Räucherstoff Verwendung findet. Die „Ernte" des wertvollen Stoffes hat sich allerdings geändert. Während im Altertum die Ziegen diejenigen waren, die ihn beiläufig beim Weiden an Bart- und Beinhaaren nach Hause brachten, wo ihn die Hirten abstreiften, erfolgt das Einsammeln heutzutage durch Menschen, die an heißen Tagen mit einem mit Leder- oder Stoffstreifen versehenen „Rechen" durch die Macchia ziehen. Aus den Blättern der Zistrose kocht man einen wirksamen Beruhigungstee. Auf Kreta vor allem kommt häufig auch die weiße, salbeiblättige Zistrose vor.

Weiße Zistrose

25. März – Mariä Verkündigung
Nationalfeiertag

Gleich vorneweg: Mariä Empfängnis, das am 8. Dezember gefeiert wird, ist der Tag, an dem ihre Mutter Anna die spätere Gottesgebärerin Maria empfangen hat. Folgerichtig findet am 8. September die Feier von Mariä Geburt statt. Mariä Verkündigung am 25. März jedoch ist jener Tag, an welchem Maria durch den Engel verkündet wurde, daß sie jungfräulich einen Sohn gebären werde. Folgerichtig feiern wir am 25. Dezember Christi Geburt.

Zweifellos verdankt der Festtag Mariä Verkündigung seine Existenz einer späteren künstlichen Festlegung, da von der Urkirche bis in das 4. Jh. die Geburt Christi am 6. Januar gefeiert wurde. Dazu ausführlicher bei der Beschreibung der Weihnachtsbräuche.

Marienfeiertage erfreuen sich in der gesamten Christenheit großen Zuspruchs bei den Gläubigen. Mariä Verkündigung und Mariä Entschlafung (Himmelfahrt in der Westkirche) gehören in der Orthodoxen Kirche jedoch zu den besonders wichtigen Feiertagen. Der 25. März zudem deshalb, weil er für das griechische Volk von historischer Bedeutung ist. Er ist einer der beiden Nationalfeiertage (neben dem 28. Oktober).

Beginnend mit den ersten osmanischen Überfällen auf das griechische Mutterland des Byzantinischen Reiches am Ende des 14. Jh. und manifestiert durch die Eroberung Konstantinopels im Jahr 1453, Athens 1458 und der Peloponnes 1460 durch die Osmanen hat Griechenland eine rund 400jährige bittere Fremdherrschaft erlebt, bis sich im Jahr 1814 in Odessa Exilgriechen zusammenschlossen und die *Philiki Etairia* – Gesellschaft der Freunde – mit dem Ziel der Befreiung ihrer Heimat gründeten. Über die

In der mittleren Tür der Ikonostase, der „Schönen Pforte", ist die Verkündigung dargestellt. Kloster Agios Nikolaos, Metsovo

Das Denkmal zur Erinnerung an den Aufstand gegen die Fremdherrschaft beim Kloster Agia Lavra stellt die Kirche, das Volk und die Allegorie Griechenlands dar

Die Jugend demonstriert Einigkeit und Stärke

von der osmanischen Herrschaft verschont gebliebene westgriechische Insel Zakynthos erfolgten unter der Führung von Theodoros Kolokotronis die ersten Scharmützel gegen die Osmanen auf der Peloponnes bereits zu Beginn des Jahres 1821. Ob es sich nun tatsächlich am 25. März ereignet hat, oder ob dieser Tag aus symbolischer Erwägung erst später festgelegt wurde, weil, wie so oft in der ereignisreichen Geschichte Griechenlands, auch in diesem Fall der spätere Sieg auf die Hilfe der Panagia zurückgeführt wurde, ist bis heute nicht geklärt. Jedenfalls sollen sich die Anführer der Aufständi-

schen an irgendeinem Tag zu dieser Zeit im Kloster Agia Lavra im Norden der Peloponnes unter Leitung des Bischofs Germanos von Patras versammelt und anläßlich einer Liturgiefeier den Eid auf die Fahne der Aufständischen abgelegt haben. Der 25. März, der Tag der Panagia, der Allheiligen, gilt somit als der offizielle Tag des Beginns der Erhebung der Griechen gegen die Fremdherrschaft. Nach Jahren blutiger Kämpfe, begleitet von bitteren Rückschlägen, konnte erst nach der Schlacht von Navarino von 1827 eine erste provisorische Regierung ausgerufen und im Jahr 1830 der neue griechische Staat proklamiert werden.

All diese Daten gelten nicht für Kreta. Denn nach der teilweisen Zerschlagung des Byzantinischen Reiches anläßlich des Kreuzzuges von 1204 war die Insel Besitz der Venezianer geworden und wurde als wichtige Handelsbastion im östlichen Mittelmeer von diesen energisch gegen die Osmanenüberfälle verteidigt. Erst 1669 gaben die Venezianer auf. Kreta wurde osmanisch und hatte 1821, weitab vom Zentrum des Geschehens, keine Chance, seine Freiheit zu erlangen, obwohl blutige Aufstände schon im Jahr 1770 die Aufmerksamkeit auf Kreta zogen. Erst das Drama von Arkadi, wo sich im Jahr 1866 innerhalb der Klostermauern erneut der Widerstand der Kreter formierte, der nach dem Motto „Freiheit oder Tod" in einem entsetzlichen Massenselbstmord der eingeschlossenen Kreter endete, lenkte die Aufmerksamkeit der Europäer auf die Insel. Allerdings dauerte es noch bis 1898, bis Kreta von der Osmanenherrschaft befreit wurde und zunächst seine Autonomie erhielt, bis es im Jahr 1913 endlich dem griechischen Mutterland angeschlossen wurde. Noch schwieriger war die Situation im Norden, wo wesentliche Teile des griechischen Festlandes wie Epeiros, Makedonien, West-Thrakien, erst nach den Balkankriegen von 1912/13 von der dort fast 500 Jahre währenden Osmanen-Herrschaft befreit wurden.

Gleichwohl ist der 25. März auch auf Kreta und in den nördlichen Regionen nicht „nur" ein Marienfeiertag, an dem sich die Gläubigen in zahlreichen, der Panagia geweihten Kirchen zur Liturgie versammeln, um anschließend bei einem *panigyri* zu essen, zu trinken und fröhlich zu sein. Auch die Kreter feiern an diesem Tag die Befreiung Griechenlands von der Osmanenherrschaft. Vor allem in der Hauptstand Heraklion, aber auch in an-

deren größeren und kleineren Städten und in Dörfern findet die *parelasi*, die Parade, statt mit Soldaten und mit Kindern und Jugendlichen in traditioneller Festtagskleidung, helle Bluse bzw. Hemd und dunkler Rock bzw. Hose. Schon Wochen vorher haben sie in Schulen und Kindergärten den Paradeschritt eingeübt. Trachtengruppen, Musikkorps und selbstverständlich die Honoratioren und die hohe Geistlichkeit im prachtvollen Ornat sind anwesend. Im Anschluß an die Parade führen vielerorts Trachtengruppen ihre traditionellen Tänze auf. Musikanten sorgen dafür, daß das einem ernsten Ereignis gewidmete Geschehen zu einem fröhlichen Fest wird.

Der weltliche Teil des Geschehens ist in größeren Orten und in den Städten beinahe geeignet, den wahren Festtag in den Hintergrund treten zu lassen. Nicht so in den zahllosen, der Verkündigung Mariens

geweihten Kirchen in kleinen Dörfern, auf dem Land, auf den Inseln. Oder gar auf der Kykladen-Insel Tinos, wo die prächtige Wallfahrtskirche von 1823 an der Stelle eines Klosters aus dem 13. Jh. der Gottesgebärerin und Herrin der Engel geweiht ist. Diese Weihung hat zur Folge, daß jeder Marienfeiertag zu einem Fest wird, ganz besonders aber ein großer Festtag wie Mariä Verkündigung. Abertausende Griechen des In- und Auslandes pilgern an diesem Tag zur Gottesmutter mit Bitt- und Dankgebeten und selbstauferlegter Buße. Auf Knien quälen sie sich die lange Prozessionsstraße vom Hafen hinauf zur Kirche, meterlange Wachskerzen mit sich schleppend, die sie der Gottesmutter zum Geschenk machen wollen.

Das Pilgerfest auf Tinos wiederholt sich am Tag der Entschlafung Mariens, dem 15. August.

In der Wallfahrtskirche von Tinos brennen am 25. März besonders viele Kerzen

ORCHIDEEN

Orchidaceae – Ophrys

Der Name ist vom griechischen Wort *orchis* für Hoden abgeleitet, und nicht von ungefähr nennen wir die heimischen Orchideen auch Knabenkräuter. Denn die doppelte Wurzelknolle der Orchideen erinnerte schon die Alten an Hoden, weshalb sie den zahllosen Orchideenarten, die auf griechischem Boden gedeihen, aphrodisische Wirkung unterstellten und ihre Wurzelknollen eifrig sammelten.

Bis in unsere Zeit gilt das daraus gewonnen Mehl als Diätmehl, dessen Verwendung jedoch zum Glück für die Erhaltung der Arten keine Bedeutung mehr hat. Es wäre müßig, alle Arten und Unterarten der griechischen Erdorchideen nennen zu wollen. Doch es lohnt sich, mit offenen Augen durch den Frühling zu wandern. Augenfällig sind die Knabenkräuter und Zungenstengel, von denen einige Arten auf naturbelassenen Wiesen durchaus häufig sind.

Sehr viel weniger auffällig sind die Ragwurze, die Ophrys-Arten. Das griechische Wort bedeutet Augenbraue, Stirn, Rand, Anhöhe, aber auch Stolz und Hochmut. Vielleicht, weil die nur fingernagelgroßen Blüten ihre vielfältige und bezaubernde Anmut an hohen Stengeln stolz über ihre Umgebung erheben. Kaum eine Blüte gleicht in ihrer Zeichnung der anderen. Für sie wie für alle Arten der griechischen Orchideen gilt, daß ihre oft erst unter der Lupe erkennbare Schönheit den tropischen Orchideen in nichts nachsteht.

Knabenkraut (unten links), Ragwurz (unten rechts)

Der 1. Mai

Was war zuerst: das Ei oder die Henne? Auf Griechenland bezogen: War der 1. Mai zuerst der Tag der Blumen, d. h., vielleicht ein uraltes Fruchtbarkeitsfest wie in nördlichen Breiten, wo am 1. Mai der Frühling mit allerlei Bräuchen, nicht zuletzt mit dem Fruchtbarkeitssymbol des Maibaums begrüßt wurde, und wurde er erst später der *„Tag der Arbeiterbewegung"*? Oder umgekehrt? Haben die jede Gelegenheit zum Feiern nützenden Griechen den seit 1889 bestehenden Weltfeiertag der Arbeiter, der auch in Griechenland nach dem Ersten Weltkrieg gesetzlicher Feiertag wurde, zu einem Volksfest umgemünzt?

Es wäre verwunderlich, wenn nicht auch der Ursprung des 1. Mai als Fest der Blumen tief in antikem Brauchtum zu suchen wäre. In Mitteleuropa sind Maifeiern

zur Begrüßung des Frühlings mit Maizweigen und Blumenfesten erst seit dem 12. Jh. belegt, aus denen sich das Maibrauchtum bis hin zum Maibaum ab dem 16. Jh. entwickelte. Der antike Maizweig ist jedoch die segenbringende *eiresione,* die im Frühling vor der Ernte zur Beschwörung des ländlichen Segens von Haus zu Haus getragen wurde. Solche Umzüge sind für Samos und Athen belegt. In Theben waren es die *daphnophoria,* an denen zu Ehren des Apollo ein mit Lorbeerzweigen (daphne), Blumen, Kugeln und Bändern geschmückter Stab von einem Knaben getragen wurde, dessen beide Eltern noch lebten; denn als Segensbringer durfte er nicht mit Unglück behaftet sein. In Sparta und in den dorischen Kolonien wurde Artemis Korythalia als Fruchtbarkeitsgöttin verehrt, wobei die *korydali* nichts anderes ist als die samische oder attische *eiresione,* der Maizweig. Auf Zypern wurde Aphrodite als Vegetationsgöttin ein „Maibaum" errichtet, und in Sizilien wurden der aus Thrakien stammenden Kotyto, die mit Orgien ähnlich den dionysischen gefeiert wurde, Kuchen, Nüsse und dergleichen an den Maizweig gehängt, der am Ende des Festes von den Teilnehmern geplündert wurde.

Wie dem auch sei. Der 1. Mai ist ein geschenkter Tag, an dem es in vielen Teilen Griechenlands schon kräftig nach Sommer riecht und der förmlich dazu auffordert, mit Kind und Kegel und einem Korb voller Essen in die Natur hinauszuziehen. Noch ist es frühlinghaft grün. Blumen blühen reichlich, und ein paar Lämmer haben sogar das Osterfest überlebt. Was liegt näher, als sie ihren vorgezeichneten Weg gehen zu lassen und irgendwo unter freiem Himmel oder auch im eigenen Gärtchen ein Feuer anzuzünden, um sie zu braten. Sollte Ostern früh im April noch kühl und der Aufenthalt im Freien noch keine reine Lust gewesen sein, am 1. Mai ist meist die Garantie für einen sonnigen, in den südlichen Regionen sogar heißen Tag gegeben.

Bevor sich die Familie zum Maiausflug auf den Weg macht, haben die jungen Mädchen des Hauses „unbesprochenes" Wasser vom Brunnen geholt, Wasser, bei dessen Nachhausetragen kein Wörtchen gesprochen werden durfte. Damit wu-

Zungenstengel

49

schen sich alle Familienangehörigen, damit es ihnen im Mai gut ergehe.

An traditionellen Treffpunkten finden sich auch fliegende Händler ein, die Süßigkeiten, Knabbereien und Kinderspielzeug anbieten, vor allem Luftballons und bunte Bälle; denn die Kinder kommen beim Feiern nie zu kurz. Die Süßigkeiten haben noch einen anderen, uralten Sinn. Der Mai soll nämlich auch böse Stunden haben. Wer es irgendwie einrichten kann, vermeidet, im Mai zu heiraten. Ein Fluch lautet sogar: *„Die schlechte Stunde des Mai soll Dich finden."* Deshalb werden am 1. Mai schon vom frühen Morgen an möglichst viele Süßigkeiten gegessen, damit der Mai süß wie Honig vorübergehe. Kinder werden angehalten, viel Milch zu trinken, die sich besonders an diesem Tag zu gesundem Blut verwandelt.

Während die Männer mit dem Zubereiten des Festbratens beschäftigt sind, bemühen sich Kinder, Mädchen und Frauen, den möglichst allerschönsten Maikranz zu flechten. In Wiesen und Feldern und an Berghängen sammeln sie Blumen, die reichlich blühen.

Maikranz

Blumenkränze sind aus den ältesten Mythen überliefert. Götterbilder und Opfertiere wurden bekränzt. Sieger in Wettkämpfen wurden mit Kränzen geschmückt, ebenso wie die Toten in ihren Gräbern. Später bekränzte man kleine Kinder, die in einer Epoche katastrophaler Kindersterblichkeit die ersten drei kritischen Lebensjahre überstanden hatten. Liebende schmückten einander mit Blumen und trugen endlich zur Vermählung den Hochzeitskranz. Blumenschmuck und Kranzgebilde sind auf zahllosen Vasengemälden des antiken Griechenland überliefert. Der immergrüne Laubkranz, der die Götter schmückte, hat in Herrscherkronen bis heute überdauert.

Seit altersher ist die gelbe Wucherblume eine der beliebtesten Kranzblumen, die Anfang Mai Schutthalden, Wegraine und Brachfelder überzieht. Die wilde Gladiole, die Goldblume, Glockenblume, Lichtnelke, Günsel und duftende Kräuter gehörten und gehören zu den Kranzblumen ebenso wie Lorbeer und Myrte. Im Maikranz, dem schmückenden Symbol der Vollkommenheit, lebt der Segen und Fruchtbarkeit beschwörende Maizweig der Antike fort.

Beim Nachhausekommen hängt jeder seinen Maikranz an die Haustür, wo er bis zum 24. Juni, dem Festtag Johannes des Täufers, allmählich verwelkt. Das Symbol der Fruchtbarkeit verdorrt zum Symbol der Vergänglichkeit und wird schließlich zum Symbol der Wiedergeburt. Denn es ist die Zeit, da Demeter trauert und die Erde unfruchtbar ist.

Am Johannes-Tag werden die Maikränze verbrannt. Die Jungfrauen nehmen die Asche mit nach Hause, um sie unter ihr Kopfkissen zu legen. Im Traum hoffen sie dann, ihren künftigen Bräutigam zu sehen.

Zu Zeiten, als die Jungfrauen noch an die magische Asche glaubten, sammelten sie im Mai Rosenblätter, die sie in ein Glas einschlossen und an die Sonne stellten. Mit dem duftenden Kondenswasser pflegten sie ihren Teint.

Noch etwas: Man glaube ja nicht, daß sich der Grieche um eine Gelegenheit zu feiern prellen läßt. Fällt nämlich der 1. Mai auf einen Samstag oder Sonntag oder gar mit Ostern zusammen, wird er von amtswegen auf den darauffolgenden Montag bzw. Donnerstag verlegt.

EBENHOLZBUSCH
Ebenus cretica

Manchmal wird der kretische Ebenholzbusch auch Purpurklee genannt. Er ist endemisch auf Kreta. Doch hat er weder mit Klee noch mit dem tropischen Ebenholzbaum etwas zu tun, außer daß er in die Familie der Ebenaceae gehört. Vorwiegend im Mai leuchten die weithin von den niedrigen Sträuchern überzogenen Hügel Kretas in purpurner Pracht.

Tanz, Musik, traditionelle Kleidung

Seit dem Welterfolg des Kinofilms „*Alexis Sorbas*" ist der *Sirtaki* der Inbegriff des griechischen Tanzes geworden, ebenso wie die unvergeßlichen Theodorakis-Melodien der Inbegriff griechischer Musik geworden sind. Auch die Thema-Melodie des Kinohits „*Sonntags nie*" mit Melina Merkouri hat den besonderen Charakter griechischer Volksmusik in der Welt bekannt gemacht und zu deren Beliebtheit beigetragen.

Doch **griechischer Tanz** bedeutet sehr viel mehr als *Sirtaki*, griechische Musik sehr viel mehr als die „*Sorbas-Melodie*" oder „*Ein Schiff wird kommen ...*"

Zunächst zum Tanz. Tanz ist die Sprache des Körpers. Im Tanz drücken sich Freude und Trauer, Aggression und Zuneigung aus. Es gibt kaum einen Lebensbereich, für den der Grieche nicht einen besonderen Tanz hat. Zahllos sind die Tänze, die anläßlich einer Hochzeit getanzt werden. Es fängt beim Baden und Einkleiden der Brautleute an und hört beim Einzug in das neue Heim auf. Selbst Mütter und Schwiegermütter haben ihre eigenen Tänze. Für Taufe und *panigyri* gibt es Tänze ebenso wie für jedes Fest im Verlauf des Jahres – vom Agios-Basilios-Tanz bis zum Weihnachtstanz. Für Georgios und Iannis, für Ilias und am Lazarus-Samstag gibt es besondere Tänze, beim Schneiden der Palmsonntagszweige und am 1. Mai wird getanzt. Wenn die Schwammfischer von Kalymnos ausfahren und wiederkehren, tanzen die Menschen ebenso wie vor der Jagd, beim Hausbau, beim Brotbacken, beim Weinkeltern oder beim Dreschen auf der Tenne. Die Töpfer tanzen und die Hirten, und wenn ein Koch besonders gut ist, wird zu seinen Ehren getanzt. Im Norden, wo der Winter eisig ist, tanzen sie, um sich zu wärmen, anderswo, um sich bei sitzender Arbeit Bewegung zu verschaffen; hier vor allem die Frauen am Webstuhl oder wenn sie mit sonstiger Handarbeit beschäftigt sind.

Selbstverständlich tanzen sie im Fasching. Manche Tänze sind nur für alte Männer, andere für alte Frauen oder junge Mädchen. Und jeder Tanz ist anders. Auch lokal unterscheiden sich die Tänze. Kaum eine Landschaft, kaum eine Insel, die nicht ihren besonderen Tanz hat. Selbst von Dorf zu Dorf, von Stadt zu Stadt gibt es Unterschiede. Von den allein auf Kreta bekannten 23 verschiedenen Tänzen werden die meisten nur im engen Umkreis ihres Entstehungsortes getanzt. Nur die kretische *Sousta*, der *Malevisiotis*, der *Syrtos* und der *Pentosalis* sind inselweit üblich. Vom *Pentosalis* gibt es zwei Formen, den *Grigoros*, den Schnellen, und den *Siganos*, den Langsamen, der immer der Hochzeitstanz nach der Trauung ist.

Griechische Tänze werden entweder in einer Reihe, im Halbkreis, im offenen Kreis oder in der Spirale (Labyrinth) getanzt. Sie gehorchen dem 2/4- oder dem 4/4-Takt und allen Tempi von 3/8 bis 10/8. Auch 3/4 und 7/16 kommen vor oder gemischte Tempi. Die Tänzer fassen

Traditioneller Reigentanz

sich an den Händen oder an den Schultern oder mit überkreuz vor dem Körper verschränkten Händen. Manchmal tanzen sie voneinander getrennt. Je schneller der Tanz, umso enger die Bindung, und sie fassen über die Schultern des Nachbarn hinweg den Arm des Übernächsten. So gehorcht der Kreis wie ein einziger Körper der Musik.

Bei manchen Tänzen ist der Anführer mit dem nächsten Tänzer durch ein *mandili*, ein Tuch, verbunden, das ihm bei sei-

Der „Bandltanz" beim kretischen Fasching

nen Figuren ausreichend Bewegungsfreiheit läßt. Auch zwischen Frauen und Männern besteht vielerorts die Verbindung mittels eines *mandili*. Sie sollen einander nicht berühren, aber manchmal spielen auch hygienische Gründe eine Rolle. Ein Tänzer, der einem Mädchen seine verschwitzte Hand reicht, kann sich durchaus eine Ohrfeige einhandeln.

Überhaupt spielt das *mandili* beim Tanz eine wichtige Rolle. Junge Frauen schwingen es graziös über dem Kopf; es zu schenken, gilt als heimliche Liebeserklärung, es einem Mädchen zuzuwerfen als Aufforderung zum Tanz.

Auch wenn in der Gruppe paarweise getanzt wird, so ist die Tanzweise immer offen. Europäische Tänze wie Walzer oder Tango werden ironisch *Kollitos* genannt, was etwa mit Kleber zu übersetzen ist. Traditionell werden Tänze mit Schultergriff oder überkreuz verschränkten Händen nur von reinen Männer- bzw. Frauengruppen getanzt. Ein weitverbreiteter Paartanz ist der *Gaitanaki*, der nichts anderes ist, als der, jedenfalls in Bayern, sogenannte Bandltanz, bei dem die Tanzenden in schöner Ordnung bunte Bänder um eine in der Mitte des Kreises aufgepflanzte Stange flechten und sie im gleichen Rhythmus wieder entflechten. Wehe, sie kommen aus dem Takt. In Griechenland hat dieser Tanz mit dem bayerischen Königtum Einzug gehalten und wird besonders am letzten Faschingssonntag getanzt. Selbst in einem gottverlassenen Dorf auf Kreta begegnete mir am Apokries-Sonntag der Bandltanz.

Ein Faschingstanz mit komischen Figuren ist der in ganz Griechenland übliche *Piperi*. Ebenfalls im ganzen Land verbreitet sind der *Kalamatianos* und der *Sirtos*, während der *Tsamikos* oder *Klephtikos* sich auf das Festland beschränkt, wo die *Klephten*, die Freiheitskämpfer, über Jahrhunderte in den griechischen Bergen ihren eigenen Tanzstil entwickelten. Manche dieser weitverbreiteten Tänze sind in den Jahrhunderten der Wiederentdeckung Griechenlands durch europäische Reisende als *Ellinikos, Romaikos, Kritikos, Arvanitikos, Servikos* je nach Landschaft beschrieben worden, ohne daß ihre manchmal nur geringfügigen Unterschiede von den Beobachtern erkannt worden wären.

Auch für Solisten ist in der griechischen Tanzkultur gesorgt. Typisch ist der aus Kleinasien stammenden *Seïmbekikos*, den die Vertriebenen von 1923 ins Mutterland gebracht haben. Die Musik spielt im 9/8-Takt und läßt dem sich selbst in Trance tanzenden Solisten alle Freiheiten. Der *Seïmbekikos* entwickelte sich zur ausdruckstarken Interpretation der *Rembetiko*-Musik in Athen und eroberte von dort aus ganz Griechenland, wo er bis in die entlegensten Dörfer zu einem echten Tanz des Volkes wurde. Gelegentlich tanzen ihn zwei Männer, scheinbar unabhängig voneinander. Oft werden waghalsige Figuren eingefügt. Manches deutet

Paartanz in einer Reihe (Kreter)

Auch Frauen tanzen den Seïmbekikos, und Männer klatschen rhythmisch dazu

darauf hin, daß es sich beim *Seïmbekiko* um einen uralten, orientalischen Kriegstanz handelt. Fast kriegerisch kann die Situation durchaus ausarten, wenn jemand wagt, den Tanz des Solisten zu stören. Niemand darf den magischen Kreis der rhythmisch klatschend am Boden hockenden Zuschauer durchbrechen, die der Tänzer gelegentlich in seinen Tanz einbezieht. Die Gewohnheit, Teller auf dem Boden zu zerschlagen, hat allerdings seine Wurzeln in einem ganz anderen Bereich. Es ist das *spasimo*, das ebenfalls in Kleinasien beheimatet war. Anläßlich der Hochzeit zerschlug der Bräutigam den Wasserkrug der Braut. So wie der Krug zerbrach, so sollte im gemeinsamen Leben jede Unstimmigkeit zerbrechen.

In die *Rembetiko*-Kultur gehört auch der ebenfalls aus Kleinasien stammende, weitverbreitete *Tsiphteteli,* ein uralter, östlicher Fruchtbarkeitstanz, der wie eine Art Bauchtanz mit erhobenen Händen getanzt wird. In das byzantinische Kleinasien zurückverfolgen läßt sich der *Chassapikos*, ursprünglich der Tanz der Metzger. Auch er hielt mit der *Rembetiko*-Kultur im Mutterland Einzug und wird bevorzugt in Städten getanzt, und zwar meist von drei bis vier jungen Männern. Der *Chassapiko* ist die Basis für den seit Alexis Sorbas weltweit bekannten *Sirtaki*, dessen Schrittfolge in den schnelleren *Chassaposervikos* wechselt und mit der schnellen Version des kretischen *Pentosalis* endet.

Gute Tänzer beweisen sich durch Leichtfüßigkeit. Sie sollen den Boden kaum berühren, sie sollen „fliegen". Besonders talentierte tanzten in alten Zeiten auf Kreta sogar auf den Schultern des Lyra-Spielers, ohne daß dieser aus dem Takt kam. Gelegentlich finden sich noch Tänzer, die ihre Künste auf einer Stuhllehne oder gar auf einer Flasche oder auf einem umgestülpten Glas versuchen. Nach wie vor akrobatisch sind die Sprünge des Vortänzers, frei oder auf die Hand des Nachbarn gestützt, und mit der andern Hand Schenkel, Fersen und Fußspitzen schlagend. Sie gehören zur *Sousta,* der „Springenden", wo der Tänzer all seine Fähigkeiten zeigen kann.

Viele griechische Tänze leben aus sich selbst. Oft begleiten nur die Lieder der Tanzenden ihre Schritte. Andere Tänze sind stumm. Nur das Stakkato der Absätze und die *straka*, das Fingerschnalzen, sind zu vernehmen. Wenn allerdings während eines Festes Pistolenschüsse aus dem Fenster oder der Tür des Lokales knallen, kann man ziemlich sicher sein, sich auf Kreta zu befinden. Obgleich dieser „Brauch" inzwischen streng verboten ist, wollen manche Tänzer auf diese Weise ihre Männlichkeit beweisen.

Tanzen in Griechenland unterliegt strengen Regeln, und zwar nicht nur, wenn es heißt, welcher Tanz zu welcher Gelegenheit oder welcher Tanz von wem getanzt wird. Bei einem Fest, nehmen wir an, anläßlich einer Hochzeit, fängt es damit an, daß die zum Tanz aufspielenden, eingeladenen Musikanten kein fest vereinbartes Honorar bekommen. Denn es gibt keine Sperrstunde, d. h., „open end" für solche Feste, so daß kein Veranstalter im voraus kalkulieren kann. Wieviel die Musikanten einnehmen werden, errechnet sich allein aus ihrer Fähigkeit, Stimmung zu verbreiten. Denn jeder Tanz wird von einem, der den Tanz anführen will, im voraus bezahlt. Wobei natürlich nie das Wort „bezahlen" verwendet wird. Für diesen Obolus gibt es fast soviele Begriffe wie es Landschaften gibt. So gut die Musikanten, so lustvoll und großzügig die Familienoberhäupter und Tanzführer.

Bei der Hochzeit ist die Reihenfolge der Tanzenden genau festgelegt, beginnend bei der Familie der Braut, gefolgt von der des Bräutigams, sonstigen Verwandten und Freunden usw. Das Oberhaupt eines solchen „Clans" spendet seinen Betrag und wünscht einen Tanz, eine bestimmte Musik. Es führt den Tanz an, und die Angehörigen reihen sich nach Alter und Geschlecht ein. Dann überläßt es die Führung seinem ältesten Sohn usw. Kein „Fremder", sei er auch ein noch so enger Freund, hat das Recht, sich unaufgefordert diesem Tanz anzuschließen.

Der griechische Tanz ist weit entfernt von Folklore, von Volkstümelei. Er ist echtes, seit Jahrtausenden überliefertes Brauchtum. Nur dort, wo durch den Tourismus der Tanz zum Showobjekt wurde, ist er zur Folklore degeneriert. Doch die über Jahrtausende von Generation zu Generation überlieferten und weiter entwickelten Tänze blieben Teil griechischen Kulturlebens. Sie sind Teil des gemeinsamen Lebens. Es sind die Tanzenden und die Zuschauer, die Musik und die Musikanten, die Lieder und die Sänger, das gemeinsame Essen und Trinken, das Zusammensein von Alt und Jung. Das gemeinsame Tanzvergnügen ist vor allem Ausdruck dörflichen Lebens. Trotzdem kann nicht geleugnet werden, daß moderne Unterhaltungsformen, Verflachung und Vereinheitlichung des Brauchtums sowie das Vordringen westeuropäischer Musik viele der Tänze und traditionellen Tanzvergnügungen in Vergessenheit geraten lassen.

Die Geschichte des griechischen Tanzes reicht weit in die Antike zurück. Erstmals spricht Homer über Tanz, als er von Ariadne, der Tochter des Königs Minos von Kreta, erzählt, für die der geniale Baumeister Daidalos im Palast von Knossos einen Tanzplatz errichtet hatte. Hinweise gibt es bei Platon, Aristoteles, Xenophon, bei Plutarch, Loukian, Nonnos und anderen, die alle nicht wissenschaftlich ausgewertet sind. Sicher ist, daß der Tanz seit jeher zur Persönlichkeitsbildung ebenso gehörte wie zur Vorbereitung auf einen Krieg. Die Musik und die Bewegung beim Tanz war nach Platon die Grundlage der Erziehung der Jugend.

Platon nennt den Tanz *Pyrrichi* als Kriegstanz. In einigen griechischen Landschaften überdauert sogar der Name dieses Tanzes, obgleich er nichts mehr mit einem Kriegstanz gemein hat. Anderswo drücken sich die Tanzenden mit kriegerischem Geschrei aus und führen Messer und Pistolen mit bei Tänzen, die offensichtlich kathartischen Charakter haben und auf heidnischen Kriegstänzen basieren. Aus Sparta ist ein Tanz bekannt, der *Gymnopaidies*, der wahrscheinlich dem *Pyrrichi* ähnelte, aber nicht bewaffnet getanzt wurde. Der *Yporchima* und der *Kordax* waren Unterhaltungstänze, die zur griechischen Komödie gehörten wie der *Emmeleia* zur Tragödie.

Viele andere Tänze sind aus der Antike namentlich bekannt. Doch niemand weiß, wie sie getanzt wurden. Der Tanzplatz der Ariadne soll das Labyrinth dargestellt haben, weshalb die von einer tanzenden Gruppe geformte Spirale auf den Tanz der Ariadne zurückgeführt wird. Niemand weiß, wie der *Geranos*, der Kranich-Tanz des Theseus auf Delos, ausgesehen hat, den er mit den vor dem Minotauros Erretteten getanzt hat, ebensowenig wie die Tänze anläßlich der Panathenäen in Athen oder zu Ehren von Toten oder der verschiedenen Götter, anläßlich von Symposien oder zur Weinernte getanzt wurden.

Sicher ist jedoch, daß seit minoischer Zeit der Kreis die bevorzugte Tanzform war, daß Frauen und Männer überwiegend getrennt getanzt haben. Den Beweis

liefern Vasenabbildungen und sogar eine Terrakotta aus dem minoischen Kreta, die sich im Archäologischen Museum von Heraklion befindet.

Während der Römerzeit verlor der Tanz in Griechenland seine Bedeutung als Kulturgut des Volkes. Der Tanz wurde zur Pantomime und zog sich ins Theater zurück. Die Darsteller traten vor den Kaisern und vor den Adeligen auf. Rom und später Konstantinopel waren die Zentren, aus denen es Nachrichten gibt. Über die Entwicklung des Tanzes in der Bevölkerung gibt es kaum Informationen. Doch muß es eine Weiterentwicklung gegeben haben, denn sowohl die Orthodoxe als auch die Katholische Kirche bekämpften die Volksbelustigung und verboten das Tanzen bei Hochzeiten. Doch das Volk tanzte weiter. Mit der Zeit kam es zur Versöhnung, und es gibt kaum ein *panigyri*, Kirchweihfeier, das nicht bis in jüngste Zeit in einem Tanzvergnügen mündet.

Auch aus römischer und byzantinischer Zeit, als es berufsmäßige Tänzer gab, wissen wir, daß der Kreis die bevorzugte Tanzform war, daß sich die Tänzer an den Händen hielten und einem Vortänzer folgten, daß es Tänze für Frauen und Männer, aber auch gemischte Tänze gab. Bei manchen Tänzen hielten sie die Arme hoch und schwangen die Hände nach links und rechts. Und die Zuschauer klatschten rhythmisch oder sangen dazu. Die Instrumente waren Kithara, Doppelflöte, Tamburin und Trommel.

Während der Osmanen-Herrschaft konnte sich die Tanzkultur ungehindert weiter entwickeln. Seit dem 16. Jh. gibt es Beschreibungen griechischer Tänze, die sich ab dem 18. Jh. häufen. Neben Tanz

Minoischer Reigentanz. Archäologisches Museum, Heraklion

Die **griechische Musik** ist mindestens ebenso alt wie der Tanz. Das älteste europäische Musikinstrument wurde in Archanes auf Kreta gefunden (um 1500 v. Chr.). Es ist das schon im alten Ägypten bekannte *Sistrum*, eine Art Rassel aus einem ovalen Bügel. Auf quergespannten Holzstäbchen waren Tonplättchen aufgezogen. Die reliefgeschmückte sogenannte Schnittervase von Agia Triada auf Kreta zeigt, wie die von der Arbeit heimkehrenden, mit Kornähren beladenen Schnitter ihren Gesang mit dem *Sistrum* begleiten. Noch älter (3. Jt. v. Chr.) sind Darstellungen von Musikinstrumenten in der Kykladenkultur, wie das Idol des Harfenspielers oder das des Aulos-Spieler. Aulos- und Leierspieler sind auch auf dem Sarkophag von Agia Triada (um 1400 v. Chr.) abgebildet.

Das Wort *musike*, von dem wir das Wort Musik ableiten, bedeutet Kunst der Musen, die das ganze Leben durchdrang, angefangen von der gesanglichen Darbietung der Lyrik, dem Chorus, bis hin zur Tragödie, wo Chor und Dialog einander abwechselten. Musik diente dem Götterkult, bei den Mysterien und bei der Totenehrung ebenso, wie bei sportlichen Wettkämpfen. Musik als Selbstzweck führte zu musikalischen Wettkämpfen, erfüllte den Alltag, war gemeinsam mit dem Tanz zeitweise vorrangiges Bildungselement vor allem der städtischen Jugend.

Besonders in der griechischen Vasenmalerei sind Abbildungen zahlreicher antiker Musikinstrumente überliefert. Saiten-, Blas- und Schlaginstrumente waren bekannt. Ihre Bedeutung erhellt aus der Tatsache, daß die Erfindung der Instrumente Göttern zugeschrieben wurde, daß manche Instrumente den Göttern geweiht waren, wie die siebensaitige *Kithara* und die *Lyra* dem Apollo, die *Syrinx*, eine Mehrfachpfeife, dem Pan, der *Aulos*, die Doppelflöte, dem Dionysos. Der Götterbote Hermes soll aus dem Panzer einer Schildkröte die erste *Kithara* gebaut haben.

Die Anfänge der Musik liegen in den Kulturen Vorderasiens, Ägyptens und Griechenlands, die eine „Musikfamilie" bildeten. Die Griechen schließlich ordneten die Musik nach dem pythagoräischen System zu einer grundsätzlich einstimmigen Musik, die sich dem Umfang der menschlichen Stimme anpaßte. Es entstanden zwei diatonisch abwärtsschreitende Viertongruppen, sogenannte Tetrachorde, die zu Oktavreihen verbunden

Georgios spielt die dreisaitige Lyra

bei Hochzeit, Geburt oder sogar Tod, was heute undenkbar ist, gab es um 1670 viermal im Jahr Tanzveranstaltungen der Gemeinden, und die Griechen in den Städten tanzten an Ostern auf der Platia vor den Augen des Paschas.

Wie auch immer die Entwicklung des Tanzes seit antiker Zeit gewesen sein mag: Archaisches findet sich im neugriechischen Tanz ebenso wie Fremdes aus dem Orient, den slawischen Ländern und Westeuropa. Ob die Pistolenschüsse und das Messer als Tanzattribut heidnisch oder antik-kriegerisch sind, ob das von den Mädchen über den Köpfen geschwungene *mandili* auf Ariadne zurückgeht oder eine hübsche Zierde ist, ob die Spirale schlicht eine praktische Lösung ist, wenn der Tänzer zuviele sind oder tief im Unterbewußtsein das Labyrinth schlummert, die Wurzeln des griechischen Tanzes sind uralt.

auf absolute Tonhöhen versetzt werden konnten. Kleine Tonhöhendifferenzen sorgten für feinste Abstimmung von Rhythmik und Melodik. Demselben System gehorchte die byzantinische, die arabische, die türkische, die persische und auch die westeuropäische Musik. Erst ab dem 16. Jh. entwickelte sich in Zentraleuropa ein eigenständiger, westlicher Musikstil. Selbstverständlich ist die neuzeitliche griechische Musik von diesen „europäischen" Einflüssen nicht unberührt geblieben. Gleichwohl ermöglicht die Vielfältigkeit des überlieferten Tonvorrats eine weitaus freiere Ausschmückung der Melodien in den Tonlagen und Intervallen.

Aus den genannten Gründen eignet sich griechische Musik nicht sehr gut für Instrumente mit statischen Tönen wie Piano, Akkordeon und ähnlichen. Auch die Klarinette gehört dazu, die sich trotzdem im Reigen der gebräuchlichen Instrumente zur Interpretation griechischer Musik behaupten kann. Allerdings „vergewaltigt" der Spieler die Töne, um sie der gewohnten Tonleiter anzupassen. Hauptsächlich lebt die griechische Musik von Saiteninstrumenten wie der *Violine*, der *Lyra* und der *Laute*. Das *Santouri*, ein tra-

pezförmiges Saiteninstrument mit bis zu 140 Saiten, wird nur noch selten gespielt. Neben der *Klarinette* spielen der *Dudelsack* und der *Zournas* als Blasinstrumente die Hauptrolle. Schlaginstrumente sind das *Tamburin*, die *Trommel* und das *Toumpeleki*, eine kleine, einseitig geschlagene Trommel.

Das wohl bekannteste griechische Musikinstrument ist das *Bouzouki*, das *Pandoura* der byzantinischen Zeit. Es gehört in die Familie der Laute. Charakteristisch ist sein fast sphärenhafter Klang. Der kleine Bruder des *Bouzouki* war der *Baglamas* mit sehr kleinem Tonkopf und ebenfalls langem Arm, der nur noch nostalgische Bedeutung hat. Er war sozusagen ein Behelfs-Bouzouki für Sträflinge im Gefängnis und Seeleute, die gewöhnlich nur ein kleines Instrument im Gepäck unterbringen konnten. Beide waren die Instrumente der Rembetiko-Musik.

Die Anfänge des *Rembetiko* liegen bereits im 19. Jahrhundert, als die Außenseiter der neuen griechischen Gesellschaft ihren eigenen Lebensstil entwickelten. Arbeitslose, entlassene Sträflinge und Huren schufen sich ihre eigene Welt in den *tekedhes*, den Haschkneipen in

Irenaios in seiner Werkstatt probiert ein neues Bouzouki aus. An der Wand: Violine, Lyra, Bouzouki, Baglamas, Laute

Piräus. Der *Baglamas* ebenso wie das ursprünglich nur dreisaitige *Bouzouki* waren ihre ständigen Begleiter. Ihre Musik lebte von den Liedern, die vom verpfuschten Leben, von unglücklicher Liebe, von Haschisch und vom Gefängnis handelten, aber auch von der Auflehnung gegen die etablierte Gesellschaft. Die Kerle waren die *manges*, Mannsbilder, die sich nichts gefallen ließen, die nicht unterzukriegen waren, die zusammenhielten, einander halfen und ihren Stolz zur Schau trugen. Sie und alle, die mit ihnen sympathisierten, waren die *rembetes*, die Lebenskünstler, Genießer trotz aller Widerwärtigkeiten des Daseins, Traumtänzer auf den Wogen des Lebens. Ihre Musik war das *Rembetiko*, die Musik der Unterwelt.

Die Vertriebenen aus Kleinasien von 1923 brachten nicht nur Not und Elend in die Ballungszentren des Mutterlandes, sie brachten auch eine eigene, dem *Rembetiko* ähnelnde Kaffeehaus-Musik mit. Aus

Früh übt sich ...

dem Piräus-Stil und dem kleinasiatischen Kaffeehaus-Stil entwickelte sich das klassische *Rembetiko*, das in die griechische Musikgeschichte eingegangen ist. Zwar waren die Zeiten der haschverräucherten Kellerspelunken weitgehend vorbei, vielmehr fanden sich Rembetiko-Orchester zusammen, die öffentlich auftraten, Schallplatten produzierten und berühmt wurden; viele Rembetiko-Sänger sind bis heute unvergessen. Doch die wirren Zeiten zwischen den Kriegen, während des Zweiten Weltkriegs und bis in die sechziger Jahre hatten ihre Musik und ihre Interpreten, die das ausdrückten, was ein ganzes Volk fühlte. Elemente dieser Musik gingen in die Schöpfungen von Hatzidakis und Theodorakis ein, die einer völlig neuen, der *laïki*, der volkstümlichen Musik im besten Sinne, den Weg bereiteten.

Wie sich die städtische Subkultur im *Rembetiko* und seinen Liedern, den *rembetika*, ausdrückte, so hatten sie in den Bergen die *Klephtenlieder*, die Lieder der Aufständischen, der Freiheitskämpfer. Auf Kreta waren es die *rizitika*, die Lieder „von den Wurzeln", die eigentlichen Stammeslieder der Bergbewohner. Ein ganz anderes Lebensgefühl drücken die kretischen *mantinades* aus, humorvolle, oft tiefsinnige Stegreifreime, die bis heute lebendig sind. Angeblich stammt ihre Bezeichnung vom venezianischen *mattinata* für Morgenständchen; schließlich herrschten die Venezianer 400 Jahre lang auf Kreta. Allerdings habe ich persönlich noch keinen Kreter ein Morgenständchen darbringen hören. Viel eher könnte hier das Wort *mantiki* für Sehergabe, Prophetie verborgen sein. Denn die spontan zur Lyra gesungenen Reime erzählen sehr oft von irgendwelchen Zukunftsträumen.

Von den Instrumenten bleiben noch zu nennen die Gitarre, die als Instrument westlicher Musik erst in jüngerer Zeit Bedeutung erlangte, sowie die Mandoline, die vor allem auf den Ionischen Inseln zu Hause ist, wo die Musik stark von Italien beeinflußt wurde.

Zum traditionellen Tanz gehörte die **traditionelle Kleidung.** Es ist kaum mehr vorstellbar, welch hübsches, buntes Bild einst eine tanzende Dorfgemeinschaft anläßlich eines Festes abgegeben hat.

Wenn Frauen und Männer ihre Alltagskleidung ablegten und ihre Festtagskleidung aus den Truhen holten, wenn die Mädchen und Frauen ihren Goldschmuck anlegten, der oft den gesamten Familienbesitz darstellte, dann leuchtete das Dorf,

strahlte der Festplatz in bunter Farben-
pracht.

Nur noch in wenigen, abgeschiedenen
Gegenden Griechenlands gehört die traditionelle Kleidung zum gewohnten Bild,
wird an Festtagen die festliche Tracht angelegt. Die Einheitskleidung ist „eu-
ropäisch". Sie geht mit der Mode, wobei
griechische Mode durchaus nicht übersehen werden sollte. Allerdings liegen die
Zeiten nicht allzuweit zurück, zu denen
Frauen oder Mädchen in Hosen verpönt
waren, zu denen das Betreten einer Kirche oder eines Klosters in Hosen für eine
Frau unmöglich war (mancherorts noch
ist!) und sie auch Sorge dafür zu tragen
hatte, im Bereich religiöser Stätten ihre
Arme bedeckt zu halten. Ich erinnere
mich noch gut an eine Episode auf Kreta
aus dem Jahr 1983. Ich wußte um die
Kleidervorschriften und hielt mich daran.
Als eine in der Kirche neben mir stehende
Frau bemerkte, daß mir sehr heiß war, er-
munterte sie mich, meine Jacke auszuzie-
hen. Ich bedeutete ihr, daß ich eine kurz-
ärmelige Bluse trug und behielt die Jacke
an. Das halbe Dorf tuschelte hinterher,
was ich doch für eine „gute" Frau sei. Welche Konsequenzen die zwischenzeitlich
tolerante Haltung der Orthodoxen Kirche
in Fragen der Kleidung hat, läßt sich am
besten bei einer Hochzeit beobachten,
wenn manchmal sogar die Braut schul-
terfrei und tief dekolletiert zur Trauung
erscheint.

Traditionelle Alltagskleidung gehört in
den Bergdörfern Makedoniens wie Metsovo, in Olympos auf Karpathos oder, vor allem bei den Männern, auf Kreta noch in
das alltägliche Bild. Festtagskleidung al-
lerding beschränkt sich mit wenigen Ausnahmen (mir ist nur Olympos bekannt)
auf offizielle Festlichkeiten. Wer als Rei-
sender das bunte Bild griechischer Trachten erleben will, muß sich mit organisier-
ten Darbietungen, meist touristischer Art,
begnügen, die dann allerdings den Charakter der Folklore nicht verleugnen können. Einzig die Ehrenwache am Grabmal
des Unbekannten Soldaten vor dem Syntagma in Athen verkörpert ungebrochene
Tradition. Die Wachablösung ist ein se-
henswertes und beliebtes Schauspiel.
Auch bei Umzügen an Nationalfeiertagen
erlebt der Zuschauer das farbenfrohe Bild
der Trachten.

Vor allem zum Tanz gehörte einst die
traditionelle Kleidung. Der gute Tänzer
mußte gut gekleidet sein. Allerdings war
der Unterschied zwischen Alltagskleidung
und Festtagskleidung so enorm, letztere
so wertvoll, daß sie für den Besuch eines
panigyri erst unmittelbar vor Betreten des
feiernden Dorfes angelegt wurde. Die Tatsache, daß die Festtagstracht ein besonderes Bild des Trägers vermitteln sollte,
d. h., ihn nicht so zeigte, wie er war, sondern wie er sein sollte, ist Grund dafür,
daß traditionelle Kleidung von Generation
zu Generation vererbt wurde, der zu dicke
Sohn sich irgendwie in die zu enge Tracht
des Vaters zwängte, der zu dünne Enkel
durch Auspolsterung nachhalf, um die
Idealfigur des Großvaters vorzutäuschen.

Ebenso wie die Tänze haben die Trachten im Laufe der Jahrhunderte Veränderungen erfahren. Aufgrund von Abbildungen vor allem auf Wandmalereien lassen
sie sich bis in byzantinische Zeit zurückverfolgen. Sogar Ähnlichkeiten mit der
Kleidung der Frauen aus dem minoischen
Kreta finden sich in der unter der Brust ge-
schnürten, bestickten Weste der Kreterin.

*Die 100jähri-
ge Florio von
Tilos ist die
Letzte in der
traditionellen
Tracht*

Wie eine Uniform diente die Tracht einst zur Unterscheidung der Bewohner einzelner Landschaften. Kreter, Inselbewohner, Festländer und hier wieder die Epeiroten, Makedonen usw. erkannten einander an der Tracht. Innerhalb dieser landschaftlich bedingten Grundtracht gab es soviele charakteristische Unterschiede wie es Dörfer in der Landschaft gab. Wie sich die Tänze von Dorf zu Dorf an Kleinigkeiten unterschieden, so unterschieden sich auch die Trachten. Aber auch innerhalb des Dorfes gab es Differenzierungen bezüglich der Generationen, der Berufe, der wirtschaftlichen Kraft, der familiären Situation, der persönlichen Geschichte. Alles war an charakteristischen Symbolen abzulesen, die jedem bekannt waren. Alles in allem war die Tracht ein Ausweis, der die gesamte persönliche Geschichte und Situation des Trägers für jeden offenlegte, der in der Lage war, darin zu lesen.

Alltagsklei-dung der Frauen von Olympos

Derartige Trachten fristen heutzutage ihr Dasein in den Vitrinen der Volkskundemuseen oder schlummern vergessen in alten Truhen.

Besonders in der Nachkriegszeit hatten vor allem die Frauen nichts Wichtigeres zu tun, als sich von der alten Lebensart zu trennen. Dem fielen auch die traditionellen Kleidungsstücke zum Opfer. Was übrigblieb, haben oft auch Vereine zur Pflege traditioneller Tänze an sich genommen, um es bei passender Gelegenheit vorführen zu lassen, ohne daß die Träger die Bedeutung ihrer Kleidung zu schätzen wissen. Bei Showtänzen im touristischen Bereich werden fast ausschließlich nachgefertigte Kopien getragen, denn das Handwerk der Trachtenschneider ist allen Traditionsverlusten zum Trotz noch nicht ausgestorben.

Die Unterscheidungsmerkmale sind oft geringfügig, die Bezeichnung für die einzelnen Teile der Tracht vielfältig.

Da ist zunächst das *poukamiso*, die Bluse bzw. das Hemd, für Frau und Mann aus Baumwolle, Leinen, Seide oder einem Wollmischgewebe meist vom heimischen Webstuhl. Es ist gewöhnlich weiß und hochgeschlossen mit langen Ärmeln. An Stellen, die sichtbar sind, ist es mit Stickereien oder bunten Webereien geschmückt. Es ist das persönlichste Kleidungsstück der Tracht, denn es ist mit den Symbolen des Trägers versehen.

Über dem *poukamiso* wird eine Art Kaftan, die *ependytis*, getragen, die vom Schneider gefertigt ist. Sie ist aus Baumwolle, Wolle oder anderem, gefärbten Gewebe, vorn offen und mit Mustern aus goldenen oder bunten Litzen benäht. Wenn sie kurzärmelig oder ärmellos ist, dient sie besonders als Schmuck über dem *poukamiso*.

Mit dem *phoremato* oder der *phousta*, dem Kleid bzw. dem Rock, wird der Körper von der Taille abwärts bedeckt. Dieses Kleidungsstück kann mit Oberteil versehen sein oder mit Hosenträgern getragen werden. An der Unterkante ist es bunt bestickt oder benäht. Das *phoremato* der Frauen hat die reichste Stickerei an der Brust und gibt dem Eingeweihten Auskunft über ihre persönlichen Verhältnisse. Mancherorts werden mehrere *phoustes* übereinander getragen, was vor allem den Tanz der Frauen schmückt.

Über der *phousta* (oder *phoremato*) tragen Frauen wie Männer die *podia*, die Schürze, die natürlich zum Schutz der *phousta* dient und aus einfachem Materi-

al ist. Es gibt allerdings auch die festliche *podia*, die nur als Schmuck dient. Sie ist in fast allen festländischen Gebieten zu Hause, dagegen nur selten auf den Inseln. Sie ist mit prächtigen Bildern und Symbolen bestickt, die sich von Dorf zu Dorf unterscheiden.

Besondere Aufmerksamkeit galt einst der Kopfbedeckung. Vor allem die Frauen bedeckten, d. h., schmückten das Haar mit hübschen, kunstvoll drapierten *mandilia*, Tüchern, und ließen meist nur das Gesicht frei. Die Braut verschleierte ihr Gesicht, bis sie von der Schwiegermutter oder vom Bräutigam feierlich entschleiert wurde.

Im Gegensatz zur Tracht ist der Kopfputz fast vollständig in Vergessenheit geraten, denn er war ein absolutes Kunstwerk, das die modernen Frauen nicht mehr beherrschen. Den Kopfschmuck der Braut, der besondere Sorgfalt erforderte, übernahmen die erfahrensten Frauen des Dorfes. Das Haar wurde zu Zöpfen geflochten, oft mit Münzen geschmückt und um den Kopf geschlungen. Darüber wurden kunstvoll gefaltete, wertvoll bestickte *mandilia* drapiert, um die Frisur höher erscheinen zu lassen. Die Stirn schmückte eine Kordel mit oder ohne Münzen. Anderswo trugen sie ein Käppchen oder Spitzhauben.

Der Kopfschmuck unterschied jede Phase im Leben einer Frau vom Säugling über das Mädchen zur heiratsfähigen Jungfrau. Die Braut, die verheiratete Frau, die alte Frau, die Mutter, die Trauernde und die Witwe: jeder Kopfschmuck war anders. Natürlich gab es noch Varianten für das Haus, für die Arbeit, für die Kirche, für Sommer und Winter und anderes mehr.

Eine Besonderheit in der griechischen Tracht entwickelte sich in Epeiros, wo die Männer über dem *poukamiso* ein einfaches Kleidungsstück trugen, das vorne geknöpft, in der Taille von einem Gürtel gehalten war und bis zu den Knien reichte. Aus dem Bemühen, die Falten unter dem Gürtel sorgfältig zu drapieren, entstand die *phoustanella*.

Die *phoustanella* besteht aus hausgewebtem Tuch und erfordert genaue Kenntnis der Nähtechnik. Eine besonders reiche *phoustanella* kann bis zu 400 Falten haben. Wenn sie aus dickem Material ist, erhält sie ein Oberteil, um ihr Gewicht zu halten. Beim Waschen werden die Falten an der Unterkante genäht. Die *phoustanella* bietet selbstverständlich ein be-

Evzonen am Grabmal des Unbekannten Soldaten in Athen in der Phoustanella (Wintertracht)

sonders reizvolles Bild beim Tanz. König Otto I. fand so großen Gefallen an der *phoustanella*, daß er sie zur Tracht der *Evzonen*, der leichten Infanterie, machte. Sie war die Tracht der königlichen Leibgarde und schmückt nach wie vor die Wachen am Grabmal des Unbekannten Soldaten in Athen. Otto selbst wurde auf seinen Wunsch in dieser Tracht beigesetzt.

Einige markante Besonderheiten weist die kretische Tracht auf. Da ist zunächst die *vracka* der Männer, die, von algerischen Piraten im 16. Jh. abgeschaut, sich auf den Inseln und in Küstengebieten ausbreitete, aber im wesentlichen auf Kreta überdauerte. Es ist eine Art Hosenrock mit engem Bündchen unter den Knien und einer unterschiedlich reichen *phouphoula*, dem Gesäß. Je reicher diese *phouphoula*, umso prächtiger die *vracka*, die vor allem zum Beinkleid der Hirten wurde. Sie nähten in die *phouphoula* ein Kissen ein und trugen somit immer ihren bequemen Sitzplatz mit sich herum. Mit der Verbreitung der „europäischen" Beinkleider wurde die *vracka* auch auf Kreta allmählich von der *kilotta*, der Stiefel- oder Reithose, verdrängt.

Zur meist blauen *vracka* aus gewalktem Wolltuch trägt der Kreter über dem weißen oder schwarzen *poukamiso* das *geleko*, die Weste, aus demselben Material. „Gelet" nennen noch heute die Bayern der älteren Generation ihre Weste, was auf napoleonische Zeiten zurückzuführen ist. Fraglich ist nun: Haben die Bezeichnung *geleko* die Griechen schon 1821 von den ersten Bayern, die als Hilfstruppen nach Griechenland kamen, übernommen, oder erst von den Franzosen, die sich als eine der europäischen Großmächte allmählich in den griechischen Freiheitskampf einmischten und später das politische Geschick des jungen griechischen Königreiches mitbestimmten? Wie auch immer: Das *geleko* ist eine ärmellose Weste, oft mit großen Reversflügeln. Seine Schönheit wird gemessen am Reichtum der mit schwarzen Litzen aufgenähten Muster. Rund 30 m vernäht noch heute eine geschickte Schneiderin. Mit 16 Knöpfen, gefertigt aus schwarzer Litze, wird die Weste geknöpft.

An den Beinen trägt der Kreter Strümpfe oder Strumpfhosen sowie die *stiphania*, die weichen Lederstiefel, alles in der Farbe auf das Hemd abgestimmt. Um die Mitte schlingt er sich eine vier Meter lange, rote Tuchschärpe, in die er sein unentbehrliches Messer steckt. Über die Brust hängt eine lange Silberkette, an der sowohl das Messer als auch die Taschenuhr befestigt ist, die in einer Westentasche steckt. Schließlich schlingt er sich um die Stirn das *mandili* oder *tsemperi*, das gewebte, schwarze Tuch, das sowohl gegen Hitze wie auch gegen Kälte schützt. Die grob gehäkelten *mandilia*, die heutzutage den Touristen als Original angeboten werden, haben nichts mit dem traditionellen Kopfschmuck des Kreters zu tun.

Für den Winter besitzt der Kreter das *meitanogeleko*, eine Weste mit langen Ärmeln, die am Unterarm eng geknöpft ist.

Für die Frauen haben sich auf Kreta zwei Variationen der Tracht herausgebildet. Seit dem 18. Jh. verbreitete sich die weiße Pluderhose, die weibliche Variante der *phouphoula*, die knöchellang unter dem *phoremataki*, dem ärmellosen, hochgeschlossenen, knielangen Kleid getragen wird. Das *phoremataki* ist rückwärts geschlossen und am Hals bunt bestickt und wird von einem vierfingerbreiten Gürtel gehalten. Darüber wird eine einfache, gewebte Schürze getragen sowie die *stratsa*, eine Art Schärpe, plissiert, meist zweifarbig – rotblau – oder mit farbiger Blende am unteren Rand. Den prächtigen Abschluß bildet das bestickte oder mit Goldlitzen benähte *geleko*, das an den Ärmelstulpen und am tiefen Ausschnitt mit weißen Rüschen geschmückt ist. Als Kopfputz dient wieder das *mandili* mit oder ohne Münzbehang.

Bei der zweiten Frauentracht gehört zur Bluse ein langer Rock mit *oura*, d. h., er ist rückwärts zu einer reichen Schleppe gerafft und wird ohne Schürze getragen. Am unteren Rand ist er mit zwei Reihen schwarzer Tresse benäht. Das *geleko* ist rot, besteht aus glänzendem, gefälteltem Gewebe und ist ebenfalls reich mit schwarzen Tressen benäht.

Kreterinnen mit Geleko, Phoremataki, Podia, Stratsa und Phouphoula

PETROMAROULA

Petromaroula pinnata

Geheimnisvolle Geschichten über die Petromaroula verfolgten mich auf meiner Suche nach seltenen Blumen auf Kreta. Wie sie sich vor Millionen von Jahren nach Kreta zurückgezogen und allen Widerwärtigkeiten zum Trotz allein hier bis heute überlebt hat; wie sie aus unzugänglicher Höhe von steilen Schluchtwänden auf Wanderer herunterblickt; wie sie in den Felsen über den wenigen Wasserläufen Kretas Schutz vor der heißen Juli-Sonne sucht. Und nicht zuletzt: wie sie sich in ganz seltenen Ausnahmefällen bis in die Nähe des Menschen vorwagt.

Wo sollte ich anfangen zu suchen? Welche Schlucht und vor allem welcher Monat zwischen Mai und Juli bot die größte Chance, diese seltene, wunderschöne Blume zu finden?

Dann fuhr ich, es war der 6. April, mit völlig anderem Vorhaben in Richtung Osten. Ich dachte an alles, während ich auf der Nationalstraße längst Agios Nikolaos hinter mir gelassen hatte, nur nicht an die Petromaroula. Rechter Hand begleitete eine senkrechte, ockerfarbene Felswand die Straße. Da! Etwas Blaues leuchtet hoch droben. Bremse.

Rückwärtsgang. Ein blauer Blumenbuschen, etwas weiter unten ein zweiter. Ich parke. Steige aus. Strenge meine Augen an. Nein. Das kann nicht sein. Sicher nur irgendein dekoratives Unkraut. Da entdecke ich ein weiteres Büschel mit blauen Sternchen übersäter, hoher Blütenstengel nah genug, um auch den purpurfarbenen Stempel erkennen zu können. Sicherheitshalber nehme ich meine diversen Bestimmungsbücher zu Hilfe. Aber es gibt keinen Zweifel mehr: es ist die Petromaroula.

Im Laufe des Monats habe ich sie an Felswänden entlang der Straße Agia Galini – Rethymnon, an alten Hausmauern am Kournas-See und in der Rouvas-Schlucht entdeckt. Ihre Blätter gehören zu den schmackhaften Wildgemüsen (*marouli* heißt auch ein grüner Blattsalat). Als ahnte sie es, sprießt die Petromaroula fast immer an unzugänglichen Stellen aus Mauerritzen und Felsspalten. Es scheint sogar, daß ihre Samen mancherorts aus grauer Vorzeit überdauert haben. Wenn sie dann durch Sprengungen im Straßenbau plötzlich Regen und Sonne ausgesetzt sind, erwachen sie wieder zum Leben.

Die Sprache –
Gruß- und Wunschformeln

Die Grundpfeiler einer Kultur sind Sprache, Schrift und Religion. Darauf aufbauend erreichte die Minoische Kultur auf Kreta bereits in der ersten Hälfte des 2. Jt. v. Chr. ihre Blüte. Die kretische Sprache ist somit – nach Ansicht einiger Wissenschaftler – die älteste, schriftlich nachweisbare Sprache Europas. Mit Stolz verwahren sich die Kreter nachdrücklich dagegen, daß ihre Sprache als Dialekt bezeichnet wird. Und das mit einer gewissen Berechtigung.

Die Sprache des vorgeschichtlichen, minoischen Kreta ist noch unerforscht. In Ermangelung gesicherter Erkenntnisse wird sie in Anlehnung an Homer als die pelasgische Sprache (nach dem vorgriechischen, aus dem Osten kommenden sagenhaften Volk der Pelasger) bezeichnet oder gemeinhin als die ägäische Sprache. Für diese Sprache entwickelten die Minoer bereits zu Beginn des 2. Jt. v. Chr. eine Bilder- und in der Folge eine Silbenschrift, die uns in bislang nicht entschlüsselten Dokumenten wie dem Diskos von Phaistos bzw. zahlreichen Schrifttäfelchen mit der sogenannten Linear-A-Schrift überliefert sind. Die Sprachforschung konnte aufgrund bestimmter, nicht in der urgriechischen Sprache beheimateter Merkmale zahlreiche Worte und Wortfragmente als „pelasgisch" identifizieren, die über Kreta und

andere, von vorgriechischer Bevölkerung besiedelte ägäische Inseln in die indoeuropäische griechische Sprache eingegangen sind. Es handelt sich vorwiegend um Worte mit den Suffixen *-sos, -thos, -ttos, -inthos, -ssa, -mnos*. Ein Blick auf die Landkarten des vorder- und kleinasiatischen Raumes über den ägäischen Raum bis in den Balkan und nach Italien zeigt in den erhaltenen Ortsnamen die Wanderbewegung dieser vorgriechischen Völker etwa seit dem 5. vorchristlichen Jahrtausend. Nur einige Beispiele aus Kreta und dem übrigen Griechenland: Knossos, Phaistos, Tylissos, Larissa (antiker Name von Gortys), Rethymnos, die westgriechische Insel Zakynthos, Korinth(os). Aber auch Kulturworte, vor allem aus der Botanik, haben ihre Wurzel in der ägäischen Sprache und haben sich z. T. sogar in unsere Sprache herübergerettet: *minthos* (Minze), *marathos* (Fenchel), *yakinthos* (Hyazinthe), *narkissos* (Narzisse), *plinthos* (Plinthe, Ziegelstein), *thalassa* (Meer) und, nicht zu vergessen: *labyrinthos*, das Labyrinth. Auch Worte oder Silben wie *alp, tal, kar* stamen aus dieser unbekannten Sprache, die uns in schriftlicher Form spätestens ab dem 18. Jh. v. Chr. (Diskos von Phaistos) nur die Minoer überliefert haben.

Die urgriechische Sprache, die Sprache derjenigen Völker, die etwa seit dem 19. Jh. v. Chr. in den Raum einwanderten, den wir heute Griechenland nennen, läßt sich erst seit etwa dem 16. Jh. v. Chr. verfolgen und zwar auf Dokumenten, die auf dem mykenischen Festland ihren Ursprung haben. Es sind die sogenannten Linear-B-Schrifttäfelchen. Linear-B, im mykenischen Pylos, Theben und in Mykene selbst ebenso wie im minoischen Knossos entdeckt, entpuppte sich als die aus Linear-A hervorgegangene Silbenschrift für einen urgriechischen Dialekt. Aber erst im 8. Jh. v. Chr. setzt eine kontinuierliche schriftliche Überlieferung in Form von Inschriften und literarischen Texten in der von den Griechen entwickelten ersten Lautschrift ein.

Ab dieser Zeit lassen sich mehrere Dialektgebiete unterscheiden: das ionisch-attische, vorwiegend Athen und die kleinasiatische Küste, das äolische, insbesondere auf Lesbos (Sappho und Alkaios), das arkadisch-kyprische in der Zentral-peloponnes (Arkadien) und auf Zypern und das für Kreta entscheidend werdende dorische in Westgriechenland und vor allem auf der Peloponnes. Welchen Platz der „mykenische" Dialekt in diesem Rahmen hat, ist noch nicht eindeutig geklärt.

Der dorische Dialekt verbreitete sich mit der um 1200 v. Chr. einsetzenden „dorischen Wanderung" über Westgriechenland und die Peloponnes und breitete sich etwa ab dem 11. Jh. v. Chr. auf Kreta aus. Zu dieser Zeit war in der Folge von Naturkatastrophen und wohl auch kriegerischen Auseinandersetzungen mit den Einwanderern (Mykenern und Dorern) die Minoische Kultur bereits untergegangen bzw. in einer neuen, primitiveren Kultur aufgegangen. Gleichwohl beweisen schriftliche Dokumente, Inschriftenstelen aus Praisos in Ostkreta, den Fortbestand der „minoischen" Sprache bis in das 3. Jh. v. Chr. Diese Inschriften in griechischer Schrift beinhalten Texte in der unbekannten ägäischen Sprache. Manche Forscher sind daher der Meinung, daß es sich auch hierbei um einen uralten griechischen Dialekt handelt und versuchen damit zu beweisen, daß auf Kreta seit 4000 Jahren griechisch gesprochen wird.

Tatsache ist, daß seit der Einwanderung der Dorer bis hin zur Koiné, der griechischen Gemeinschaftssprache, die im Alexanderreich ihren Ursprung hat und sich auf der Grundlage des attischen Dialektes entwickelte, auf Kreta der dorische Dialekt gesprochen und geschrieben wurde. Wesentliches schriftliches Zeugnis auf Kreta ist das „Stadtrecht von Gortys" aus dem 6. Jh. v. Chr. Auf zwölf Sandsteinblöcken ist in rund 17.000 Schriftzeichen der älteste europäische Gesetzestext eingemeißelt, der alle Lebensbereiche der antiken Polis regelte. Das zugrundeliegende Alphabet umfaßt achtzehn Buchstaben und gibt den dorischen Dialekt wieder. Die Schreibweise ist die sogenannte *boustrophedon-Art* – wie sich der Ochse beim Pflügen wendet –, d. h., in fortlaufenden Zeilen von links nach rechts und wieder von rechts nach links.

Die Koiné war auch im Römischen Reich vor allem in dessen östlichen Teilen „Weltsprache" geblieben. Sie sorgte für die Verbreitung des Christentums. Das Neue Testament ist in der Koiné geschrieben, und sie wurde zur Grundlage für die organische Weiterentwicklung der griechischen Sprache bis hin zur gegenwärtig gesprochenen und geschriebenen griechischen Volkssprache, der *Dhimotiki.*

Es ist nicht bekannt, welche Form die kretische Sprache während der byzantinischen Periode angenommen hatte. Als ein relativ vernachläßigter Außenposten des Byzantinischen Reiches war Kreta wahrscheinlich weitgehend von zentralistischen Einflüssen verschont geblieben. Sicher ist, daß das arabische Zwischenspiel im 9./10. Jh. n. Chr. auf die kretische Sprache keinen Einfluß genommen hat, so daß mit Recht angenommen werden darf, daß im 13. Jh., als die Venezianer die Herrschaft übernahmen, auf Kreta eine sehr altertümliche Koiné mit stark dorischen Rückständen gesprochen und geschrieben wurde.

Texte in dieser Sprache sind seit dem 14. Jh. überliefert. Das bedeutendste und bekannteste Werk ist das Epos „Erotokritos" von Vitsentos Kornaros vom Ende des 16. Jh.

Die Eroberung Kretas durch die Osmanen (1645/1669) hatte ein Verbot jeglichen Bildungssystems zur Folge mit dem Ergebnis, daß zwangsläufig wieder eine Stagnation in der Weiterentwicklung der Sprache eintrat. Das altertümliche Kretisch der Venezianerzeit wurde in Wort und Schrift bis zum Ende des 19. Jh. (Befreiung von der Osmanen-Herrschaft 1898) in den „geheimen Schulen" der Kirchen und Klöster an die nachfolgenden Generationen weitergegeben mit dem Ergebnis, daß bis weit in unser Jahrhundert herein die Kreter eine Sprache sprachen und schrieben, die mindestens seit dem „Erotokritos" schriftlich nachgewiesen ist. Sie ist die Basis für den heutigen kretischen Dialekt.

Der Codex von Gortys. Archäologisches Gelände von Gortys

Die karge Landschaft der Mani, Rückzugsgebiet während vieler Jahrhunderte

Es handelt sich um einen Dialekt, dessen Wortschatz auffallend reich ist und in welchem sehr viele Worte unmittelbar dem altgriechisch-dorischen bzw. dem byzantinischen Sprachbereich entstammen. Einige Beispiele: *voskos* = Hirte, *kouradi* = Herde, *dhoma* = Wohnung, Haus, Hausdach. Vor allem bei der Konjugation der Verben gibt es zahlreiche archaische Restformen, die in der neugriechischen *Dhimotiki* nicht vorkommen. Abgesehen davon weicht der kretische Dialekt in der Aussprache – regional verschieden – erheblich von der neugriechischen Aussprache ab. Die Basis dafür ist mangels gesicherter Kenntnis über die Aussprache des Altgriechischen und der Koiné nicht zu ermitteln. Es ist aber die Vermutung erlaubt, daß das Kretische – ebenso wie die neugriechische Sprache – in der Aussprache dem Altgriechischen näher ist, als das Erasmus-Griechisch. Insgesamt sind die Charakteristika des Kretischen so stark ausgeprägt, daß die Sprache im übrigen Griechenland nur mühsam oder gar nicht verstanden wird.

Eine mit Kreta vergleichbare Sprachoase ist die Mani, der mittlere „Finger" der Peloponnes. Wegen ihrer durch das auslaufende Taygetos-Gebirge bedingten Abgeschiedenheit und wegen ihrer Kargheit war sie nie ein begehrtes Ziel für Eroberer. Aus dem gleichen Grund diente sie, angefangen von den vor den Römern fliehenden Spartiaten bis zu den vor den Osmanen sich zurückziehenden Griechen aus allen Teilen des Landes über fast zwei Jahrtausende als Fluchtburg, wodurch auch und vor allem die Sprache seit der Antike wenig Fortentwicklung erfuhr.

Auffallend viele dorische Idiome, die im übrigen Griechenland kaum verstanden werden, haben sich in der Mani erhalten.

In der östlichen Peloponnes, dem Gebiet um Leonidion, sind die Tsakonen zu Hause, die sich noch heute stolz als selbständigen Volksstamm verstehen. Sie führen ihre Abstammung auf eine byzantinische Reitertruppe zurück, die hier stationiert war. Ihre Sprache, ein antiquierter byzantinischer Dialekt, ist eine stark von fremden (orientalischen?) Einflüssen unterwanderte Koiné, die von den übrigen Neugriechen ebenfalls kaum verstanden wird.

Hierher gehört auch die Sprache der Vlachen in einigen nordgriechischen Dörfern des Pindos-Gebirges. Sie ist ein bulgarischer Dialekt, den die während der vergangenen Jahrhunderte aus den nördlichen Gebirgsregionen in den Sommermonaten nach Griechenland einwandernden Nomadenhirten, die allmählich seßhaft wurden, mitbrachten.

Nicht zuletzt bildet die in West-Thrakien lebende, türkisch sprechende Bevölkerungsgruppe eine Sprachinsel, die allerdings auf politische Ereignisse der jüngsten Zeit zurückzuführen ist. Die jahrhundertelange Freizügigkeit im Osmanischen Reich führte zweifellos zur Ansiedlung türkisch sprechender, moslemischer Osmanen in diesem Teil Griechenlands, die jedoch bei dem durch die europäischen Großmächte beschlossenen und im Jahr 1923 durchgeführten Bevölkerungsaustausch zwischen Griechenland und der Türkei ausgeklammert waren. D. h., türkisch-moslemische Bevölkerung blieb auf dem griechischen Boden West-Thrakiens, wobei nicht auszuschließen ist (schließlich war das Land jahrtausendelang griechisch), daß ein Teil davon griechischer Abstammung ist, sich jedoch während der Osmanen-Herrschaft dem Islam angeschlossen hat. Der Einfluß der Türkei auf die in Griechenland lebenden Moslems macht diese trotz ihrer griechischen Staatsangehörigkeit in ihrem Selbstverständnis zu Türken, die türkische Schulen, türkische Medien und demzufolge die türkische Sprache bevorzugen. Für die Türkei besteht damit ein (konstruiertes) Minderheitenproblem in Griechenland.

Es sei noch die Bemerkung erlaubt, daß jahrhundertelange Fremdherrschaft – Römer, Venezianer, Osmanen – in der griechischen Sprache allgemein nur auffallend geringen Niederschlag gefunden hat, der im Verlauf der neuzeitlichen Sprachentwicklung nach und nach gänzlich verschwindet.

Die Entwicklung der neugriechischen Schriftsprache ist seit der Koiné zweigleisig verlaufen. Die Sprache der Kirche, Wissenschaft, Dichtung und Presse war die stark an archaischen Formen festhaltende *Katharevousa*, die „reine" Sprache. Von ihr spaltete sich als eigenständige Weiterentwicklung der Koiné die *Dhimotiki* als die gesprochene Sprache des Volkes ab. Erst im Laufe des 19. Jh. hielt die *Dhimotiki* als geschriebene Sprache wenigstens in der Dichtung Einzug. Vorreiter war der aus Zakynthos stammende Dionisios Solomos mit seiner Dichtung „Hymne an die Freiheit", deren erste Strophen seit 1864 zum Text der griechischen Nationalhymne wurden. Ihm folgten weitere Lyrik- und Prosadichter bis hin zu Nobel-

preisträgern wie Georgios Seferis und Odysseas Elytis. Unterrichts- und Bildungssprache blieb aber bis zum Parlamentsbeschluß von 1975 die *Katharevousa*, was zu verheerenden Komplikationen im Umgang zwischen Volk und Staatsapparat führte.

Der Reichtum der griechischen Sprache zeigt sich auch und vor allem dann, wenn es heißt, einen Mitmenschen zu begrüßen oder ihm Wünsche mit auf den Weg zu geben.

„*Kali mera – Guten Tag*" sollte tunlichst nur in den Morgenstunden verwendet werden, um nicht die spitze Frage: „*Tora xipnises? – Jetzt bist Du aufgestanden?*" herauszufordern. Ab Sonnenuntergang grüßt der Grieche mit „*Kali spera – Guten Abend*". Um vieles persönlicher klingt jeder dieser Grüße, wenn ihm ein „*sou*" oder „*sas*" – Dir/Ihnen angefügt wird. Zu jeder Tageszeit und zu jeder Gelegenheit paßt „*Geia sou/Geia sas – Gesundheit Dir/Ihnen*". Man benützt es wie Servus, Hallo oder Tschüß und erntet darauf meist den Wunsch „*Cherete – Freue Dich/Freut Euch*".

Zum Ritual wird eine Begrüßung mit Handschlag und Küßchen auf beide Wangen und der absolut obligatorischen Frage „*Ti kaneis/kanete? – Wie geht es Dir/Ihnen?*". Meist nimmt der Fragende die Antwort gleich vorweg mit einem fragenden „*Kala? – Gut?*". Erwidert wird auf die gleiche Weise, was sich, um Verlegenheitspausen zu überbrücken, mehrmals wiederholen kann, ohne daß einer der Partner wirklich erfährt oder wirklich wissen will, wie es dem anderen geht. Auf ein „*Katholou kala – Gar nicht gut*" darf man nur im engsten Kreis entsprechendes Interesse erwarten. Meist ist der Grieche viel zu sehr mit seinen eigenen Sorgen beschäftigt.

Vorsicht ist auf Kreta mit dem Begrüßungskuß geboten. Während er unter Frauen durchaus als Ausdruck herzlicher Zuneigung gilt, ist er unter Männern verpönt. Nur einander sehr nahestehende Männer tauschen nach langer Trennung den Bruderkuß. Wie ein Kuß zwischen Mann und Frau auf Kreta im Vergleich zum übrigen Griechenland beurteilt wird, macht der Text eines Volksliedes deutlich: „*In Athen, da bekommst Du ihn geschenkt. Aber auf Kreta und in der Mani, da bezahlst Du ihn mit dem Brautkranz.*"

Eine Reihe von guten Wünschen begleitet den Tagesablauf. „*Kalo mesimeri – Guten Mittag!*" hört derjenige, der dem Ende des Arbeitstages entgegensieht, wobei zu bedenken ist, daß der Mittag bis nahe an Sonnenuntergang dauern kann. *„Kali xekourasi – Gute Erholung"* meint einen angenehmen Mittagsschlaf. Auch *„Kalo apoëvma – Guten Nachmittag"* kann sich noch zwischen Mittag und Abend einschleichen. Doch spätestens nach Sonnenuntergang gilt *„Kali spera – Guten Abend"*. Auf Kreta variiert dies mit *„Kalo vrathi"* und *„Kali vrathia"*, was allerdings meist derjenige sagt, der sich verabschiedet oder jemand zu hören bekommt, der ausgeht, meist verbunden mit einem *„Kali dhiaskethasi – Gute Unterhaltung"*. *„Kali nychta – Gute Nacht"* lautet der abendliche Abschied, verbunden mit einem *„Kalo ypno – Guten Schlaf"* oder *„Oneira glyka – Süße Träume"*. Jedem, der weggeht, gleich zu welcher Tageszeit und gleich wohin, schallt ein *„Sto kalo – Zum Guten"* nach, was soviel bedeutet wie *„Gott mit Dir"*. Selten wird der Wunsch voll ausgesprochen *„Na pas/pate sto kalo – Geh / Gehen Sie zum Guten"*.

Das förmliche *„Kali andamosi – Auf Wiedersehen"* hört man bestenfalls, wenn jemand eine Reise antritt. Dazu wünscht man ihm vor allem *„Kalo taxidi – Gute Reise"* und *„Me to kalo na xanarthis – Daß Du gut wiederkommst"*.

Selbstverständlich vergißt der Grieche nie, am Montag *„Kali evdhomada – Gute Woche"* oder am Monatsanfang *„Kalo mina – Guten Monat"* zu wünschen. Seit der sozialen Errungenschaft des arbeitsfreien Samstags gehört auch *„Kalo savvato-kyriako – Schönes Wochenende"* in die Wüncheskala.

Wer Gutes wünscht oder auch nur das bescheidene Wörtchen *„Evcharisto – Danke"* fallen läßt, was im Griechischen nicht unbedingt als Erfordernis der Höflichkeit gilt, hört unweigerlich *„Na eise/eiste kala – Es soll Dir/Ihnen gut gehen"*.

Unvermeidlich sind Trinksprüche, von denen *„Geia mas – Auf unsere Gesundheit"* der gebräuchlichste ist. *„Stin geia sou/sas – Auf Deine/Ihre Gesundheit"* klingt schon persönlicher. Auf *„Panda geia – Immer Gesundheit"* antwortet der Angesprochene mit *„Panda chara – Immer Freude"*.

An Feiertagen wünscht jeder jedem *„Chronia polla – Viele (gute) Jahre"*. Wer Namenstag oder Geburtstag feiert, dem schallt ein *„Na ekatontiseis – Du sollst hundert Jahre alt werden"* oder *„Na cheiliaseis – Du sollst tausend Jahre alt werden"* entgegen.

Frohe Weihnachten – *„Kala Christougena"*, ein Gutes Neues Jahr – *„Kali Protichronia"*, ein froher 1. Mai – *„Kali Protimaia"* haben keine Besonderheit an sich. Eine Ausnahme ist Ostern, das höchste Fest der Orthodoxen Kirche. Schon während der Fastenzeit wünschen sich die Gläubigen *„Kali dynami – Viel Kraft"*, um die Fastenzeit durchzuhalten. Während der *Megali Evdhomaha*, der Karwoche, wünschen sie sich *„Kali Anastasi – Gute Auferstehung"*. Erst in der Osternacht, wenn der Papas das *„Christos anesti – Christus ist auferstanden"* gesprochen und die Gemeinde mit *„Alithos anesti – ER ist wahrhaft auferstanden"* geantwortet hat, verkündet jeder jedem noch einmal diese Frohbotschaft und fügt ein *„Chronia polla"* an. Am Ostertag wiederholt sich das *„Christos anesti"* oder wird durch *„Kalo Pas'cha – Frohe Ostern"* ersetzt, immer verbunden mit *„Chronia polla"*. Wenn dann die profanen Feierlichkeiten des Tages sich dem Ende entgegenneigen, wie bei jeder anderen Feier auch, prostet man sich mit *„Kai tou chronou – Nächstes Jahr wieder"* zu.

Ein Brautpaar hört zur Verlobung den Wunsch *„Na zeisete evtichismeni kai sta stephana me to kalo – Ihr sollt glücklich leben und gut unter die Haube (Kronen) kommen"*. Zur Hochzeit gilt *„Kala stephana – Gute Kronen"*, denn während der Trauung wird das Paar gekrönt. Nach der Hochzeit erschallt wieder von allen Seiten *„Na zeisete"* oder herzlicher *„Na zeisete evtichismeni"*. Die Hochzeitsgäste, so sie nicht verheiratet sind, wünschen sich gegenseitig *„Kai sta dhika sou/sas – Auch auf die Deine/Ihre"*; gemeint ist eine künftig mögliche Hochzeit, was gelegentlich große Heiterkeit auslösen kann. Wer unverheiratete Kinder hat, bekommt zu hören *„Kai sta paidia sou/sas – Auch auf Deine/Ihre Kinder"*, was heißen soll, daß auch sie sich bald verheiraten mögen; denn dies ist für alle jungen Menschen und deren Eltern das ersehnte Ziel.

Beinahe archaisch mutet der Wunsch an, den eine Schwangere zu hören bekommt: *„Kali elevtheria – Gute Befreiung"*. Hier klingt das Wort für Freiheit *elevtheria* an, ebenso wie der heilige Elevtherios, ein illyrischer Märtyrer, der unter den Römern den Martertod erlitt. Er feiert am 15. Dezember. Seine Ikone ist Gebärenden hilfreich. Auffallend ist die Namensähnlichkeit mit der kretischen Geburtsgöttin Eileithyia, einer Erscheinungsform der Fruchtbarkeitsgöttin Demeter, die mindestens seit mykenischer Zeit bekannt war. Sie wurde in einer Höhle bei Amnisos von schwangeren Frauen oder solchen, die schwanger werden wollten verehrt. In historischer Zeit wurde Eileithyia mit einer Fackel dargestellt als diejenige, die den Kindern ans Licht verhilft. Nicht von ungefähr kommt der Begriff: *„Das Licht der Welt erblicken"*.

Elevtherios, der das Kind aus dem Mutterleib befreit bzw. die Mutter befreit, ist damit derjenige, der die körperliche Bindung zwischen Mutter und Kind löst, die nach antikem volkstümlichen Glauben durch Zauber zustandekommt und nur durch Zauber zu lösen ist. Auflösen von Gebundenem wie Gürtel, Haare und Bänder, Arme und Finger nicht zu verschränken halfen, die Bindung zu lösen, zu „entbinden".

Ist das Kind geboren, hören Mutter und *nonos*, der Taufpate, den Wunsch *„Na sou / sas zeisei – Es soll Dir / Ihnen leben"*. Dem Taufpaten gilt weiter der Wunsch *„Na to cheiliaseis – Du sollst es tausend Jahre alt werden lassen"*; denn dem Tauf

paten obliegen ganz besondere Pflichten gegenüber seinem Patenkind.

Vielfältig sind auch die Beileidsbezeugungen beim Tod eines Angehörigen. *„Syllipitiria – Beileid"* ist der obligatorische Ausspruch. *„Zoi esena / se sas – Leben für Dich / Sie"* heißt soviel, als daß der andere wenigstens leben möge. *„Na zeite na ton / tyn dhimase / dhimaste – Ihr sollt leben, damit Du / Sie sich seiner / ihrer erinnern"* ist ein weiterer Wunsch. Tröstlich ist *„Makaria. O Theos na tou / tyn sychoresei – Fassung. Gott wird ihm / ihr verzeihen"*, soll heißen, wird ihn selig machen.

Bleiben zum Schluß noch allgemeine Wünsche für denjenigen, der eine Neuerwerbung tätigte. *„Kalo risiko – Viel Glück"*, *„Na cherese / cherete – Freu Dich / Euch"* oder *„Me tyn geia sou / sas – Mit Deiner / Ihrer Gesundheit"* oder einfach *„Synchatiria" – Glückwunsch"*.

Wenn schließlich jemandem eine Arbeit gut gelungen ist, dann wünscht der erfindungsreiche Grieche *„Geia sta cheria sou / sas – Gesundheit Deinen / Ihren Händen"*.

ALPENVEILCHEN
Kyklamino kritiko

Eine ausgefallene Variante des wilden griechischen Alpenveilchens ist das weiße kretische Alpenveilchen, das als Endemit nur auf Kreta vorkommt. Im Gegensatz zu seiner etwas größeren Schwester, die im Herbst zartrosa blüht, übersät es mit seiner weißen Pracht die gebirgigen Waldflächen im Frühling. Doch so selten wie feuchter Waldboden im kretischen Gebirge ist, so selten ist auch das kretische Alpenveilchen zu finden.

SOMMER

Nicht von Menschenhand – die Paraportiani auf Mykonos

Die Ernte ist eingebracht. Der Wind hat die Oliven bestäubt und sie haben Frucht angesetzt. In den Zitrushainen sind die berauschend duftenden Blüten abgefallen. Bis tief in den Winter oder gar bis zum nächsten Frühling, zur nächsten Blüte, werden Orangen, Zitronen, Mandarinen und Grapefruit wachsen und reifen. In den Obstgärten gedeihen Äpfel, Birnen, Pfirsiche, Feigen, Quitten und anderes mehr. Walnuß- und Mandelbaum haben reichlich angesetzt. Die letzten Artischokken, die im Frühling vom Geerntetwerden verschont geblieben sind, entfalten prächtige, dunkelviolette Blüten in den sonst tristen Gemüsegärten. Doch Rosen und Jasmin duften um die Wette, und in den Granatapfelbäumen hängen neben den jungen Früchten noch manche leuchtendroten Blüten wie zarte Schmetterlinge.

An Wegrainen und auf Brachfeldern herrscht Dürre, die mit jedem Tag weiter die Hänge hinaufzieht, im Land weiter nach Norden wandert und alles Blühen, alles Grünen sterben läßt. Braun, trocken, verbrannt ist die Erde.

Demeter, die Mutter der Fruchtbarkeit, trauert. Hades, ihr Bruder und Herr der Unterwelt, hat Kore, ihre jungfräuliche Tochter, als sie auf einer Blumenwiese mit ihren Freundinnen spielte, geraubt und zu Persephone, zur Königin der Unterwelt erhoben. Aber die Mutter trauert. Verzweifelt irrt sie umher auf der Suche nach ihrem Kind. Sie vergißt ihre Aufgabe als Göttin der Fruchtbarkeit, und alle Vegetation erstirbt. Sie kommt, verkleidet als altes Weib, nach Eleusis in das Haus des Königs Keleos und verdingt sich als Amme für dessen jüngsten Sohn Demophoon, den sie beschließt, unsterblich zu machen. Doch als sie ihn über das reinigende Feuer hält, kommt zufällig Metaneira, die Mutter, hinzu, bricht den Zauber und Demophoon stirbt. Zum Trost verspricht Demeter dem verzweifelten Keleos, seinem ältesten Sohn Triptolemos besondere Gaben zu verleihen.

Denn dieser hatte die Göttin erkannt und wußte um ihren Kummer. Er hatte den Raub der Kore beobachtet und Demeter davon unterrichtet. Als sie nun von Helios erfährt, daß Hades mit Zustimmung des Zeus gehandelt hat, beschließt sie, nicht zum Olymp zurückzukehren. Sie trauert weiter und gebietet Pflanzen und Bäumen, fürderhin keine Frucht zu tragen. Zeus, in Sorge um das Menschengeschlecht, versucht, die Göttin zu versöhnen. Doch sie bleibt unerbittlich. Sie

will Kore zurückhaben. Zeus schickt Hermes, den Götterboten, zu Hades mit dem Auftrag, das Mädchen zurückzugeben. Voraussetzung allerdings ist, daß sie nicht von der Totenspeise gegessen hat.

Doch der listige Hades hatte Kore, als sie sich mit Hermes auf den Weg zu ihrer Mutter machen wollte, ein paar Granatapfelkerne in den Mund gesteckt. Damit ist sie für immer an das Totenreich gebunden. Demeter schwört Rache und will nie mehr den Fluch von der Erde nehmen. Endlich bewegt Zeus seine Mutter Rhea, die auch die Mutter von Demeter und Hades ist, zu vermitteln. Kore soll wieder bei ihrer Mutter auf der Erde weilen. Doch für ein Drittel des Jahres soll sie als Persephone an der Seite des Hades die Königin der Unterwelt sein. Zähneknirschend stimmt Demeter zu, schenkt Triptolemos die versprochenen Gaben, nämlich die Kunst des Getreidebaus und die Kenntnis

Wenn auf Kreta das Getreide reift, blüht auf der Poloponnes noch der Mohn

Hohe Zeit der zuckersüßen Wassermelonen

ihrer Mysterien, und kehrt in den Olymp zurück. Triptolemos macht sich an die Aussaat und begründet im Monat Boedromion (September) die Mysterien zu Ehren der Demeter. Endlich grünt und blüht die Erde wieder.

Doch jedes Jahr im Sommer, wenn Kore für ein Drittel des Jahres ihren Weg an die Seite des Hades antritt, trauert Demeter und läßt die Erde verdorren. Denn nur die glückliche Demeter als Nymphe mit Iasion oder als Mutter von Kore spendet Fruchtbarkeit und Wachstum im Winter und Frühling, ist gleichzeitig als vorgeschichtliche Göttin der Unterwelt auch Persephone, die vollerblühte Frau und Königin. Als alte, trauernde Mutter symbolisiert Demeter den trockenen, traurigen Sommer. Hier ist sie auch eine Erscheinungsform der Hekate, der düsteren Zauberin, der dreifaltigen Göttin am Scheideweg zwischen Himmel, Erde und Unterwelt. Als die geraubte Tochter zur Erde zurückkehrt, wird Demeter zur jungfräulichen Kore, zum Mädchen, das, selbst erblühend und gedeihend, alle Saat in der Erde gedeihen läßt.

So steht Demeter als dreifaltige Göttin für Kore, die frische Saat, für Persephone, das reife Korn, und für Hekate, das abge-

erntete Feld; steht damit für die Dreiteilung des griechischen Jahres.

Doch auch jetzt, im Sommer, ist der Tisch reich gedeckt. Das erste Baumobst, Aprikosen, wird geerntet. In den trockenen, glühendheißen Äckern reifen die *karpousia*, die Wassermelonen, zu ungeahnter Süße. Tonnenweise rollen sie auf Lastwagen über die Landstraßen ebenso wie die – allerdings meist in Treibhäusern reifenden – *peponia*, die Honigmelonen. Tomaten und Gurken, teils Freiland, teils aus Treibhäusern, gibt es im Überfluß, schmackhaft, wie sie nur der Westeuropäer kennt, der das Glück hat, einen griechischen Händler in seiner Nachbarschaft zu haben. Mancherorts ist Erdbeer- und etwas später Kirschenzeit. Selbstverständlich werden laufend alle Sorten von Bohnen sowie Erbsen, Spinat, Salate, Zucchini, Auberginen, Paprika, Brokkoli und bald auch Mais und Kartoffeln geerntet. Im Norden des Landes sind die Tabakpflücker am Werk. In den Weingärten pflücken sie von den frischen, stets nachwachsenden Trieben die zarten Blätter für *dholmadhes*, mit Reis und Hackfleisch gefüllte Weinblätter, und beobachten und pflegen die Rebgärten. Denn die Weinernte steht vor der Tür.

ARONSTABGEWÄCHSE

Arisarum vulgare – Arum creticum – Dracunculus vulgaris

Der Arisarum vulgare, der unscheinbare, gemeine Kappenaron, findet sich, völlig unbeachtet, im zeitigen Frühjahr sogar in jedem Olivenhain. Keiner denkt heute mehr daran, daß er den Alten als bewährtes Wundheilmittel galt. Nichts dergleichen weiß man über den zierlichen, äußerst dekorativen Arum creticum. Dafür stellte sich erst vor nicht allzulanger Zeit heraus, daß es ihn ausschließlich auf Kreta gibt, wo er im Frühsommer in den Gebirgsregionen zu finden ist.

Für besonders dekorativ wurde offenbar schon in minoischer Zeit die Schlangenwurz (Dracunculus vulgaris) gehalten, denn sie erscheint in stilisierter, aber unverkennbarer Form auf spätminoischen Sarkophagen. War es ihr gefleckter Stiel, der an eine Schlange erinnerte und sie deshalb mit der Unterwelt, dem Totenreich, in Verbindung brachte? Der ihr auch ihren Namen gab? Waren es die roten Beeren ihres traubenartigen Fruchtstandes – rot, die Speise der Toten? So dekorativ die auffallend große Pflanze mit ihrem fast schwarzen Kolben in der tiefroten Blütenscheide auch ist, so unangenehm ist ihr Aasgeruch, wenn sie verblüht. Vielleicht auch das ein Hinweis auf das Totenreich?

Schlangen-wurz

*Sarkophag mit stilisierter Schlangenwurz.
Archäologisches Museum, Heraklion*

Bauernregeln im Sommer

Juni

- Am Tag des Heiligen Geistes, d. h., an Pfingsten, das meist in den Juni fällt, gibt es keinen Mittagsschlaf, damit man nicht das ganze Jahr über mittags müde wird und seine Arbeit versäumt.
- Am Vorabend von Agios Ioanis (24. Juni) wird ein Feigenblatt auf das Hausdach gelegt. Wenn es am andern Morgen noch frisch ist, ist es ein gutes Omen für die Bewohner. Ist es vertrocknet, geschieht ein Unglück.

Juli

- Am Tag von Prophitis Ilias (20. Juli) weissagen die Hirten aus dem Stand der Wolken in Ost und West das Wetter für das ganze Jahr. Wenn es auch im Süden Wolken gibt, steht ein milder Winter bevor.
- Knaben, die im Juli geboren werden, sind besonders männlich.
- Wie das Wetter an Prophitis Ilias, so wird es im Winter.

August

- Die ersten sechs Tage im August heißen *drymes*. An diesen Tagen dürfen die Frauen nicht waschen, damit die *neraides*, die Wassernymphen, die Wäsche nicht zerreissen. Sie waschen sich die Haare nicht, damit sie ihnen nicht ausfallen. Sie benützen ihr Nähzeug nicht, weil das der Mitgift schaden würde. Sie schicken keine Heiratsvermittler, weil es zu keinem guten Ende käme.
- Am Tag von Metamorphosis (6. August) lassen die Winzer ihre Weingärten segnen, damit es eine gute Ernte gibt.
- Im August, wenn es Weintrauben, Melonen, Gurken und Tomaten gibt, heiraten die Bauern.

September

- Am Vorabend des 1. September wird eine frische Nuß auf das Hausdach gelegt. Am andern Morgen wird sie aufgebrochen und gegessen. Das gibt Kraft für das ganze Jahr.
- Im September die Lieder, im Dezember die Märchen.

JASMIN

Jasminum

Es ist der „echte Jasmin", der mit seinem Duft bezaubert und kaum in einem Hausgärtchen fehlt. Aber auch am Straßenrand findet man die dicht mit fünffach gefiederten Blättern belaubten Sträucher, die den ganzen Sommer über mit weißen Blütensternchen übersät sind. Gerne steckt sich der *palikari* ein Zweiglein hinter das Ohr, um seine unerschütterliche Männlichkeit mit einem Hauch von Zartheit zu umgeben.

Rund um das Brot

„*Unser tägliches Brot gib uns heute ...*" war für die Griechen jahrhundertelang das tägliche Gebet im Kampf um das Überleben. Allein während des Zweiten Weltkriegs starben in Griechenland etwa 300.000 Menschen den Hungertod.

Seit Demeter den eleusischen Königssohn Triptolemos den Getreidebau lehrte, also seit der Kultivierung von Getreidearten, die backfähiges Mehl ergaben, ist Brot für die Menschen – nicht nur in Griechenland – wichtigstes Nahrungsmittel. Schon in der Antike wurde Mehl mit Wasser und Sauerteig geknetet, geformt und in mit Holz vorgeheizten Backöfen gebacken. Fladenbrot wurde auf der steinernen Umfassung von Herdstellen geröstet. Der Sauerteig wurde aus Hirsebrei oder Weizenkleie unter Hinzufügung von Most gewonnen, an der Sonne getrocknet und war ein Jahr verwendungsfähig. Hefe als Triebmittel war unbekannt.

Seine Getreidefelder pflügte der Bauer bis in unsere Zeit mit der hölzernen, mit fortschreitender Mechanisierung mit der eisernen Pflugschar, vor die er seine Tiere spannte. Erst der Traktor hat Ochs und Maultier überflüssig gemacht. Die Aussaat erfolgte mit der Hand. Zuerst von Sklaven per Hand, später mit am Pflug angebrachten Streichbrettern wurde die Saat mit Erde bedeckt. Geerntet wurde mit der Sichel, später mit der Sense. Das Dreschen des getrockneten Getreides übernahmen Mensch oder Tier durch Austreten im *aloni,* der Tenne. Bereits in hellenistischer Zeit wurde der Dreschschlitten entwickelt, ein mit spitzen Steinen, später mit Eisenzacken besetztes Brett, das *tribolon,* das von einem Tier über das in dem kreisrunden *aloni* ausgebreitete Getreide gezogen wurde. Durch Worfeln, mit einer hölzernen Gabel gegen den Wind werfen, wurde die Spreu vom Weizen gesondert. Bei kleinen Erntemengen erfolgte das Dreschen mit – dem Dreschflegel ähnlichen – dicken Stöcken, mit denen das Getreide geschlagen wurde. Durch Sieben wurden die Körner von Unreinheiten befreit und im Steinmörser, später in wasserbetriebenen Mühlen zu Mehl verarbeitet.

Kurz vor der Ernte

Dreschen im *aloni* und der Betrieb von Wassermühlen dauerten gebietsweise noch bis in die achtziger Jahre unseres Jahrhunderts an. Verlassene *alonia* und stillgelegte Mühlen sind durchaus keine Seltenheit. Und manches Bauernhaus, das auf Tradition hält, betreibt noch seinen eigenen, mit Olivenholz vorzuheizenden Backofen. Das hausgemachte Sauerteigbrot ist ungleich schmackhafter als das – mit Verlaub – langweilige Weißbrot, das moderne Bäckereien herstellen und das bei keiner griechischen Mahlzeit fehlt, wenngleich auch durch zurückkehrende Auslandsgriechen oder einwandernde Fremde verschiedene schmackhafte Brotsorten allmählich den griechischen Markt erobern.

In Haushalten mit eigenem Backofen wird von der Hausfrau auch die *prosymi*, der Sauerteig, gehegt. Sie achtet peinlich darauf, daß sie nie zu Ende geht. Sollte die Nachbarin in Verlegenheit sein, darf sie ihr erst aushelfen, wenn das eigene Brot gebacken ist; denn sonst könnte es mißlingen.

Wie gesagt: Brot fehlt bei keiner griechischen Mahlzeit. Auch zu Nudeln und Kartoffeln wird es gegessen. Ein wahrer Genuß ist es, das aromatische Öl aus dem Salatteller mit Brot aufzutunken. Der erste Weg der griechischen Hausfrau am Morgen führt zum *phournos*, zum Bäcker, damit nur ja das Brot nie fehlt. Und für den Notfall hat sie immer *paximadhi*, Trockenbrot, im Haus. *Paximadhi* ist dunkles Sauerteigbrot, das in langen, schmalen Wecken gebacken, dann in dicke Scheiben geschnitten und im langsam auskühlenden Backofen zwei bis drei Tage getrocknet wird. Es wird heutzutage auch industriell hergestellt und ist praktisch unbegrenzt haltbar. Im Bedarfsfall wird es leicht gewässert, und schon ist wieder Brot auf dem Tisch.

Die scheinbar profane Bitte im „Vaterunser" um das tägliche Brot bezieht sich jedoch auf das geistige Brot, auf Christus, das Lamm, das geopfert wird; das Lamm, in das das Brot bei jeder Eucharistiefeier verwandelt wird. Christus selbst ist das „Brot des Lebens", als das er seinen Leib beim Letzten Abendmahl den Jüngern gereicht hat. Der Wein ist sein Blut. In Brot und Wein, die den Gläubigen in der Eucharistiefeier gezeigt werden, erblicken sie Christus.

Das gemeinsam eingenommene Mahl stellt die mystische Vereinigung sowohl der Gläubigen untereinander als auch jedes einzelnen mit Christus dar. So ist das Brot weit mehr als leibliche Nahrung. Seine Bedeutung als geistige Nahrung hat sich jedoch auf das tägliche Leben übertragen. Denn das gemeinsame Essen von Brot verbindet, wie die gemeinsame Mahlzeit schlechthin verbindet. Zum frühchristlichen Liebesmahl, der *Agapi*, führt in beinahe gerader Linie das gemeinsame Mahl nach heidnischen Opferriten. Und bis in die Gegenwart schließt anläßlich eines *panigyri* an die Eucharistiefeier die gemeinsame Mahlzeit, oft mit Musik und Tanz, an.

Doch mehr als die gemeinsame Mahlzeit im Anschluß an den Gottesdienst zählt für den orthodoxen Christen die *koinonia*, das Abendmahl. Das Wort bedeutet auch im profanen Gebrauch Gemeinschaft. Hier ist es die Gemeinschaft mit Christus und allen Gläubigen. Es ist eine besondere Gemeinschaft, auf die sich der Gläubige durch Fasten vorbereitet. Die Dauer des Fastens richtet sich nach der persönlichen Situation des Gläubigen, der sich darüber mit seinem Priester bespricht. Zu diesem gemeinschaftlichen Mahl wird ein besonderes Brot gereicht.

Prosphora ist eigentlich die Gabe. Im liturgischen Sinne bedeutet *prosphora* „eucharistisches Brot". Es handelt sich um gesäuertes Weizenbrot, das von der *papadhia*, der Frau des Priesters, von ihm selbst oder von unbescholtenen Mädchen gebacken wird. Es ist rund und besteht aus zwei Teilen, einem unteren und einem kleineren oberen, dem der Stempel, durch den es erst zur *prosphora* wird, aufgedrückt ist. Die beiden Brotteile, die beim Backen miteinander verschmelzen, symbolisieren die beiden Naturen Christi, die menschliche und die göttliche. Der Weihestempel entspringt dem römischen Brauch, die gewöhnlich runden Alltagsbrote kreuzförmig zu unterteilen, damit sie leichter gebrochen werden konnten. Die frühen Christen deuteten dies als Kreuzsymbol Christi und benutzten solche Brote für die Eucharistie. Bis zum 7. Jh. hatte sich der bis heute unverändert gebräuchliche Prosphorenstempel entwickelt, der das Siegeszeichen Christi, „Jesus Christus Nika", das Dreieck als Symbol der Weiblichkeit für die Mutter Gottes sowie neun kleine Dreiecke für die neun Ordnungen der himmlischen und der kirchlichen Hierarchie darstellt.

Für die *proskomidie*, die Zurüstung des Abendmahles, benötigt der Priester drei *prosphores*. Die Drei symbolisiert die Heilige Dreifaltigkeit. In Zeiten der Not kann das Abendmahl auch aus nur einer *prosphora* zugerüstet werden.

Aus allen drei *prosphores* löst der Priester für die *proskomidie* die Mitte heraus. Aber nur das „Lamm", das Christussymbol, das er mit vier Schnitten, den vier Wunden Christi, von unten, ohne den Stempel zu verletzen, aus der ersten *prosphora* herausschneidet – das Lamm schlachtet –, wird in der Eucharistie zum Leib Christi. Das Herauslösen symbolisiert auch die Geburt Christi. Die Anordnung der Prosphorenteile auf dem Diskos mit dem Leib Christi, „Jesus Christus Nika", in der Mitte, dem Dreieck, dem Symbol für die Gottesmutter, links davon, den Teilchen für die neun Ordnungen der himmlischen und kirchlichen Hierarchie rechts vom Leib Christi sowie Teilen für den Bischof, die Priesterschaft, für Kirchenstifter, Land, Volk und Verstorbene darunter symbolisiert den Kosmos mit allen Gliedern der sichtbaren und unsichtbaren Welt auf dem Altar, der das Grab Christi darstellt. Denn der Altar, in den immer eine heilige Reliquie eingebettet ist, ist Opferstätte, auf der Christus als das Lamm in Gestalt von Brot und Wein geopfert wird.

Prosphora: „Blicke herunter auf uns und auf dieses Brot!" (Aus: Die Göttliche Liturgie, Zurüstung)

Nur diese aus den *prosphores* herausgelösten Teile werden in der Eucharistie geweiht. Aber nur das „Lamm" aus der ersten *prosphora* wird in den Leib Christi verwandelt und wird in mit warmem Wasser vermischten Wein gegeben; denn Leib und Blut Christi sind warm. Diese beiden Gestalten werden als das Abendmahl mit einem Löffel an die an der *koinonia* teilnehmenden Gläubigen verteilt.

Der Pantokrator in der Kuppel als der Herrscher im Himmelszelt. Panagia Parigoritissa, Arta, Epeiros

Die klassische Kreuzkuppelkirche. Agios Soson, Geraki, Peloponnes

Das Abendmahl in Gestalt von Brot und Wein als die vorweggenommene Feier der Wiederkunft Christi ist der Höhepunkt der orthodoxen Liturgiefeier, dem in der Eucharistiefeier der Opfertod und die Auferstehung vorausgegangen sind. Darauf ausgerichtet ist die Architektur der Kirche, das Symbol in Form der Kreuzkuppelkirche, die den Kosmos und das ihn überspannende Himmelszelt darstellt. Darauf ausgerichtet ist auch das Bildprogramm, das den Allherrscher in der Kuppel, das Leben und Leiden Christi und seine Wiederkunft darstellt.

Die aus den beiden anderen *prosphores* herausgelösten Teile werden ebenfalls geweiht, jedoch erfahren sie nicht die Verwandlung in den Leib Christi. Nach dem Austeilen des Abendmahles nimmt sie der Priester zu sich. Der überwiegende Teil der *prosphores* bleibt ungeweiht. Er wird in kleine Würfel geschnitten und als das *antidoron*, die Anstatt-Gabe, nach der Eucharistiefeier an alle verteilt, auch an jene, die nicht an der *koinonia* teilgenommen haben, als sozusagen kleiner Ersatz für das Abendmahl. Selbst Nichtorthodoxe erhalten als Zeichen der Gastfreundschaft, der kosmologischen, ökumenischen Bedeutung der Eucharistie, das heilbringende *antidoron*.

Als ich vor vielen Jahren in einem kretischen Dorf zum ersten Mal einem orthodoxen Gottesdienst beiwohnte, erschien mir die Liturgiefeier sehr geheimnisvoll. Trotz der freundlichen Zuwendung der schwarzgekleideten alten Frauen fühlte ich mich fremd. Um wieviel erstaunter war ich, als nach dem Verlassen der Kirche ein alter Mann neben mir herging, mich fragte, woher ich komme und mit einem freundlichen Lächeln das kleine Stückchen Brot in seiner Hand auseinanderbrach und mir ein Teil davon anbot. Obwohl auf so profane Art gereicht, empfing ich es doch wie eine Hostie. Erst sehr viel später erkannte ich, wie richtig ich empfunden hatte.

Eine kirchlich-volkstümliche Zeremonie ist das Brotbrechen an Feiertagen und anläßlich von Namensfesten der Heiligen, der *panigyria*. Hierzu wird süßes Brot gebacken, der *artos*, im Gegensatz zum gewöhnlichen Brot, dem *psomi*. Zwar nennt sich der Bäckerladen, der das *psomi* verkauft, oft noch *artopoleion*. Doch nur in diesem Begriff sowie in dem für die Brotzeremonie verwendeten *artos* lebt das altgriechische Wort weiter. Auch diese großen, runden Brotlaibe tragen den

Das Antidoron aus der Hand des Bischofs (oben). „Berge" von Artos warten auf die Segnung (unten)

Bei der Verteilung des Artos will jeder dabei sein

Für manches Mütterchen ist der Artos ein willkommenes Zubrot

Prosphorenstempel oder das Bild des Heiligen oder einer Festagsszene. Viele Gläubige bringen an Festtagen ihren eigenen *artos* in die Kirche, um ihn segnen zu lassen. An Namensfesten bringen diejenigen, die mit dem Heiligen ihren Namenstag begehen, *artos* in großen Mengen in die Kirche, um ihn nach dem Gottesdienst an alle Gratulanten zu verteilen. Durch das gemeinsame Essen des Brotes wird auch hier die Gemeinschaft beschworen.

Heilbringendes Brot ist auch die *psychopitta*, das Seelenbrot bei Totenfesten oder das *christopsomo* an Weihnachten. *Vasilopitta* und Hochzeitsbrote ebenso wie Lazarus-Brote am Tag vor Palmsonntag haben rein volkstümlichen Charakter angenommen. Allen gemeinsam ist jedoch das Verbindende und die seelische und leibliche Heilkraft des Brotes.

Daß die geheimnisvolle Bedeutung des Brotes auch außerhalb der orthodoxen Welt noch nicht ganz vergessen ist, zeigt der Brauch, beim Neubezug eines Hauses oder einer Wohnung den Bewohnern Brot und Salz zu schenken.

RIESENFENCHEL
Ferula communis

Wem fällt es nicht auf, das seltsame, hohe, mit gelben Blütendolden geschmückte Gewächs, von dem man kaum glauben möchte, daß es aus seinem steinigen Untergrund soviel Kraft schöpfen kann. Der hohe Stengel sprießt im Frühjahr aus einem dichten, fasrigen Buschen Grünzeug und hält sich bis lange in den Sommer hinein an Straßen- und Wegrändern. Die Pflanze war dem Dionysos heilig, dem Bräutigam der Minos-Tochter Ariadne. Wahrscheinlich wurde aus dem Stengel des Riesenfenchel der Thyrsos hergestellt, jener heilige Stab, an der Spitze mit einem Pinienzapfen geschmückt, den die Mainaden des Dionysos bei ihrem wilden Treiben mit sich führten.

Einer besonderen Eigenschaft der Pflanze soll sich schon Prometheus bedient haben. Als Zeus den Menschen die Gabe des Feuers verweigerte, stahl Prometheus bei Hephaistos in dessen Schmiede einen Funken Glut, entzündete das leicht brennbare Mark des Riesenfenchel in der schützenden, nicht brennbaren Hülle des Stengels und trug das Feuer auf die Erde. Von Zeus wurde er deshalb an einen Felsen im Kaukasus geschmiedet, wo ihm ein Adler die Leber zerhackte, die immer wieder nachwuchs, bis der Kentaur Cheiron ihn von seinem Leiden erlöste.

*Riesenfen-
chel*

Ungewöhnliches
aus verschiedenen Regionen

Brauchtum ist das seit Generationen überlieferte Verhalten der Menschen bei unterschiedlichen Anlässen. Solche Verhaltensformen lassen sich oft weit in die antike Zeit zurückverfolgen. Sie sind vielfach geprägt durch die Beobachtung von Naturphänomenen, mehr noch durch den religiösen Glauben der Menschen oder durch Ereignisse, die in der Erinnerung fortbestehen. Oft ist heidnisches Brauchtum im christlichen aufgegangen, indem christliche Feste an die Stelle der heidnischen getreten sind. Hervorragende Beispiele sind Ostern und Weihnachten, aber auch mancher heidnische Gott oder manche Göttin wurde allmählich durch einen christlichen Heiligen ersetzt. Die auf diese Art geübte Toleranz der frühchristlichen Kirche erleichterte es den Menschen des frühen Christentums, sich von ihren heidnischen Göttern zu trennen und die neue Religion anzunehmen. Heidnisch

Anmutendes findet sich gleichwohl noch in manchem Brauchtum und nicht nur bei der Begehung von Festen, für die man vergeblich einen christlichen oder in Naturphänomenen liegenden Ursprung sucht.

Die Wallfahrtskirche Panagia Tsambika

Durchaus christlichen Ursprung und christlichen Charakter hat das Tsambika-Fest am dritten Fastensonntag auf **Rhodos.** Irgendwann um das Jahr 1000 erschien auf einem steilen Berggipfel über der Ostküste von Rhodos drei Nächte hintereinander ein geheimnisvoller Lichtschein. Als die Bauern der Umgebung endlich nachforschten, fanden sie eine Marien-Ikone mit einer brennenden Kerze davor. Wie sich herausstellte, war die Ikone kurz vorher aus Zypern verschwunden. Natürlich holten die Zyprioten ihre Ikone zurück, aber sie verschwand wieder. So ging es ein weiteres Mal, bis die Ikone schließlich auf dem rhodischen

In der Antike wurden die Ziegen als heilige Wesen verehrt

Berg blieb, wo ihr eine Kapelle errichtet wurde. Den Berg nannten die Rhodier von nun an Tsambiko von *tsamba,* einem Dialektwort für Flamme. Die Kapelle nannten sie *Panagia Tsambika i psili* (die hohe) und das später am Fuß des Berges errichtete Kloster *Moni Tsambika.*

Wie es dazu kam, daß der Panagia Tsambika Hilfe bei einem Kinderwunsch nachgesagt wurde, läßt sich nicht mehr feststellen. Aber die Kraft der wundertätigen Ikone ist längst über den Nachbarort Archangelos hinausgedrungen. Frauen mit bislang nicht erfülltem Kinderwunsch kommen aus aller Welt, schleppen sich auf Knien den 300 m hohen Berg hinauf und bitten die Panagia Tsambika um Kindersegen. Zahllosen Frauen hat sie geholfen, ihre Kinder erhalten den Namen Tsambika oder Tsambikos, denn das sind die Mütter der Panagia schuldig. Längst ist dieser Name nicht mehr auf Rhodos beschränkt. Am dritten Fastensonntag statten die glücklichen Mütter auf andere Weise Dank ab. Sie pilgern mit Kerzen und Geschenken, oft lebensgroßen Wachsbabys, zu ihrer Panagia und feiern *panigyri.*

Daß der Karneval heidnisches Brauchtum beinhaltet, ist unübersehbar. Besonders deutlich wird dies auf der nordägäischen Insel **Skyros,** wenn während der *apokries,* der drei letzten Wochen vor der Fastenzeit, die Ziegengötter umgehen.

Das Ereignis geht auf ein Geschehen in unbekannter Vorzeit zurück, als ein Hirte, vom Schneesturm überrascht, nichts anderes tun konnte, als alle seine Ziegen zu töten, ihnen das Fell abzuziehen, die Glocken abzunehmen und sich nach Hause durchzuschlagen. Halb wahnsinnig vor Kummer und Erschöpfung kam er endlich, beladen mit blutigen Ziegenfellen und den schweren Glocken, in seinem Dorf an. Ihm zum Gedächtnis feiern die Skyrier jedes Jahr in der närrischen Zeit die „Rückkehr des Hirten", die zu einem Fest der „Ziegengötter" geworden ist.

Der Ziegenbock war in der Antike Symbol unbegrenzter Zeugungskraft, die als heilig galt. Deshalb erscheint er vor allem im ländlichen Bereich als Tiergott, man denke nur an den bocksfüßigen Pan. Bocksopfer wurden dem römischen Faun ebenso wie dem griechischen Dionysos dargebracht. Apollo wurden Ziegenopfer dargebracht ebenso wie Zeus, der von der Ziege Amaltheia genährt wurde. In bezug auf Dionysos ist der Bock auch Symbol der Ekstase. Sein Gefolge wird in Bocksgestalt dargestellt. Aber auch der Gott selbst wird als Bock verehrt, ist der Ziegengott.

Daß Lärm und schaurige Fratzen in der närrischen Zeit die bösen Wintergeister vertreiben sollen, ist allbekannte Tatsache. Man denke nur an den Brauch des Perchtenlaufes, der in den Alpenländern fröhliche Urständ feiert.

Was sich auf Skyros in den Tagen der *apokries* ereignet, stellt alles in den Schatten. Wenn die Starken, die *geroi* toben, bebt die Insel. Unter langhaarigen Ziegenfellen verborgen, über dem Kopf einen Ziegenschädel, Fellfetzen als zottige Kapuze, um die Taille ein wahres Arsenal von großen Glocken, so fallen die verkleideten jungen Männer vor allem an den letzten beiden Apokries-Sonntagen über die Insel herein. Monatelang haben sie sich auf diesen Auftritt vorbereitet. Halb Ziege, halb Mensch wollen sie aussehen und nehmen mit ihrem wilden Treiben, unabhängig von der Geschichte des Hirten im Schneesturm, uralte Riten auf zur Vertreibung der Winterdämonen, zur Beschwörung einer guten Ernte. Vor allem Skyros hat bis in die Gegenwart besondere Tradition in der Ziegenzucht. Aber wenn die *geroi* von Skyros tanzen, fühlen sich Einheimische und Besucher weit in vorchristliche Zeiten zurückversetzt. Faszinierend sind ihr Gehabe und ihre Verkleidung, furchterregend und ekstatisch ist ihr Auftreten.

Die Weiberherrschaft am 8. Januar in einigen Dörfern **West-Thrakiens** erinnert an die Lysistrate des Aristophanes (5. Jh. v. Chr.), die die Frauen Griechenlands aufrief, sich solange ihren Männern zu versagen, bis endlich der Peloponnesische Krieg beendet sei. Oder vielleicht gar an die Lemnierinnen?

Auf der Insel Lemnos lastete nämlich ein Fluch, weil die Frauen nicht besonders männerfreundlich waren und nicht der Aphrodite huldigten, wie sie es sollten. Die Göttin bestrafte die Frauen, indem sie ihnen einen ganz und gar nicht aphroditischen Geruch verlieh. Die Männer hielten sich bei den Frauen des nahen thrakischen Festlandes schadlos, was die Wut der lemnischen Frauen auf die Männer derart anheizte, daß sie das ganze männliche Geschlecht auf der Insel samt den thrakischen Weibern ausrotteten. Hypsipyle, die nunmehrige Königin von Lemnos, war aber doch ein schwaches, mitleidiges Weib. Sie rettete wenigstens ihren Vater, den König Thoas, der ein

Sohn des Dionysos war. Sie übergab ihn in einer Truhe dem Meer. Da mit dem König auch alle männlichen Götter die Insel verließen, herrschten von nun an die Frauen allein auf Lemnos.

Nun, ganz so grausam geht es am 8. Januar in den Dörfern Nordgriechenlands nicht zu. Aber es ist schon seltsam, daß sich gerade dort, wo die Geschichte der lemnischen Weiberherrschaft so nahe war, ein Brauch der „Weiberherrschaft" entwickelt hat, der bis heute lebendig ist. Der Tag gehört den erwachsenen und verheirateten Frauen. Sie übernehmen die Regentschaft. Gemeindeverwaltung, Polizei – alles ist in der Hand der Frauen. Sie besetzen die Kafenia und singen und tanzen auf den Straßen. Wehe dem Mann, der sich blicken läßt. Sein Reich ist an diesem Tag das Haus. Kochen, Putzen, Waschen und die Kinder versorgen – alles, was sonst die Aufgaben der Frauen ausmacht, darf er wenigstens einmal im Jahr auskosten.

Vielleicht hat ja die Weiberfasnacht in unseren Breiten ihre Wurzeln ebenfalls in der Weiberherrschaft von Lemnos?

Kaiser Konstantin der Große erhob das Christentum zur Staatsreligion, seine Mutter Helena fand das wahre Kreuz Christi. Fresko in der Kirche Agia Pelagia, Kreta

Ein unerklärliches Phänomen stellen die *Anastenaria* in einigen Dörfern **Makedoniens** dar. Das Fest findet vom 21. bis 23. Mai statt und wird von den *Anastenarides* begangen, einer Bruderschaft, der jeder beitreten kann. Obwohl die *Anastenarides*, die Seufzenden, ihren Kult auf das Niederbrennen von Kirchen während der Osmanen-Herrschaft zurückführen, als nur die Ikonen der hl. Konstantin und Helena verschont blieben, haben sie ein gespaltenes Verhältnis zur Orthodoxen Kirche. Denn der Verlauf des Festes ist mit der Opferung eines schwarzen Stieres verbunden, dessen Blut in die Erde gegossen und dessen Fleisch roh verzehrt wird. Die ekstatischen Schreie und Tänze, während derer die Beteiligten in orgiastische Verzückung geraten, sowie der anschließende Lauf mit bloßen Füßen über glühende Kohle haben zweifellos heidnische Inhalte, die vor allem an den Dionysos-Kult erinnern. Trotz Gebeten vor Ikonen der Heiligen anläßlich des Festes kann sich die Kirche nicht damit identifizieren. Selbst für Mediziner unerklärlich bleibt allerdings die Tatsache, daß sich die Teilnehmer am Feuerlauf nicht im geringsten verletzen.

Nur noch in drei makedonischen Dörfern wird das Fest begangen (Agia Eleni, Langades, Meliki), das während der Osmanen-Herrschaft in mindestens 18 Dörfern Nordgriechenlands und Bulgariens belegt ist, wo es auf einen mittelalterlichen Kult einer von der Kaiserin Theodora verfolgten Sekte zurückgeführt wurde.

Ebenfalls heidnisch mutet das Stieropfer von **Lesbos** an, das jährlich im Mai oder Juni begangen wird, wenngleich auch ihm ein christlicher Hintergrund unterstellt wird. Denn ein Bauer, der im Jahr 1774 einen verirrten Stier suchte, geriet immer weiter in das unter osmanischer Kontrolle stehende Gebiet. Doch jedesmal, wenn der Posten auf ihn schießen wollte, löste sich der Bauer in Luft auf, so daß schließlich sogar die Osmanen an ein Wunder glaubten. Dieses wurde schließlich dem Inselheiligen Charalambos zugeschrieben, dessen verfallene Kapelle im osmanischen Bezirk die Christen nun wieder aufbauen und besuchen durften. Ein Fest für den Heiligen war die logische Folge. Und zum Gedenken an den entlaufenen Stier schlich sich in dieses Fest das Stieropfer ein, das nun wiederum ausschließlich heidnischen Charakter hat. Denn die Kraft des Stieres, seine Potenz, sein dunkles Blut machten ihn von den vorderasiatischen Frühkulturen bis zum minoischen Kreta zum als göttlich verehrten Wesen und zum Opfertier, dessen Kraft man über sein Fleisch und sein Blut sich selbst und der Erde zuteil werden lassen wollte.

Es liegt nahe, daß sich die Kirche auch von diesem Fest distanziert, obwohl manche Papadhes das Tier, das dem Heiligen geopfert werden soll, sogar segnen.

Hornmohn

HORNMOHN
Glaucium flavum

Es ist kaum zu glauben, daß dieser auffallend hübschen, vom Frühling bis in den Herbst hinein mit ihren großen, strahlendgelben Blüten erfreuenden, anspruchslosen Pflanze von den antiken Medizinern abführende Wirkung nachgesagt wurde. Ein Extrakt aus ihren Wurzeln soll wassertreibende Wirkung haben. Was ihr noch nachgesagt wird, stimmt jedenfalls auf Kreta nicht. Sie soll nämlich nur in Küstennähe vorkommen. Auf Kreta gedeiht sie bis weit ins flache Hinterland.

Der böse Blick

Ein bis in die Gegenwart wesentlicher Aspekt aus der schier unbegrenzten Fülle abergläubischen Brauchtums ist der „böse Blick". Aberglaube, geboren aus der Furcht vor immer und überall tätigen Geistern und Dämonen, ließ die Menschen seit frühester Zeit nach Mittel und Wegen suchen, sich zu schützen. Magie und Astrologie, Amulettzauber und Reinigungsriten, Gebote und Verbote, Wünsche, Flüche und – Blicke konnten die dämonischen Mächte bannen oder aktivieren. In Bauernregeln ebenso wie in religiösem Brauchtum sind die Wurzeln primitiven Aberglaubens zu erkennen. Die reinigende, Übel abwehrende und lebenspendende Kraft des Feuers ist seit Demeter bekannt, als sie in Eleusis den kleinen Demophoon, den Sohn des Königs Keleos, durch Feuer unsterblich machen wollte. Die reinigende und heilende Kraft des Wassers erwuchs in der Taufe Christi zu sakramentaler Bedeutung, behielt jedoch ihren heidnischen Aspekt im christlichen Totenbrauchtum bei. Abwehr von Bösem durch magische Übertragung anderwohin, sei es auf Mensch oder Tier, sei es auf Dinge oder Orte, läßt sich am „Sündenbock" ablesen. Vor allen Dingen unerklärbare Naturphänomene galten den bedrängten Menschen als Kräfte eines Reiches zwischen dem menschlichem und dem göttlichem, dem die Fantasie Handlungen entgegensetzte, die zwar jeglicher Vernunft zuwider erschienen, im Aberglauben des Volkes jedoch ihre Wirkung nicht verfehlten.

Der älteste, im Mythos überlieferte Beleg antiken Aberglaubens findet sich bei Homer in der Geschichte von der Blendung des einäugigen Polyphem, die wohl als ein Akt der Abwehr des „bösen Blickes" gedeutet werden darf.

Man muß nicht unbedingt in Griechenland geboren sein oder einer älteren Generation angehören, um an den „bösen Blick" zu glauben. Daß gute oder böse Wünsche und Gedanken anderer unser Leben beeinflussen können, ist hinlänglich bekannt. Wenn schon Gedanken solche Kraft haben können, um wieviel mehr erst der „böse Blick". Bekannt ist aber auch, daß Knoblauch und Meerzwiebel, diese am 1. Januar über die Haustür gehängt, jener am 1. Mai in den Maikranz geflochten, ein wirksames Mittel gegen den „bösen Blick" sind. Als sicherstes Mittel gilt allerdings nach wie vor die *thalassia chandra*, die meerblaue Glasperle, die wie ein Auge aussieht. Wer sie trägt, ist sicher vor dem *mati*, dem (bösen) Auge. Deshalb wird kleinen Kindern als Amulett nicht nur das christliche Kreuz, sondern, um ganz sicher zu sein, auch die heidnische *chandra* umgehängt bzw. an die Schulter geheftet; denn der „böse Blick" trifft in der Regel heimlich, von hinten. Auch das Berühren von Kindern mit dem Vaia-Sträußchen vom Palmsonntag soll mancherorts gegen den „bösen Blick" schützen.

Wen aber nun eine Verwünschung, ein *phtarmos*, getroffen hat, und es findet sich niemand, der den „bösen Blick" mit Besprechungen von ihm nimmt, der kann, so jedenfalls glauben noch manche Menschen auf Kreta, daran sterben. Der Verhexte gähnt den ganzen Tag, zittert, hat Kopfschmerzen, spuckt, übergibt sich und fällt wie tot ins Bett. Als erste Hilfe wird eine weise Frau mit den heiligen Utensilien geholt. Sie räuchert den Verhexten aus, salbt ihn mit Öl aus dem Kandilaber der Panagia, besprengt ihn mit Weihwasser. Nach Möglichkeit holt man auch den Papas, der das Kreuzzeichen über ihn schlägt.

Um nun festzustellen, welche Besprechungen notwendig sind und wie sehr der Betroffene verhext ist, nimmt die weise Frau ein *tsemperi*. Das ist das schwarze Kopftuch, das der traditionsbewußte Kreter noch heute um die Stirn geschlungen trägt. Damit mißt sie in einem komplizierten Vorgang mit einem Ende des *tsemperi* von ihrem Ellbogen zur Handfläche, mißt noch eine Länge der Handfläche hinzu und streut dort eine Prise Salz. Nun nimmt sie die Enden des *tsemperi*, kreuzt sie mehrmals über dem *phtarmenos*, dem Verhexten, und spricht die passenden Formeln.

Sobald sie die Besprechung beendet hat, mißt sie erneut den Abstand von ihrem Ellbogen zum Salz. Wenn nun die Länge einer Handfläche fehlt, weiß sie, daß der Kranke geheilt ist. Jetzt muß nur noch das Salz in Wasser aufgelöst und der Betroffene damit gewaschen werden. Dann soll er möglichst ein Nickerchen machen. Sobald er aufwacht, kann er sich wieder seines Lebens freuen.

Der Bocks-schädel schützt den Weingarten vor dem „bösen Blick"

Der Besprechungsformeln sind viele. Es gibt allgemeine, solche, die mit der Hilfe von Christus, der Panagia oder den Aposteln wirken. Es gibt Besprechungen bei Durchfall oder Heiserkeit, für Säuglinge, wenn jemandem etwas ins Auge gefallen ist und bei Sonnenstich. Immer vorausgesetzt, daß das Leiden die Folge eines „bösen Blickes" ist. Eine Besprechungsformel, die wie alle anderen dreimal gesprochen werden muß, lautet: *„Zwei Augen haben Dich gesehen und Dich mit dem bösen Blick getroffen. Jetzt sehen Dich drei Augen und nehmen den bösen Blick wieder von Dir: des Vaters, des Sohnes und des Heiligen Geistes. Amen."* Sehr hilfreich sind dabei auch die getrockneten Blumen vom *epitaphios* des vergangenen Osterfestes.

Die Art und Weise, wie der „böse Blick" trifft, kann vielfältig sein. Auf jeden Fall ist sie hinterhältig, nicht erkennbar, und

deshalb sind selbst gute Wünsche mit großer Vorsicht entgegenzunehmen. Das geht soweit, daß derjenige, der zufällig zur Essenszeit ein Haus betritt und in bester Absicht *„Guten Appetit"* wünscht, zum Essen eingeladen wird, um den „bösen Blick" zu bannen. Denn es könnte ja sein, daß sein Wunsch nicht ehrlich gemeint ist, daß Neid dahintersteckt und das Essen somit nicht bekommt. Jeder gute Wunsch, gleich zu welcher Gelegenheit, wird aus diesem Grund mit einem guten Wunsch erwidert, und wenn er nur lautet: *„Na eise kala – Es soll Dir gut gehen."* Man kann nie wissen. Ein simples *„Danke"* würde keinem Griechen einfallen.

Vorsicht ist auch im Freien geboten, wenn eine Windhose aufkommt, was nicht selten ist. Man verberge sich in einer Höhle und schlage dreimal das Kreuzzeichen. Denn in der Windhose sind die bösen Geister unterwegs.

Wer einen Haarwirbel hat, soll beim Haarewaschen eine Prise Salz daraufstreuen. Dann kann ihn keine Verwünschung treffen.

Gebärende werden durch ein blaues Band an jedem Handgelenk geschützt.

Selbstverständlich versucht man nicht nur die eigene Person und das Haus (mit Meerzwiebel und Knoblauch) gegen den „bösen Blick" zu schützen. Denn auch die Tiere, die Felder, Olivenhaine und Weingärten kann eine Verwünschung treffen. Neben den Segnungen an den verschiedenen Festtagen des Jahres, die auch im Stall und auf den Feldern hilfreich sind, ist es eine durchaus noch häufig geübte Praxis, vor allem an Weingärten einen Bocksschädel aufzuhängen. Damit soll vielleicht Dionysos, der Gott des Weines, beschworen werden, dessen Begleiter die bocksbeinigen Satyrn waren. Fremde, die der Versuchung nicht widerstehen können, ein attraktives Gehörn als Reisesouvenir mit nach Hause zu nehmen, seien gewarnt. Es kann durchaus sein, daß sich der „böse Blick" gegen sie wendet.

Jüngst machte ich selbst Erfahrung mit einer „Besprechung". Ich hatte schon den ganzen Tag Kopfschmerzen gehabt, besuchte gleichwohl am Abend Freunde im Dorf und jammerte ein bißchen, daß es mir gar nicht gut ginge. Die ledige, alte, bucklige Schwester des Hausherrn war anwesend und wußte sofort Rat: *„Der böse Blick hat Dich getroffen."* Ich lachte: *„Von wem?"* – *„Ah, wer weiß. Irgendjemand ..."* Sie starrte eine Weile vor sich hin. Dann: *„Ich werde ihn von Dir nehmen.*

Halt still." Zunächst amüsiert, beobachtete ich sie, wie sie ihre Finger – Daumen, Zeige- und Mittelfinger – wie zum Kreuzzeichen formte und tatsächlich anfing, das Kreuzzeichen in die Luft zu malen, immer wieder, während sie mit ihren schmalen Lippen unverständliche Worte murmelte. Minutenlang, während mir zunehmend ernster zumute wurde; denn ich begann den tiefen Glauben dieser Frau zu bewundern. Mit einem Mal begann sie zu gähnen, konnte gar nicht an sich halten vor Gähnen. Mir schien, als würde sie zittern, und Schweißperlen traten in ihr Gesicht. Dann schlug sie noch ein großes Kreuzzeichen über mir und kehrte aus ihrer Trance zurück. *„Siehst Du, deshalb mache ich das nicht gerne. Es ist sehr anstrengend. Aber Du wirst sehen."*

Im Zuge der folgenden Unterhaltung geriet die Angelegenheit in Vergessenheit. Wenig später gingen wir alle zusammen zur Nichte der Alten. Es war etwa eine Stunde vergangen, als mich deren Schwiegermutter, die bei der Besprechung zugegen war, fragte: *„Was machen Deine Kopfschmerzen?"* Was soll ich sagen? Sie waren weg.

KAPERN
Capparis spinosa

Jede Hausfrau kennt die Gewürzkapern. Ebenso kennt jeder Griechenlandreisende das mit zart-lila Blüten übersäte, stachelige Gewächs, das an Wegrändern und auf Trockenfluren, oft auch in Ausgrabungsstätten über den Boden wuchert. Die Blüten erinnern aber mehr an die allbekannte, zauberhafte Passionsblume als an ein Küchengewürz. Und doch sind es die Knospen dieser Blüten, die, mühsam meist von alten, buckligen Frauen geerntet, mehrfach gewässert und in Essig eingelegt, den Königsberger Klopsen und vielen anderen auch griechischen Gerichten ihren besonderen Geschmack verleihen.

Kapern

Klidonas – Magie am 24. Juni

Lange bevor sich der kalendarische Beginn der vier Jahreszeiten an Sonnenwende und Äquinoktium orientierte, hatten das Zu- und Abnehmen der täglichen Sonnenscheindauer und die Tag- und Nachtgleiche für die Menschen eine geheimnisvolle Faszination, die dazu führte, die über alles erhabene Macht Sonne zu personifizieren und als Gott zu verehren. Auf Rhodos wurde dem Helios jährlich von den Heliaden ein Viergespann geopfert. Zeitlich gesichert ist das Geburtsfest des Sonnengottes Sol im alten Rom um die Zeit der Wintersonnenwende, aus dem das Geburtsfest der Weltensonne Christus wurde. Aus den vorgeschichtlichen Kulturen des Ostens sind Fruchtbarkeitskulte überliefert, die um die Zeit der Frühlings-Tagundnachtgleiche vollzogen wurden und in die minoische Religion Kretas eingingen. Zur selben Zeit feiert das Christentum Tod und Auferstehung Christi. Das Geburtsfest des Sol war die logische Folge der Erkenntnis, daß die Tage länger wurden, die Sonne aus der Finsternis wiedergeboren wurde. Der Fruchtbarkeitskult mit Tod und Wiedergeburt des Vegetationsgottes folgte dem

Wiedererwachen der Natur im Frühling als dem sich erneuernden Wachstum.

Auch für den Boedromion, den September, ist zumindest ein Fruchtbarkeitsfest sicher überliefert. Es sind die Mysterien von Eleusis, die im Gegensatz zum Frühlingskult der Trauer der Demeter um die Tochter Persephone, dem Absterben der Natur gewidmet waren, wobei die Kornähre die Hoffnung auf das Wiedererwachen, das Wiedergeborenwerden symbolisierte. In unseren Breiten entstanden daraus die Erntedankfeste.

Wir wissen nicht, welcher Art die Feste um die Sommersonnenwende waren, auf welche Art Kult der *Klidonas* zurückzuführen ist, der in weiten Teilen Griechenlands ungebrochen fortlebt. Es ist ein magie-beladenes Fest. Die Teilnehmer erwarten Antworten für ihr künftiges Leben. Feuer und Wasser spielen eine Rolle, wie sie von antiken Orakelpriestern zu Hilfe genommen wurden. Durch Tanz, eine Form der Ekstase, durch Enthaltsamkeit in Form von Schweigen, durch Einbeziehen von Naturerscheinungen wie Mond und Sterne wird eine Annäherung an geheimnisvolle, heidnische Kräfte beschworen.

Der *Klidonas* findet um die Tage der Sommersonnenwende, am 24. Juni, dem Geburtsfest Johannes des Täufers, statt. Johannis-Feuer werden auch in westlichen Kulturen entzündet, die auf germanisch-heidnische Sommersonnwendkulte zurückzuführen sind. Immer und überall hatte das Feuer läuternde Wirkung.

Der *Klidonas*, frei übersetzt „der Verschlossene", ist ein Brauch, dem junge Mädchen huldigen. Sie erhoffen sich einen Hinweis auf ihren künftigen Bräutigam. Wenn auch die jungen Männer dabei nicht aktiv werden, so nützen sie doch die Gelegenheit, sich bei der heimlich Erkorenen ins beste Licht zu rücken. Das Mädchen, das so auf einen Mann aufmerksam wird, hält es für einen Wink des Schicksals und erhört sein künftiges Werben umso leichter.

Die Vorbereitungen beginnen am Vorabend des Johannistages. Die heiratswilligen Jungfrauen eines Dorfes oder eines Stadtviertels versammeln sich im Hof des Hauses einer der Freundinnen. Den ganzen Nachmittag haben sie Früchte geerntet, Äpfel, Birnen, Aprikosen, auch Blumen gepflückt, und alles mit ihrem Monogramm gekennzeichnet. Das Mädchen, in dessen Hof der *Klidonas* stattfinden soll, ist schon sehr früh aufgestanden, und mit ihrer *stamna*, ihrem Wasserkrug, zum Brunnen gegangen, um sie zu füllen.

Auf dem ganzen Weg hin und zurück durfte nicht ein Sterbenswörtchen über ihre Lippen kommen. Nun werfen alle Mädchen ihre Früchte und Blumen in die *stamna* und denken dabei ganz innig an ein geliebtes Gesicht, das sie sehen möchten. Dann wird die *stamna* mit einem roten Tuch verschlossen. Ein Mädchen nimmt den Hausschlüssel, zeichnet über der *stamna* das Kreuzzeichen und legt ihn auf das rote Tuch. Dabei singen alle gemeinsam eine *mantinada*:

„*Schließen wir den Klidonas mit einem kleinen Schlüssel,*

Und lassen wir ihn draußen im hellen Licht des Mondes.

Schließen wir den Klidonas zur Freude des hl. Johannes,

Und welche von uns Glück hat, soll kommen und es sich holen."

Dann tragen zwei Mädchen die *stamna* an eine Stelle des Hofes, wo sie vom Mond und vom Sternenlicht beschienen werden kann, damit der Mond sie erleuchte und die Sterne ihre zukunftweisende Kraft auf sie lenken.

Nun nimmt jedes Mädchen eine Handvoll Brotteig aus dem Vorratsraum seiner Gastgeberin. Gemeinsam gehen sie an eine Wegkreuzung und legen die Teigbrocken in Form des Kreuzes auf die Straße. Dabei sagen sie: „*Ich säe diesen Teig, und wer mein Schicksal ist, soll mir im Traum erscheinen, damit wir gemeinsam ernten.*"

Noch am selben Abend sammeln sie alle inzwischen vertrockneten Blumenkränze vom 1. Mai auf einen Haufen, zünden sie an und springen darüber.

Dann sagen sich alle „*Gute Nacht*" und gehen nach Hause. Auf dem Heimweg pflücken sie möglichst noch ein paar Blätter von einem Feigenbaum. Nach dem Abendessen hängt jedes Mädchen seine gesamte Aussteuer auf die Wäscheleine im Hof, damit auch sie das Mondlicht bescheine. Darunter breitet es die Feigenblätter aus, die es kräftig mit Salz bestreut. Bei jedem Feigenblatt denkt es heftig an den Namen eines jungen Mannes, der ihm gefällt.

Früh am andern Morgen stehen sie auf, sammeln ihre Aussteuer und mit Spannung die Feigenblätter ein. Denjenigen, dessen Feigenblatt nicht vertrocknet ist, wird das jeweilige Mädchen zum Mann bekommen.

Am Tag Agios Ioanis, nach dem Mittagessen, wenn alle Hausarbeiten getan sind, versammeln sich die Mädchen, die jungen Männer, die Nachbarinnen und Nachbarn, alt und jung, im Hof, wo der *Klidonas* geöffnet werden soll. Blüten werden auf dem Boden verstreut, die *stamna* in die Mitte des Hofes gestellt, und alle Mädchen, die „verwünschte" Früchte und Blumen in der *stamna* haben, setzen sich ringsum auf den Boden.

Ein kleines Mädchen, dessen Hand durch den Hals der *stamna* reichen muß, wird ausgewählt, um den *Klidonas* zu öffnen. Die Zeremonie kann beginnen.

Das Kind nimmt den Schlüssel und sagt: *„Ich öffne den Klidonas zum Wohl des Mädchens, das ihn beherbergt hat."* Nun entfernt es das rote Tuch und greift nach einer Frucht in der *stamna*, während die Mädchen *mantinades* zum besten geben. Jetzt beginnt die fröhliche Seite des *Klidonas*. Denn die Mädchen singen durcheinander ihre *mantinades*, während das Kind Früchte aus der *stamna* nimmt. Jedes Mädchen fiebert seiner Frucht entgegen und dem Inhalt der *mantinada*, die beim Herausnehmen gesungen wird. Vielleicht haben die Worte zukunftsträchtige Bedeutung.

Die jungen Männer, die *palikaria*, spazieren inzwischen von einem *Klidonas* zum andern, denn es kann durchaus vorkommen, daß in der Nachbarschaft gleichzeitig mehrere geöffnet werden. Es ist wie ein Heiratsmarkt, bei dem die Burschen die Auswahl treffen. Wenn ihnen ein Mädchen gefällt, werfen sie ihm heiße Blicke zu, singen eine *mantinada*, die allerlei Versprechungen enthält, oder zeigen auf andere Weise ihre Sympathie.

Wenn nun der *Klidonas* geleert ist, geht es zum gemütlichen Teil über. Wo das Fest heutzutage noch stattfindet, ist es ein willkommener Anlaß zu einer nachbarschaftlichen Begegnung, zu gemeinsamem Essen, Musizieren und Tanzen.

Spät löst sich die Gesellschaft auf. Die Mädchen bleiben allein zurück. Nun wird es spannend. Denn nun muß sich zeigen, welche Macht die Besprechungen hatten, die den Früchten und Blumen zuteil wurden, welche Kraft das Wasser im *Klidonas* erhalten hat. Jedes Mädchen nimmt einen Mundvoll von diesem Wasser und geht allein durch das Dorf oder durch die Nachbarschaft. Es darf das Wasser nicht schlucken, darf nicht sprechen. Schweigend geht es einsam seines Weges. Welchen männlichen Vornamen es nun als

ersten hören wird, der wird der Name seines Zukünftigen sein.

Zuletzt versammeln sich alle Mädchen wieder im Hof, nehmen noch einmal ein wenig Wasser aus dem *Klidonas*, geben Salz und Mehl dazu und backen daraus ein kleines Brot, das sie dann untereinander teilen. Jedes Mädchen legt sein Stückchen unter sein Kopfkissen. Wenn nun ein Mädchen von einem Jungen träumt, der ihm Wasser reicht, um seinen Durst zu stillen, kann es sicher sein, daß dieser Junge sein Mann wird.

Aber noch ist der Zukunftschau kein Ende. Wem das Schicksal bisher noch keinen Fingerzeig erteilt hat, kann auf den 30. Juni hoffen. Bis dahin wird nämlich das übrige Wasser im *Klidonas* aufbewahrt. Es ist der Tag der heiligen Apostel. Die Mädchen gehen zu einem Brunnen und schütten das Klidonas-Wasser hinein. Welches noch gespannt auf eine Antwort des Schicksals wartet, bedeckt nun seinen Kopf mit einem roten Tuch, hält einen Spiegel darüber und blickt mit Sorge

Meist ist der Dorfbrunnen nur noch architektonische Zierde

und Spannung in das Wasser. Der Bursche, dessen Gesicht es erblickt, wird mit Sicherheit sein Mann. Sollte es allerdings einen Sarg sehen, wird es noch im selben Jahr sterben. Ein Mädchen, das gar nichts sieht, weiß jedenfalls, daß es so rasch nicht heiraten wird.

Meine Freundin Zambia auf Kreta, die als junges Mädchen selbst noch den *Klidonas* erlebt hat, berichtete mir von einem Vorfall, den sie nicht vergessen kann. Eine ihrer Freundinnen trauerte damals um ihren gerade verstorbenen Bruder. Sie wünschte sich nichts mehr, als ihn noch einmal zu sehen, wie er zu Lebzeiten war. Deshalb machte sie beim *Klidonas* mit. Als sie in den Brunnen schaute, lächelte ihr der Bruder entgegen. Angeblich konnten auch die andern Mädchen sein Gesicht sehen.

Einen Hinweis auf ihren späteren Ehemann Antonis hat Zambia allerdings vom *Klidonas* nicht erhalten.

Diktamos

DIKTAMOS
Origanum dictamnus

Schon im Altertum wurden dem Kraut die wunderlichsten Geschichten um seine Heilkraft angedichtet. Obwohl es ein Endemit aus Kreta ist, soll schon Aphrodite die Wunden des Aineias mit Diktamos geheilt haben. Auch Hippokrates, der Vater der Medizin, verordnete auf Kos das Kraut gegen allerlei Leiden. Nicht einmal Aristoteles scheute sich zu erzählen, daß das von giftigen Pfeilen verwundete Agrimi, die kretische Wildziege, den Diktamos frißt und wieder genest.

Diktamos wird noch heute zum Würzen von Wermut verwendet und als heilsamer Tee getrunken. Seine Begehrtheit hat ihn sich in die kretischen Bergregionen zurückziehen lassen, wo er nur schwer zu finden ist. Neuere Erkenntnisse dichten ihm sogar aphrodisische Wirkung an. Weshalb sonst soll sich ein verliebtes kretisches Mädchen die Mühe antun, dem Kraut in Felsspalten hinterherzusteigen, um dem Auserkorenen einen würzigen Tee zu kochen? Jetzt wird auch verständlich, warum die Kreter den Diktamos mit einem verschmitzten Lächeln „erotas" nennen. Und noch etwas: Wenn auf Kreta der Wind besonders heftig weht, muß ein Mädchen namens Maria den Diktamos begießen. Dann legt sich der Wind. Den Diktamos im Blumentopf natürlich, der allerdings – als sei es eine Strafe der Götter wegen des Frevels, ihn aus seiner Bergwelt verpflanzt zu haben – seinen herrlichen Duft verloren hat.

Kretische Hochzeit

Um das überschäumende Temperament, die unbändige Lebenslust, die Freude am Feiern, aber auch den Familiensinn, das Zusammengehörigkeitsgefühl, das Organisationstalent und nicht zuletzt die Gastfreundschaft der Kreter kennenzulernen, ist es unerläßlich, eine kretische Hochzeit zu erleben. Selbst für die übrigen Inselgriechen und vor allem für die Griechen des Festlandes ist eine kretische Hochzeit etwas Besonderes.

Zwar wird die Braut nicht mehr vom Bräutigam in ihrer bunten kretischen Tracht hoch zu Roß oder zu Maulesel, begleitet von Lyra- und Lautespielern aus dem Elternhaus abgeholt, sondern sie fährt als „weiße Braut" im blumengeschmückten, auf Hochglanz polierten Auto vor der Kirche vor, wo sie der ebenfalls im Wagen vorgefahrene Bräutigam erwartet. Aber sie läßt sich mancherorts, wie im Bezirk Rethymnon, noch heftig bitten, das Elternhaus zu verlassen. Dort muß ihr die Gesellschaft des Bräutigams mit *mantinades*, Stegreifreimen, vor verschlossener Tür schmeicheln. Von drinnen antwortet die Braut in ebensolchen Reimen mit allerlei Ausreden und Forderungen. Zwar findet das traditionelle Hochzeitsessen und das Tanzvergnügen bis in die frühen Morgenstunden nicht mehr auf dem Dorfplatz statt, sondern in den eigens für solche Festivitäten außerhalb der Dörfer eingerichteten Großgaststätten, den *kentra,* die nur ihre Räumlichkeiten samt der Einrichtung zur Verfügung stellen. Das Kochen und Bewirten der Gäste übernimmt der Familienverband. Gleichwohl hat die Hochzeit auf Kreta nichts von ihrer Attraktivität eingebüßt. Und fast den ganzen Sommer über sind jeden Samstag- und Sonntagabend die Dorfkirchen und *kentra* voll von Brautleuten und ihren zahllosen Gästen. Nur im Mai wird selten geheiratet, weil er als Unglücksmonat gilt. Ebenso wird während der Fastenperioden kaum geheiratet, da sich die mit einer Hochzeit verbundene Völlerei nicht damit vereinbaren läßt.

Hier erweist sich die Notwendigkeit von zwei griechischen Worten für den Begriff des Feierns. Denn ein Kirchenfest, der Namenstag oder der Geburtstag wird mit *giorti* und dem dazugehörigen Verb bezeichnet. Eine Verlobung, eine Hochzeit, eine Taufe, meistens auch der Namenstag, arten in ein *glenti* aus, in ein gemütliches, ausgelassenes, genußvolles Besammensein. Wenn sich auch da und dort der Begriff Party einschleicht, die kretische Hochzeit ist nach wie vor ein *glenti* mit ganz bestimmten Regeln. Auch die neuerliche Möglichkeit der Ziviltrauung konnte ihr bislang, jedenfalls in den Dörfern, nicht die Show stehlen. Denn wenn ein Paar sich dazu entschlossen haben sollte, dann wird es spätestens, wenn der erste Nachwuchs sich meldet, die kirchliche Trauung und das dazugehörige *glenti* nachholen. Trotz der Möglichkeit der Ziviltrauung seit 1982 hat auch die Trauung in der Orthodoxen Kirche nach wie vor zivilrechtlichen Status, und es ist, anders als in der Katholischen Kirche, sogar zweimalige Scheidung erlaubt.

Die kretische Hochzeit dauert mehrere Tage, was allerdings dem fremden Gast, der das Glück hat, eingeladen zu werden, kaum bewußt wird. Denn er erlebt meist nur den Höhepunkt: die kirchliche Trauung und das anschließende *glenti.* Tatsächlich beginnt es aber wenigstens zwei Tage vorher dort, wo das Ehepaar zukünftig leben wird: entweder im eigenen Haus oder im Haus der Eltern des Bräutigams. Hier wird unter Anteilnahme aller Familienangehörigen das Brautbett geschmückt.

*Das Braut-
bett wird ge-
schmückt*

Diese Tätigkeit übernehmen die unverheirateten weiblichen Verwandten und Freundinnen der Braut – Jungfrauen? Die *proika*, die Aussteuer, steht in Kisten, Schachteln und Taschen zum Teil noch im Zimmer herum und wird in Schränken verstaut. Mit der zartesten Spitzenbettwäsche werden die Kissen bezogen, mit der zartesten Häkeldecke wird das Ehebett bedeckt. Alles blütenweiß, versteht sich. Spitzennachthemd, Büstenhalter, Höschen und Pantöffelchen werden auf der Seite der Braut auf dem Bett drapiert; Schlafanzug sowie ein paar weniger zarte Pantoffel links davon auf der Seite des Bräutigams. Alles liegt bereit, um nach der anstrengenden Hochzeitsfeier von dem in den frühen Morgenstunden total erschöpft nach Hause kommenden jungen Ehepaar angezogen zu werden ...

In dem kleinen Schlafzimmer ist es stickig heiß. Es ist immerhin der 17. August. Die ganze Verwandtschaft drängt herein, um das Wunderbett zu bestaunen. Beifall brandet auf. Gelächter da und dort, wo die Fantasie mitspielt. *Mantinades* auf das künftige Ehepaar werden zum besten gegeben. Reiskörner fliegen durch die Luft, bedecken Bett und Fußboden und bleiben in den Haaren und den Kleidern der Gäste hängen. Manchmal auch gut gemeinte Rosenblätter, die zwar als Glücksbringer gelten, dann aber nicht wieder zu entfernende Flecken auf der wertvollen Wäsche hinterlassen. Und Geldscheine. Ein erster Lichtblick für das Brautpaar, vor allem für die Brauteltern, denen die Kostendeckung der Hochzeit oft schon Jahre vorher schlaflose Nächte bereitet. Denn traditionell sind es die Brauteltern, die die Hochzeit gestalten, was für einen Vater von mehreren Töchtern zur Lebensaufgabe werden kann. Weshalb auch mancherorts die Geburt einer oder mehrerer Töchter durchaus als ein Unglück angesehen wird und die vom Schicksal mit Söhnen bedachten Väter zu hämischen Scherzen herausfordert. Weshalb auch heute noch die Söhne einer Familie warten, d. h. in der Familie mitarbeiten müssen, bis alle Schwestern unter der Haube, sprich: mit der Brautkrone gekrönt sind. Wenn da der Reis als Fruchtbarkeitssymbol über das Brautbett rieselt, mag mancher Bräutigam wohl daran denken, was ihm beschert sein wird.

Denn ist es ein „Kind", kein Sohn – werden es derer mehrere, so multipliziert sich die Aufgabe – und ist der Vater traditionsgebunden, so wird er sich rechtzeitig nach einem Bräutigam umsehen. Sowohl im eigenen Dorf als auch in den Nachbardörfern werden Familien mit passend erscheinenden Söhnen unter die Lupe genommen. Selbstverständlich will man seine Töchter nur in „gute" Familien verheiraten. Gut heißt natürlich auch und vor allem wirtschaftlich sichergestellt. Das heißt aber auch, daß die Aussteuer der Tochter etwas darstellen muß. Denn in Familien, in denen die Heirat noch per *proxenia*, per Vermittlung, erfolgt, zählt in erster Linie der materielle Aspekt. In alten Zeiten allerdings wurde das Brautgeld bezahlt. Der Vater des Bräutigams kaufte dem Brautvater die Braut ab; denn dieser verlor in der Regel eine wertvolle Arbeitskraft. Erst wenn sich die Alten einig sind, werden die Jungen gefragt, ob sie einander wollen. Aber das ist reine Formsache; denn oft kennen sie sich gar nicht oder kaum. Doch die Liebe kommt mit der Zeit. So jedenfalls sah man es noch bis vor wenigen Jahren allgemein und sieht man es auch heute noch gelegentlich.

Nun entdecken die jungen Leute zunehmend ihren eigenen Willen und beanspruchen ihre Freiheit auch in der Partnerwahl. Früher führte dieser Freiheitswille dazu, daß ein heimliches Liebespärchen die Heirat erzwang, indem sich die Braut entführen ließ und das Paar für einige Zeit verschollen blieb. Kretische Eltern sind damit relativ leicht weichzukochen; denn sie lieben ihre Kinder über alles und gestehen alles zu, nur um die lieben Kleinen wieder zu Hause zu haben. So kam es, daß ein Dorfpfarrer sein sechzehnjähriges, schulpflichtiges, schwangeres Töchterchen in seiner eigenen Kirche resigniert unter dem Spott der Dorfbewohner demjenigen antraute, vom dem es sich hatte ent- und verführen lassen. Kurze Zeit später trug er voller Stolz sein erstes Enkelkind durch das Dorf.

Meist ist es jedoch heute so, daß die jungen Menschen ihre eigene Wahl treffen und die Eltern, wie überall, einmal mehr, einmal weniger damit einverstanden sind. Doch wenn sie auch mit der Wahl nicht einverstanden sind, sind sie mehr als anderswo bereit, sich mit dem neuen Familienanhang zu arrangieren und alles zu tun, um dem jungen Paar zu helfen. Denn die Heirat ist der Schritt ins Erwachsenendasein. Für den Griechen ganz allgemein, dem seine Kinder und die Familie über alles gehen, ist es undenkbar, ihnen auf diesem Weg nicht zur Seite zu stehen.

Bis es dazu kommt, das Brautbett zu schmücken, vergeht einige Zeit. Denn der Hochzeit geht obligatorisch die Verlobung voraus. Meist handelt es sich dabei um eine intime Familienfeier, bei der sich alle künftigen Familienmitglieder kennenlernen und sich die Brautleute „das Wort geben", einander die Ehe versprechen. Dazu ist auch der Papas eingeladen. Ein Tisch wird mit einer Ikone, dem Kreuz, Kerzen, einem Schälchen Weihwasser und einem Sträußchen Basilikum in einen kleinen Altar verwandelt, vor dem der Papas den Bund segnet und den Brautleuten die *vera*, die Verlobungsringe, ansteckt. Vom Bräutigam erhält die Braut bei der Gelegenheit reichlich Geschenke, vor allem Goldschmuck, aber auch Kleider und Wäsche.

Auch wirtschaftliche Aspekte werden anläßlich der Verlobung ausgehandelt und festgelegt. Die Brautleute sind damit einander fest versprochen, beinahe schon mit dem Wert einer Heirat. Oft gesteht man ihnen sogar zu, von nun an gemeinsam zu leben oder die Braut zieht in das Elternhaus des Bräutigams, während sie sich früher bis zur Trauung überhaupt nicht mehr sehen durften. Eine solche Verlobung zu lösen, bringt Unglück über beide Familien: die des Bräutigams, der ein Mädchen in Schande zurückläßt; die der Braut, die nun ein Mädchen im Haus hat, das – möglicherweise – keine Jungfrau mehr ist und kaum mehr eine Chance hat, einen Mann zu finden. Noch bis in jüngste Zeit konnten solche Vorfälle in Blutfehden ausarten, wenn die Männergesellschaft um die verlassene Braut den abtrünnigen Bräutigam zur Verantwortung zu ziehen versuchte. Im umgekehrten Fall, wenn die Braut sich zurückzieht, verläuft zwar alles stillschweigend im Sand. Für sie ist jedoch ebenfalls in den meisten Fällen das Thema Heirat erledigt. Und das überlegt sich ein kretisches Mädchen noch immer sehr gut.

Am Abend vor der Hochzeit verabschieden sich die Brautleute vom Junggesellenstand, nachdem in früheren Zeiten vorher die gesamte Aussteuer im Triumphzug aus dem Elternhaus der Braut in das neue Heim geleitet worden war. Braut und Bräutigam, jeder in seinem Dorf, feiern im ganz privaten Kreis. Alle Familienangehörigen sind eingeladen und selbstverständlich auch alle Freundinnen bzw. Freunde. In streng traditionell gebundenen Landschaften, vor allem in den Bergdörfern des Psiloritis und der Weißen

Berge, wird dieser „Polterabend" nur den jungen Männern zugestanden.

Als Nektaria in ihrem Dorf in der Mesara das Ende ihres Mädchendaseins feierte, waren mehr als hundert Gäste zugegen. Eine lange Tafel war in der Gasse vor ihrem Elternhaus gedeckt worden. Im Hof waren die Köche am Werk, Verwandte, die im Bekochen derartiger Gesellschaften Erfahrung hatten. Die Verantwortung hatte Nikos übernommen, ein *synteknos* von Nektaria; denn sie war vor einigen Jahren Taufpatin seiner ersten Enkeltochter und seither verbinden sie quasi-verwandtschaftliche Bande. Angetan mit weißer Schürze rührte er mit der Routine eines Chefkochs in einem riesigen Kessel,

Der Chefkoch und seine Helfer

in dem 80 kg Lamm- und Ziegenfleisch kochten. Ein appetitlicher Duft zog durch die Gasse. Als sich die Knochen aus dem Fleisch zu lösen begannen, schöpfte er es auf riesige Blechwannen. Im Fleischsud wurden nun die *makaronia*, sprich Spaghetti, gekocht, al dente, versteht sich, denn Nikos ist Feinschmecker. *Makaronada* oder *pilaphi*, letzteres im Fleischsud gekochter Reis, wird traditionell zu solchen Anlässen gereicht. Dann verteilten flinke Frauenhände Spaghetti auf Teller, eine deftige Fleischportion darauf und ab die Post. Auf Großgaststättentabletts schleppten die Brüder, Cousins und von denen wiederum die Freunde – lauter kräftige junge Männer – die Teller und verteilten sie auf der Tafel. Innerhalb weniger Minuten waren alle Gäste bedient. Frisches Brot, Käse und Schüsseln mit Salat waren schon vorher verteilt worden. Auch Wein, Wasser, Coca Cola und Gläser waren vorhanden. Dem Schmausen stand nichts mehr im Weg. Mit dem Essen und

Trinken stieg die Stimmung, so daß das Fest beinahe schon einer Hochzeitsfeier glich.

Doch das war erst die Vorspeise, das *mezes.* Wie bei einer Hochzeit wurde schon bald das Gebratene aufgetragen. In großen Blechwannen wurden auf einem Kleinlaster Lamm und Ziege angefahren, die im Backofen des Bäckers gebraten worden waren. Auf Servierplatten verteilt, dufteten sie schon bald entlang der ganzen Tafel, und jeder griff zu, solang der Vorrat reichte. Und er reichte üppig. Denn die größte Blamage wäre es, wenn bei einem derartigen Fest nicht überreichlich zu essen angeboten würde. Es war zudem ein 18. August und die hohe Zeit der herrlichen, zuckersüßen Wassermelonen. Zehn- und mehr kilogrammschwere Melonen wurden geviertelt und geachtelt, ein paarmal eingeschnitten und in der Schale auf den Tischen verteilt. Jeder griff zu, mit der Gabel oder mit den bloßen Händen, an denen bald der klebrige Saft entlanglief. Was machte es? Nektaria wird morgen heiraten. Heute wird gefeiert bis in den frühen Morgen. Der Wein floß in Strömen, Raki sowie Whisky, das Lieblingsgetränk der modernen männlichen Jugend, nicht minder. Musik schallte über das Dorf, die ersten Tänzer wurden munter, *mantinades* auf das junge Paar, wurden zum besten gegeben. Und lang nach Mitternacht wurde für die Leckermäuler unter den Gästen auf einem Tablett die besondere Delikatesse serviert: die gebratenen Köpfe der soeben verzehrten Lämmer und Ziegen.

Wie gesagt, manches ist nicht mehr ganz so wie in alten Zeiten. Modernes Leben überholt Althergebrachtes wie die vierrädrige, motorisierte Hochzeitskutsche das vierbeinige Reittier. Manches gerät auch in Vergessenheit wie der Hochzeitskuchen, das *koulouri tis niphis,* das der Bräutigam in manchen Gegenden der Braut am Sonntag vor der Hochzeit durch einen Jüngling überbringen ließ, um sie damit zur Hochzeit einzuladen. Dem Jüngling mußten, einer antiken Tradition folgend, noch beide Eltern am Leben sein. Nur so, wenn ihn selbst noch kein Unglück getroffen hatte, galt er als glückbringend.

Auch der Hochzeitslader ist weitgehend der schriftlichen Einladung bzw. der Bekanntmachung über Lautsprecher im Dorf gewichen. Das Schlachten der Lämmer und Ziegen für das Hochzeitsmahl geschieht durch den Metzger, so nicht überhaupt beim Händler eingekauft wird. Es ist wohl nur noch selten ein Bräutigam zu finden, der vor allem in West-Kreta, in der Sfakia, altem Brauch gehorchend, das erste Stück Vieh selbst feierlich schlachtet, damit die weisen Frauen des Dorfes aus der Art, wie das Blut spritzt, die Zukunft der Eheleute herauslesen können. Meine Nachbarin Zambia meinte dazu: *„Wir im Nomos Heraklion, die wir kultivierter sind, haben solche Bräuche nicht."*

In abgelegenen, unberührten Dörfern im Nomos Heraklion ist allerdings noch das *kaniski,* die Brautgabe, üblich. Drei Tage vor der Hochzeit kommen die geladenen Gäste in das Haus der Braut bzw. des Bräutigams, beladen mit Körben voller Geschenke. Es handelt sich um Lebensmittel, und zwar zunächst um sechs *koulouria,* kunstvoll geformte Brote, die eigens für die Hochzeit gebacken werden.

Sechs Stück deshalb, weil der Brautleute zwei sind und jeder drei *koulouria* bekommen soll. Denn die Drei ist die heilige Zahl – die Heilige Dreifaltigkeit. Neben den sechs *koulouria* finden sich im Korb Fleisch, meist ein halbes oder ein ganzes Lamm, Nudeln, Reis, Obst, Wein, Öl – eben alles, was zur Zubereitung eines üppigen Hochzeitsmahles nötig ist. Die Waren werden in den *kellariko,* den eigens dafür vorbereiteten Lagerraum gebracht. Auffallend die Verwandtschaft mit dem

Reich verzierte Hochzeitsbrote

deutschen Wort Keller! Die *kellarides*, die Kellermeister, meist fünf oder sechs Männer aus der engeren Verwandtschaft des Brautpaares, kümmern sich um die ordnungsgemäße Lagerung und in der Folge um die Zubereitung des Mahles.

Die Schenkenden werden von der Braut- bzw. Bräutigamsmutter bewirtet und erhalten im Gegenzug ein *koulouri*, das sie in ihrem leeren Korb, sorgfältig zugedeckt, nach Hause tragen. Ein einzelnes Hochzeitsbrot als Symbol der künftigen Einheit, zu der die Ehepartner durch die Trauung verbunden werden. Denn die Zahl Eins ist das Symbol der unteilbaren Einheit.

Auch anderes Brauchtum ist erhalten geblieben. Am Tag des großen Ereignisses, des *stephanoma*, der Krönung, herrscht in den Familien der Brautleute hektische Betriebsamkeit. Da der Kirchgang kaum vor nachmittags fünf Uhr stattfindet, bleibt genug Zeit, um die Nerven einer gehörigen Zerreißprobe auszusetzen.

Stunden vor dem Kirchgang versammeln sich die weiblichen Verwandten und die Freundinnen der Braut in deren Jungfernstübchen. Dasselbe tun die männlichen Getreuen im Haus des Bräutigams. Braut bzw. Bräutigam werden für die große Stunde gebührend herausgeputzt. Was in früheren Jahren bei der Braut die Freundinnen erfüllten, vor allem Frisieren und Schminken, geschieht heute jedoch meist durch eine professionelle Friseuse und Kosmetikerin, die es fast in jedem Dorf gibt oder die vom Nachbardorf angefordert werden kann. Während sie hinter streng verschlossenen Türen, aufmerksam beobachtet vom weiblichen Anhang, am Werk ist, versammeln sich in Haus und Hof die Hochzeitsgäste der Braut. In einem anderen Haus im Dorf oder in einem anderen Dorf sind die Brüder, Cousins und Freunde

Letzte Hand an die Braut

„Du hast auf ihr Haupt gesetzt Kronen von Edelsteinen ..."
(Aus: Das Sakrament der Eheschließung)

des Bräutigams am Werk, um ihn zu rasieren, ihm die Haare zu waschen und zu schneiden, ihn zu parfümieren und anzukleiden. Traditionell war das Haarewaschen die Aufgabe der Frauen seiner Familie, wie auch die Braut von den Frauen gebadet und ihr die Haare gewaschen wurden.

Das kultische Brautbad ist bereits aus der Antike überliefert und fand in einem besonderen Fluß oder mit Wasser aus einer heiligen Quelle statt, das wieder ein Jüngling holen mußte, dessen beide Eltern noch lebten und der während des ganzen Weges kein Wort sprechen durfte. Sich vor der Hochzeit die Haare zu waschen und zu baden, galt bis vor nicht allzulanger Zeit noch als besonderes Ritual, als nämlich tägliche Körperpflege mangels entsprechender Einrichtungen durchaus nicht selbstverständlich war. Das Bartstutzen und Rasieren des Bräutigams war und ist die Aufgabe des *koumbaros*. Der *koumbaros* oder *synteknos* ist ein intimer Freund des Bräutigams, der traditionell die geeignete Braut ausgesucht und die Eheanbahnung, die *proxenia*, betrieben hat. Er ist derjenige, der vor der Kirche die Braut dem Bräutigam zuführt und während der Trauung die

Brautkronen wechselt. Meist wird er auch *nonos*, Taufpate, des ersten Kindes. Die damit entstehende geistige Verwandtschaft zwischen den Familien des Paten und des Täuflings ist so eng, daß sogar ein Eheverbot zwischen den Mitgliedern dieser Familien besteht. Selbstverständlich gibt es auch die *koumbara* oder *syntekna*, die Trauzeugin, die als Patin zur *nona* wird.

Beide Brautleute werden von Grund auf neu eingekleidet, wenn auch das prächtige weiße Hochzeitskleid oft von eigens dafür zuständigen Geschäften ausgeliehen ist. Je nach Finanzkraft wird es entweder sofort nach dem Kirchgang und dem Termin beim Fotografen zurückgegeben und die Braut erscheint im profanen Cocktailkleid etwas verspätet beim *glenti*, oder sie trägt es, bis alle Feierlichkeiten vorüber sind.

Gleichviel: Der Augenblick, in dem sich die herausgeputzte Braut in der Tür ihres Elternhauses dem Publikum zeigt, fordert tosenden Beifall heraus. Desgleichen, wenn sie auf dem Kirchplatz vor der dort versammelten Dorfgemeinschaft aus dem Auto steigt. Am gespanntesten ist wohl der Bräutigam, vielmehr war es in früheren Zeiten, als er seine Braut möglicher-

weise nur ein einziges Mal gesehen hatte und voller Neugier darauf wartete, was unter dem Schleier zum Vorschein kommen möge. Heutzutage beschränkt sich die Überraschung für den Bräutigam auf das besonders hübsche Erscheinungsbild einer Frau, die ihm längst vertraut ist.

In Gesellschaft des Papas erwartet er sie vor dem Kirchenportal, wo sie ihm vom *koumbaros* oder auch von den Brüdern der Braut zugeführt wird.

Nun führt der Priester das Brautpaar in die Kirche, die bereits voll von Gästen ist, die sich die besten Plätze gesichert haben. Mitten im Kirchenraum ist vor zwei, mit weißen Satinschleifen geschmückten, großen brennenden Kerzen ein Tisch mit den Trauungsutensilien aufgestellt: Evangeliar, Kreuz, Brautkronen, Ringe, Brot und Wein, ein Schälchen mit in Honig getauchten Nüssen. Das *stephanoma*, die Krönung, kann beginnen.

Denn nach dem Anstecken der Ringe und der Erteilung des priesterlichen Segens für das gemeinsame Eheleben und den dazugehörigen Gebeten ist die Krönung der wesentliche Teil der Trauung. Mit den ineinander verschränkten Krönchen segnet der Papas das Brautpaar. Dann legt er Braut und Bräutigam je eine

der mit einem weißen Band verbundenen Kronen auf das Haupt. Dies ist der eigentlich Augenblick der „Verbindung". Der *koumbaros* (oder *koumbara*), der hinter dem Brautpaar steht, kreuzt nun die Kronen dreimal über den Häuptern der Brautleute, um sie unauflöslich in guten und in schlechten Zeiten miteinander zu verbinden. Gleichwohl erlaubt dieselbe Kirche die Scheidung.

Der Kranz ist seit der Antike nicht nur ein Schmuckelement, sondern durch seine Kreisform ein Zeichen der Vollkommenheit und der Unendlichkeit. Seit altersher wurde er Siegern in Wettkämpfen als Auszeichnung verliehen. Sowohl Götterstatuen als später auch die Kaiser wurden bekränzt oder gekrönt. Als Zeichen der Weihung wurden Opfertiere mit Kränzen geschmückt. Der Kranz oder die Krone konnte aus Öliven- oder Lorbeerzweigen, aus Blumenranken oder aus Gold bestehen. In der Dornenkrone Christi erhielt der Kranz seine christliche Symbolkraft und wurde zum Sinnbild des himmlischen Heils. Bereits in der Antike erfolgte die Weihung eines Brautpaares, indem es bekränzt wurde. Im christlichen Verständnis bedeutet die Brautkrone die Beschwörung himmlischen Heils und un-

„Ich will den Kelch des Heils erheben und den Namen des Herrn anrufen."
(Aus: Das Sakrament der Eheschließung)

*„Jesaia,
tanze!"
(Aus: Das
Sakrament
der Ehe-
schließung)*

endliche, unlösbare Verbindung für das
Paar.

Die Brautkronen werden ein Leben
lang, oft hinter Glas, bei der Hausikone
aufbewahrt und demjenigen Ehegatten,
der zuerst stirbt, mit in das Grab gegeben.

Nach der Krönung trinken beide Brautleute sowie *koumbara* oder *koumbaros*
aus demselben Becher den vom Papas ge-
reichten Wein. Um süße Liebe und
Fruchtbarkeit zu beschwören, füttert zu
guter Letzt der Priester das Paar samt
Trauzeugen mit dem bereitstehenden *me-
lokarydon*, den honiggetränkten Nüssen.
Gelächter erschallt in der Kirche, wenn
der Papas die Worte spricht: *„Das Weib sei
dem Manne untertan."* Denn beide, Braut
und Bräutigam, versuchen nun, dem andern auf den Fuß zu treten. Wem es als
ersten gelingt, der hat, so sagt jedenfalls
der Volksmund, in der Ehe das Komman-
do. Allerdings kann es dabei in stark pa-
triarchalischen Familien zu Komplikationen kommen, und es soll geschehen sein,
daß ein Bräutigam, der von seiner Braut
„getreten" wurde, während der Zeremonie
die Kirche auf Nimmerwiedersehen verlassen hat. Deshalb gibt es Priester, die
bei einer Trauung von vornherein diesen
Brauch untersagen.

Unter dem Beifall der Gäste und unter
einem wahren Hagel von Reiskörnern
führt nun der Papas mit dem Evangeliar
in Händen das durch die Brautkronen
verbundene Paar dreimal um den Altar-
tisch, gefolgt vom *koumbaros* und dem
Brautjüngferchen mit Blütenkorb. Dreimal bleibt die kleine Prozession stehen,
damit Braut und Bräutigam das Evangeliar, die schützende Hand Gottes, küssen
können. *„Na zeisete! Na zeisete evtichismeni! – Ihr sollt leben! Ihr sollt glücklich leben!"* schallt es aus der dichtgedrängten
Menge, und es ist ein äußerst fröhlicher
Ausklang einer eigentlich ernsten Zeremonie.

Doch noch hat es das Brautpaar nicht
überstanden. Waren Hitze und Gedränge
schon in der Kirche nur mit Hilfe von
barmherzigen, fächerbewaffneten Frauen
zu ertragen, was jetzt kommt, gleicht einem Gang durch das Fegefeuer. Denn ob
500 oder 1000 oder 2000 Hochzeitsgäste:
keiner läßt es sich nehmen, dem Paar und
seinen nächsten Anverwandten persönlich zu gratulieren. Mühsam erkämpfen
die sich den Weg zum Kirchenportal und
nehmen außerhalb der Kirche Aufstellung. Und ausnahmslos alle Gäste drängen sich nun durch den Seiteneingang in

die Kirche, durch sie hindurch und zum Hauptportal, um dort endlich, schweißgebadet, dem Brautpaar die Hände zu reichen, es zu umarmen, zu küssen und allen Segen des Himmels auf es herabzuwünschen. Soviele Gäste, soviele Küsse mal zwei: auf jede Wange einen, der traditionelle Bruderkuß der Griechisch-Orthodoxen Kirche (die Russisch-Orthodoxen küssen dreimal).

Mit den Wünschen allein ist es allerdings nicht getan. Ein Hochzeitsgeschenk ist obligatorisch. Mit Rücksicht auf die hohen Kosten einer solch aufwendigen Hochzeit und die Bewirtung zahlloser Gäste hat sich das Geldgeschenk eingebürgert. Nicht offen wie beim Schmücken des Brautbettes, wenn die Scheine auf das Bett flattern, und wie es früher zusätzlich zum *kaniski,* zum Brautgeschenk, erfolgte. Zur Hochzeit gibt es heute den *phakelos,* den Briefumschlag. Das sind winzigkleine Kouverts, in denen gerade ein Kärtchen für die Wünsche und ein angemessener Geldschein Platz haben. Da steht dann neben dem Brautpaar ein Anverwandter mit einem großen Sack oder einem Tablett und sammelt die *phakeloi* der Gratulanten ein. Der 5000-Drachmen-Schein ist das übliche Geschenk. Trotzdem ist manch einer unter den Gästen, der – anonym, wohlgemerkt – vielleicht nur einen 100-Drachmen-Schein stiftet oder gar einen leeren Umschlag „schenkt". Doch die große Masse ist „ehrlich", liefert ihre Glückwünsche und ihr Geschenk ab und bekommt dafür ein süßes Gegengeschenk, die *kouphetta,* ein Säckchen aus weißem Tüll mit ein paar Zuckermandeln, mit weißem Schleifchen zugebunden. Denn alle sollen an der Süße des jungen Eheglückes teilhaben.

Damit geht der festliche Teil der Hochzeit zu Ende. Alle strömen jetzt in das *kentro* zum *glenti,* wo das traditionelle Hochzeitsessen, das wir schon vom „Polterabend" kennen, serviert wird. Nur daß es bei Nektarias Hochzeit nun fast 1000 kg Fleisch waren, die in gewaltigen Kesseln gekocht wurden, daß Unmengen Spaghetti in dem verführerisch duftenden Fleischsud landeten, daß der Bäcker seit Mittag mit dem Gebratenen alle Hände voll zu tun hatte. Ein ganzes Köche-Geschwader war in der Küche beschäftigt, eine Armee von Hobby-Kellnern balancierte die beladenen Tabletts über die Köpfe der Gäste hinweg durch die Tischreihen, während die Musik zum Tanz aufspielte und endlich, schon fast gegen Mit-

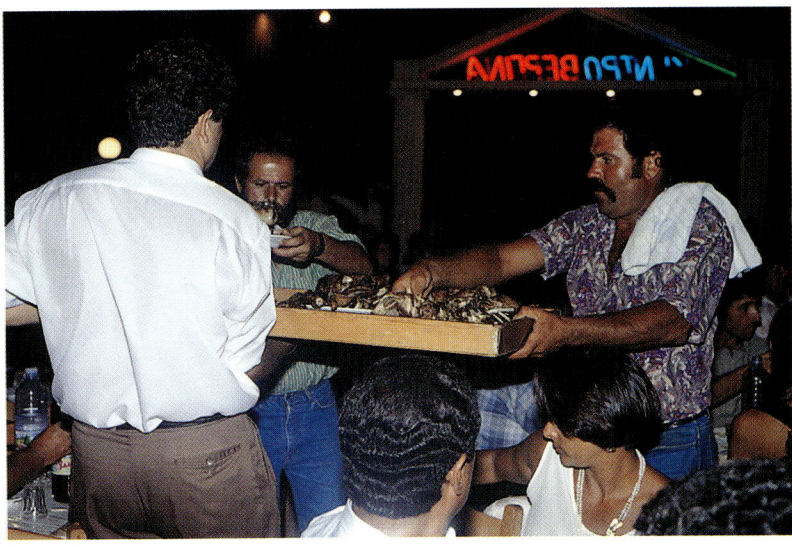

2000 Gäste wollen satt werden

ternacht, der Brauttanz stattfand, der *Siganos,* der langsamere Teil des *Pentosalis,* des Fünfschritt. Wo noch gemäß althergebrachter Tradition gefeiert wird, tanzen sie den Hochzeitstanz, begleitet von *mantinades* für ein glückliches Leben, auf dem Kirchhof, und die ganze Hochzeitsgesellschaft tanzt mit.

Der Brauttanz

Noch eine Verpflichtung hat das Brautpaar. Es muß sich bei seinen Gästen bedanken. Dazu wandert es, begleitet von einem Mädchen oder Jungen mit einem mit Gläsern und Likörflasche beladenen Tablett, von Tisch zu Tisch, um mit jedem Gast anzustoßen. Welche Folgen dieses Unterfangen bei 2000 Gästen hätte, ist leicht auszudenken, weshalb das Brautpaar bei großen Gesellschaften stellvertretend nur einige Tische besucht und die Gläser nur symbolisch an die Lippen führt.

Ein moderner Brauch, der auch auf Kreta Einzug gehalten hat, ist die Hoch-

Die Hochzeitstorte – noch ein süßes Symbol

zeitstorte. Nektarias und Manolis' Torte war vierstöckig und wurde mitsamt Tisch auf die Tanzfläche getragen, wo sie unter dem Beifall aller angeschnitten wurde und sich das junge Ehepaar unter Sektregen die ersten Bissen gegenseitig in den Mund steckte. Der gewaltige Rest wurde auf die Gäste verteilt. Jeder der zweitausend erhielt einen Happen.

Zweifellos setzt die Hochzeitstorte die Tradition des *koulouri tis niphis* fort und symbolisiert nichts anderes als das gemeinsame, verbindende Brotessen, das bereits in der Antike zur Ehezeremonie gehörte.

Irgendwann in den frühen Morgenstunden wanderten die letzten Gäste müde nach Hause, und alle waren sich wieder einmal einig: *„Es war die schönste Hochzeit seit Jahren."*

In vergangenen Zeiten wurde das Brautpaar nach der Trauung im Triumphzug zum Haus des Bräutigams geleitet, die Braut wieder hoch zu Roß. Aber erst, wenn ihr die Schwiegereltern reichliche Geschenke an Ölbäumen und Weinstöcken versprochen hatten, ließ sie sich erweichen abzusteigen. Hier wurden ihr nun die in Honig getränkten Nüsse gereicht als Zeichen der Fruchtbarkeit, aber auch der Süße des bevorstehenden Ehelebens. Mancherorts trug sie der Bräutigam über die Schwelle; denn wenn ihr Fuß die Schwelle berührte, wäre dies ein schlechtes Omen für den künftigen Ehestand gewesen. Im Nomos Heraklion stellte man ihr einen Stuhl vor die Tür, auf den sie steigen mußte, um im Türrahmen oben, links und rechts mit Honig je ein Kreuz zu zeichnen. Im Türsturz war die *loura* angebracht, jener Teil des Zaumzeuges, der den *zygos*, das Joch, zusammenhält. Dar-

unter hindurchgehend betrat die Braut mit dem rechten Fuß zuerst ihr neues Heim. Erst jetzt war sie wirklich *syzygos*, Gattin, wörtlich: „mit im Joch" (der Ehe). Die Gäste riefen: *„Elaves to zygo! – Du bist unter dem Joch angekommen!"* Als weiterer Fruchtbarkeitszauber wurde ihr dann ein Granatapfel gereicht, den sie auf dem Boden zerschlug, damit seine zahllosen fleischigen Kerne im Haus verstreut würden. Denn wegen der Vielzahl seiner Samenkerne ist der Granatapfel seit der Antike auch ein Symbol für Fruchtbarkeit und Reichtum. Anderswo bekam das junge Paar einen Quittenapfel zu essen, der wegen vieler Kerne ebenfalls als Fruchtbarkeitssymbol gilt. Andererseits sollte sein bitterer Geschmack auch daran erinnern, daß das Eheleben nicht nur süße Tage kennt.

Der Tag nach der Hochzeit gehörte noch einmal den Frauen, zunächst vor allem der Schwiegermutter der Braut, jedenfalls in alten Zeiten, als noch strengere Sitten herrschten. Denn sie ließ es sich nicht nehmen, das Bettzeug des jungen Paares zu begutachten. Allerdings kannten selbst die streng erzogenen kretischen Mädchen Tricks, um das wachsame Auge der Schwiegermutter – und auch den Bräutigam – zu täuschen. So mögen wohl die allermeisten jungen Mädchen unbescholten in die Ehe gegangen sein. Ertappte Sünderinnen allerdings wurden gnadenlos verjagt.

Im Laufe des Tages wurde dann die *proika*, die Aussteuer, begutachtet und in Truhen und Schränken verstaut. Wieder wurden *mantinades* auf das Ehepaar gesungen. In Zentralkreta war es unbedingt notwendig, daß ein Mann einen Salto über den Aussteuerpaketen schlug, damit der erste Nachwuchs männlich würde.

Des Feierns war damit noch kein Ende. Denn eine Woche später begab sich die Familie des jungen Ehemannes mit Geschenken ins Elternhaus der Schwiegertochter, wo die Gegenhochzeit stattfand, d. h., es wurde wieder gegessen, getrunken, gesungen und getanzt. Dasselbe fand eine weitere Woche später im Haus der Eltern des Bräutigams statt. Dann ging man wieder zur Tagesordnung über und wartete gespannt, ob sich der obligatorische Nachwuchs pünktlich nach neun Monaten einstellen würde. Heutzutage allerdings gehen junge Paare auf Hochzeitsreise. Und mit dem Nachwuchs lassen sie sich – zum Leidwesen der potentiellen Großeltern – Zeit.

Neben dem Brautbad und den zur Torte gewordenen Hochzeitskuchen ist noch anderes antikes Brauchtum in den kretischen Hochzeitsriten enthalten. Das feierliche Schlachten der Tiere erinnert an das große Hochzeitsopfer. Der Festzug, der die Braut in das Haus des Bräutigams geleitete, war antiker Brauch, mehr noch, wenn er am Abend erfolgte und dem Zug ein Fackelträger vorausging. Das Tragen der Braut über die Schwelle ihres neuen Heimes ist aus dem antiken Rom überliefert und dorthin wahrscheinlich aus Griechenland gelangt. Erwähnt wurde bereits die Symbolkraft des Granatapfels. Selbst das Entführen der Braut kann auf antikes Brauchtum zurückgeführt werden, das in Sparta beheimatet war. Und bekanntlich stammten die lykourgischen (spartanischen) Gesetze des 7. Jh. v. Chr. aus Kreta. Auch der Brautkauf war im antiken Griechenland gang und gäbe.

MYRTE
Myrtus communis

Immergrün und im späten Fühjahr mit zarten, weißen Blüten übersät, war die Myrte seit altersher ein beliebter Zierstrauch, der aber auch wild in der Macchia vorkommt. Seine Früchte halfen gegen allerlei Leiden. Weil die Liebesgöttin Aphrodite, als sie nackt aus dem Meer stieg, sich hinter einem Myrtenstrauch verbarg, ist er ihr heilig, was bis heute – nicht nur in Griechenland – zur Folge hat, daß Brautleute am Hochzeitstag ein Myrtensträußchen tragen.

Wie sich die religiöse Verehrung der Myrte in das Christentum eingeschlichen hat, zeigt eine zu einem gewaltigen Baum herangewachsene Myrte auf Kreta. Im Wurzelwerk des einstigen Strauches verborgen, wurde vor langer Zeit eine Marienikone gefunden. Solche Ikonenfunde waren keine Seltenheit und kommen noch heute gelegentlich vor. Denn zu Zeiten der Osmanenherrschaft, auf Kreta noch früher, als nämlich die Sarazenen die Insel heimsuchten, haben die Gläubigen ihre Heiligenbilder vergraben. Manche solcher Ikonen gerieten, sei es durch Tod oder andere Umstände, in Vergessenheit und werden nur durch Zufall wiederentdeckt. Für die Gläubigen handelt es sich dabei stets um ein Wunder, das mindestens den Bau einer Kirche am Fundort zur Folge hat. Was in Paliani auf Kreta zuerst war, das Kloster oder der Ikonenfund, ist schwer zu sagen, denn das Kloster soll in das 7. Jh. zurückreichen. Andererseits behaupten die Nonnen im Kloster, die Myrte sei 1500 Jahre alt. Wie auch immer: Die prachtvolle Myrte, die als Altar für eine Nachbildung der Ikone dient – das Original soll nach wie vor im Wurzelwerk verborgen sein –, genießt Verehrung als „heiliger Baum" und weckt Erinnerungen an den Baumkult der Minoer im 2. Jt. v. Chr. Am 24. September findet zu Ehren der Panagia Myrtiotissa ein großes Fest im Kloster statt, und die Nonnen haben zu tun, ihre Myrte zu schützen. Denn jeder Gläubige möchte ein Zweiglein des heiligen Baumes mit nach Hause nehmen.

Myrte im Kloster Paliani

Panigyri – Namenstag

Mein kretischer Elektriker, der für die Reparatur von Kühlschrank, Waschmaschine und Küchenherd zuständig ist, sagte mir folgendes:

„Was Du mit Deinem Buch bezwecken willst, ist unmöglich. Die Zeiten und die Menschen haben sich geändert. Schau mich an. Ich bin Vorsitzender unseres Kulturvereins. Ich bin wirklich bemüht, unsere Kultur zu erhalten. Aber ich muß auch leben. Ich bin Elektriker. Stell' Dir vor, unser Dorfheiliger hat Namenstag und ich gehe zum panigyri. Da ruft ein Kunde an, dessen Waschmaschine defekt ist. Wie? sagt der. Er geht zum panigyri und feiert, statt seine Arbeit zu machen? Ich verliere nicht nur diese Arbeit, ich verliere den Kunden und habe obendrein schlechte Reklame. Das kann ich mir trotz aller Liebe zum Brauchtum nicht leisten. Und so geht es den meisten. Auf diese Weise stirbt unsere Tradition. Daran kann auch das schönste Buch nichts ändern. Auch wenn Du die Erinnerungen wachhalten willst, sie bleiben nur eine leere Hülle. Denn selbst diejenigen, die zu einem panigyri gehen, tun dies nicht mehr aus einem inneren Bedürfnis heraus, weil sie die Gesellschaft ihres Heiligen suchen. Sie gehen wegen des Volksfestes; gehen, weil sie hoffen, Freunde und Bekannte zu treffen; oder aus purer Neugier, um das neue Auto irgendeines Bekannten, das neue Kleid der Nachbarin oder sonstwas zu sehen. Jedenfalls die meisten von ihnen. Genau dasselbe geschieht bei Taufen und Hochzeiten. Es geht nicht mehr darum, den Täufling als ein neues Mitglied in der Gemeinschaft der Kirche zu begrüßen. Wichtig ist nur, wie wertvoll das Taufgeschenk ist. Und wenn ein Brautpaar für jeden Kandelaber, der während der Trauung in der Kirche entzündet wird, eine Extragebühr bezahlen muß, dann ist auch der Sinn einer Trauung entstellt. Das einzige, was wir als Kulturverein tun können, ist, die sichtbaren Zeugnisse unserer alten Kultur ins Bewußtsein zu rücken, unsere Umwelt zu schützen und dafür zu sorgen, daß die modernen Errungenschaften so eingesetzt werden, daß sie den Menschen zu einem besseren Leben verhelfen, ohne Schaden anzurichten."

In einer Prozession geleiten sie die Festtagsikone um die Kirche oder durch das Dorf

Soweit die Worte eines Mannes, der 1959 in einem kretischen Dorf das Licht der Welt erblickte, mit 15 Jahren als Schiffsjunge anheuerte, um dem Vater nicht länger auf der Tasche zu liegen, und als einzige „Fremdsprache" griechisch lernte. Denn bis dahin kannte er nur seinen kretischen Dialekt, den nicht einmal seine griechischen Kollegen auf dem Schiff verstanden. Seine Kenntnisse als Fachmann für Haushaltsgeräte hat er sich nach und nach selbst angeeignet. Sie versetzen ihn in die Lage, jedes Modell jedes Markenfabrikats, ob in- oder ausländisch, zu reparieren. In seiner Freizeit kümmert er sich um die Kultur und liest. Mit Vorliebe Geschichte und Volkskunde.

Gerade seine Ansichten und Einsichten und seine Lebensweise strafen seine eigenen Worte Lügen. Mag sein, daß viele um des Volksfestes willen oder aus Neugier zum *panigyri* gehen. Doch wer die Innigkeit erlebt hat, mit der die Menschen beispielsweise auf Kreta zur Panagia Almiri pilgern, im festen Glauben, wenn sie dreimal dort das *panigyri* mitgefeiert haben, dann sei das genauso, als wenn sie einmal am Heiligen Grab in Jerusalem gewesen wären, was bedeutet, daß ihnen der Himmel sicher ist; wer erlebt hat, wie sie an

Christi Himmelfahrt auf die Nidhas-Hochebene oder am 6. August zur Metamorphosis auf den Iouchtas streben, wie sie zu Abertausenden am 25. März und am 15. August zum Nationalheiligtum auf die Insel Tinos pilgern und wie sie zu all den anderen zahllosen Kirchen in Griechenland am Festtag des jeweiligen Heiligen streben, der wird eines Besseren belehrt.

Ich war dabei im Juni, wenn es auf Kreta schon überall glühend heiß ist und sich die Touristen an den Stränden räkeln. Da weht in Anogia, auf 800 m über dem Meer, noch immer ein frisches Lüftchen. Und gar morgens um sechs Uhr, wenn sich allmählich die Karavane der Autos in Bewegung setzt, um pünktlich zur Liturgiefeier bei der kleinen Anastasis-Kirche auf der Hochebene einzutreffen. Denn es ist durchaus nicht so, daß sie erst nach der Messe kommen, wenn gefeiert, gegessen und getrunken, musiziert und getanzt wird.

Es war ein wolkenreicher und stürmischer Tag am Psiloritis. Das Kirchlein auf der natürlichen Terrasse über der Ebene war zum Bersten gefüllt. Alles drängte in den vom Kerzenlicht erwärmten Raum. Diejenigen, die es nicht rechtzeitig geschafft hatten, bildeten eine schwarze

Die Entschlafung Mariens gehört zu den Hochfesten der Orthodoxen Kirche. Fresko in der Marien-Kirche von Kapetaniana, Kreta, 15. Jh.

103

Menschentraube rund um die Kirche, um in ihrem Windschatten ein wenig Schutz vor der Kälte zu finden. Nichts war zu hören als das Psalmodieren, das Gemurmel von Gebeten und das Heulen des Windes. Selbst ein Regenschauer konnte die Gläubigen nicht vertreiben. Immer mehr kamen herauf und drängten zur Kirche.

Inzwischen kamen nebenan, bei den Gräbern kretischer Helden, einige Kleinlaster an, und es begann ein geschäftiges Hin und Her. Sachen wurden abgeladen, ausgepackt und verteilt. Im Handumdrehen waren zwei Gräber in lukullische Festtafeln verwandelt. Brot, Käse und gebratenes Lamm, Orangen und Melonen wurden dekorativ drapiert; Kanister mit Wein, Becher und Servietten, sogar an Zigaretten war gedacht worden. Und in der Mitte eines jeden Grabes das Tablett mit der *kollyva*, der Totenspeise.

Dann war die Liturgie zu Ende, und die Menschen drängten sich um die Gräber. Kaum, daß der Pfarrer seinen Platz einnehmen konnte, um die Totenandacht zu halten und die Speisen zu segnen. Alle lauschten geduldig seinen Worten, murmelten Gebete und bekreuzigten sich, während ein altes Mütterchen mit einem Tuch die Fliegen von den Speisen verscheuchte.

Stunden hatten die meisten inzwischen ausgeharrt, hungrig und frierend. Wer mag es da verdenken, daß die Andacht im Nu in ein ausgelassenes Volksfest umschlug? Und als wollte der in den Himmel Aufgefahrene sie für ihre Geduld belohnen, legte sich der Wind, öffnete sich die Wolkendecke, und es wurde ein strahlender, fröhlicher Himmelfahrtstag. Die Speisen und auch die *kollyva* waren natürlich im Nu verzehrt, die Weinkanister geleert, und es wurde Zeit, dem alten Gott Zeus, Ehre zu erweisen. Kaum einer ließ es sich nehmen, den kurzen Weg zur Höhle hinaufzupilgern, die Kinderstube des Gottes seiner Ahnen zu besuchen. Vielleicht hat der eine oder andere auch dort heimlich ein Gebet gesprochen. Denn vor allem die Hirten am Psiloritis sind noch verwurzelt im alten Glauben und schwören gelegentlich sogar „bei Zeus". Demjenigen Zeus nämlich, der nach heidnischem Glauben wie Christus gestorben ist und wiedergeboren wurde.

Allmählich verteilten sich die Menschen in kleinen Gruppen. Da und dort konnte man Rauch von einem improvisierten Grillfeuer aufsteigen sehen, wo sie ihr mitgebrachtes Fleisch brieten oder gar ein ganzes Schaf am Spieß drehten. Musik war zu hören, allerdings nicht von einem *lyraris*, einem Lyra-Spieler, sondern von Tonkonserven oder aus Autoradios. Gelächter und Fröhlichkeit überall.

Auch ich stieg hinauf zur Höhle, zum x-sten Mal, seit ich mit Kreta vertraut bin. Aber nie war mir die Nähe zur Vergangenheit so bewußt geworden wie an diesem Tag. Als ich die Rauchschwaden zwischen den Menschen aufsteigen sah, dachte ich an Homer. Hier brachten sie heute auf christliche Weise ihr Opfer dar und teilten das Liebesmahl mit ihrem Gott.

Die Christus- und Marienfeste im Jahreszyklus und die Festtage der Heiligen sind immer und überall auf jeden Fall ein Anlaß für einen Gottesdienst in der betreffenden Kirche, oft auch für ein *panigyri* – etwa ein Kirchweihfest.

Gleichwohl hat das *panigyri* nicht mehr den Stellenwert früherer Jahre, als jede Dorfgemeinschaft, gleichsam abgeschieden von der übrigen Welt, in ihrem kleinen Kreis lebte und sich weitgehend selbst versorgte. Das *panigyri,* zu dem man oft viele Stunden oder gar einen ganzen Tag auf Esels- oder Mulirücken anreiste oder zu Fuß pilgerte, war Gelegenheit zum Treffen mit Freunden und Verwandten; Gelegenheit, Geschäfte abzuschließen und Kinder zu verheiraten. Vor allem war es Gelegenheit, lebensnotwendige Dinge, die man nicht selbst herstellen konnte, zu kaufen. Denn zum *panigyri* gehörte obligatorisch der Jahrmarkt, zu dem fliegende Händler, von einem *panigyri* zur anderen wandernd, kamen. Auch Vieh wurde ge- und verkauft. Doch selbst wenn es nur darum ging, Neuigkeiten aus der Welt außerhalb des eigenen Dorfes zu erfahren, dann lohnte sich der Weg. Moderne Nachrichten- und Verkehrsmittel, Einkaufsmöglichkeiten und die Aufrechterhaltung zwischenmenschlicher Beziehungen per Telefon haben die Bedeutsamkeit des *panigyri* weitgehend zurückgedrängt.

Doch die Heiligen werden verehrt, wie es Heiligen eben gebührt. Und sie werden geliebt wie Familienmitglieder, Mitglieder der großen, heiligen Familie, in der jeder seinen Platz und – nicht zu vergessen – seine Zuständigkeit hat. Für den gläubigen orthodoxen Christen ist es undenkbar, die Heiligen nicht zu ehren. Ganz besonders gilt dies natürlich für den eigenen Namens- und Schutzpatron. Wenn auch durch „europäische" Einflüsse Geburts-

tage immer mehr an Bedeutung gewinnen, so ist doch der Namenstag für den orthodoxen Christen das Fest – *giorti* – schlechthin.

Weit davon entfernt natürlich, daß nun jeden Tag Abertausende von Griechen ein *panigyri* feiern, hat doch nicht jeder Heilige die gleiche Wichtigkeit im Kreis der Familie. Aber an Tagen wie dem des hl. Georgios, des hl. Dimitrios, des hl. Ioanis, am 25. März, dem Tag der Verkündigung, wenn alle mit Namen Evangelia und Evangelios feiern, am 15. August, dem größten Marienfest, wenn die verheirateten Marias feiern (die ledigen feiern am 21. November, dem Tag Mariä Einkehr), am Tag von Konstantin und Helena, am Tag des hl. Nikolaus oder des hl. Vasilios oder am 25. Dezember, der Geburt Christi, wenn alle mit Namen Chrisoula, Christina oder Christos sowie alle Emanuels und Manuelas an der Reihe sind, wird

Die Nidhas-Hochebene, im Hintergrund die Zeus-Höhle, Kreta

Oft finden sich zum pa- nigyri höch- ste kirchliche Würdenträ- ger zur Lit- turgie zu- sammen

nicht nur in den Kirchen, sondern auch in den Häusern gefeiert. An solchen Ta- gen sind die Straßen voll mit Menschen, die eilig mit irgendwelchen geschmückten Päckchen irgendwohin laufen, und so- wohl die Blumengeschäfte als auch die Süßwarengeschäfte haben Hochkonjunk- tur. Denn wem gar kein besseres Ge- schenk einfällt, der besorgt wenigstens ein Kilo *glyka*, Süßigkeiten. Sie sind im- mer willkommen. Denn im Haus eines Namenstagskindes werden Gäste mit ei- nem süßen Gebäck begrüßt, wovon man nie genug haben kann. Und der Gäste sind viele.

Die ausgelassensten *panigyria* werden allerorts am 23. April, am Tag des hl. Ge- org, gefeiert. In einem Land wie Griechen- land, wo die Landwirtschaft Tradition hat, genießt selbstverständlich der Heilige der Landwirte besondere Zuwendung. Oben- drein heißt *georgios* mit Betonung auf der Endsilbe im Griechischen Landwirt. Die Lust am Feiern wird noch durch die Tat- sache unterstützt, daß mit dem Fest Agi- os Georgios der Winter zu Ende ist und der Sommer beginnt, was allerdings nicht daran hindert, das Fest zu verlegen. Dann nämlich, wenn der 23. April in die Fa- stenzeit fällt, feiern alle griechischen Ge-

orge ihren Namenstag mit ihrem Heiligen am Ostermontag. Besonders hochher geht es auf den Inseln Lemnos, Kos und Kouphonisi. In Arachova finden sie erst nach drei Tagen wieder zum gewohnten Alltag zurück. Auf Kreta ist das Fest in Asi

Großmärtyrer Georg. Ikone von Emanuel Tzanes, 17. Jh., Benaki- Museum, Athen

Gonia bei Argiroupoli berühmt. Hier findet am Georgs-Tag mit dem Sommeranfang auch die Schafschur statt. Aus der ganzen Umgebung finden sich die Hirten und Bauernburschen mit ihren Schafen ein und liefern sich einen fröhlichen Wettbewerb im Scheren. Traditionell verwenden sie einfache Scheren, beileibe keine elektrischen, und versuchen, sich gegenseitig an Schnelligkeit zu übertreffen. Als würde den Schafen der Pelzmantel ausgezogen, so liegt das Vlies nach nur Sekunden währenden, blitzschnellen Schnitten am Boden. Ein rascher Zug am Strick, der die Füße des Tieres gefesselt hielt, und mit einem Satz springt es, kahlgeschoren, davon. Besonders geschickte Scherer verzichten sogar gelegentlich auf die Fessel. Ein Schaf bei dieser Prozedur zu verletzen, würde dem Verursacher Schande und den Spott all seiner Konkurrenten eintragen.

Zum Namenstag wird nicht eingeladen. Er ist ein *„Tag der offenen Tür"*. Jeder, der den Feiernden gut leiden kann, kommt zum Gratulieren, sagt sein *„Chronia polla"*, ißt sein Gebäck, trinkt ein Gläschen und geht wieder. So verläuft der ganze Tag. Für den Feiernden eine denkbar anstrengende Angelegenheit. Nicht weniger allerdings für die Hausfrau, sei es die Ehefrau oder die Mutter oder sei es, wenn eine Frau feiert, für diese selbst. Denn sie ist ununterbrochen am Bewirten, Aufräumen, Spülen und wieder Bewirten. Und gegen Abend am Kochen, was ein reines Lotteriespiel ist, weil sie sich nicht annähernd ausrechnen kann, wieviele Essensgäste sie haben wird. Satt müssen sie alle werden. Wie die Hausfrauen es anstellen, immer noch etwas auf den Tisch zu zaubern, bleibt ihr Geheimnis.

Daß wirtschaftliche Probleme in vielen Familien und die Tatsache, daß junge Ehefrauen berufstätig sein müssen, um das Auskommen zu sichern, ebenso wie die eingangs geschilderte Problematik auch dieser Tradition schaden, sei nur am Rande vermerkt.

Schafschur – ein fröhlicher Wettkampf

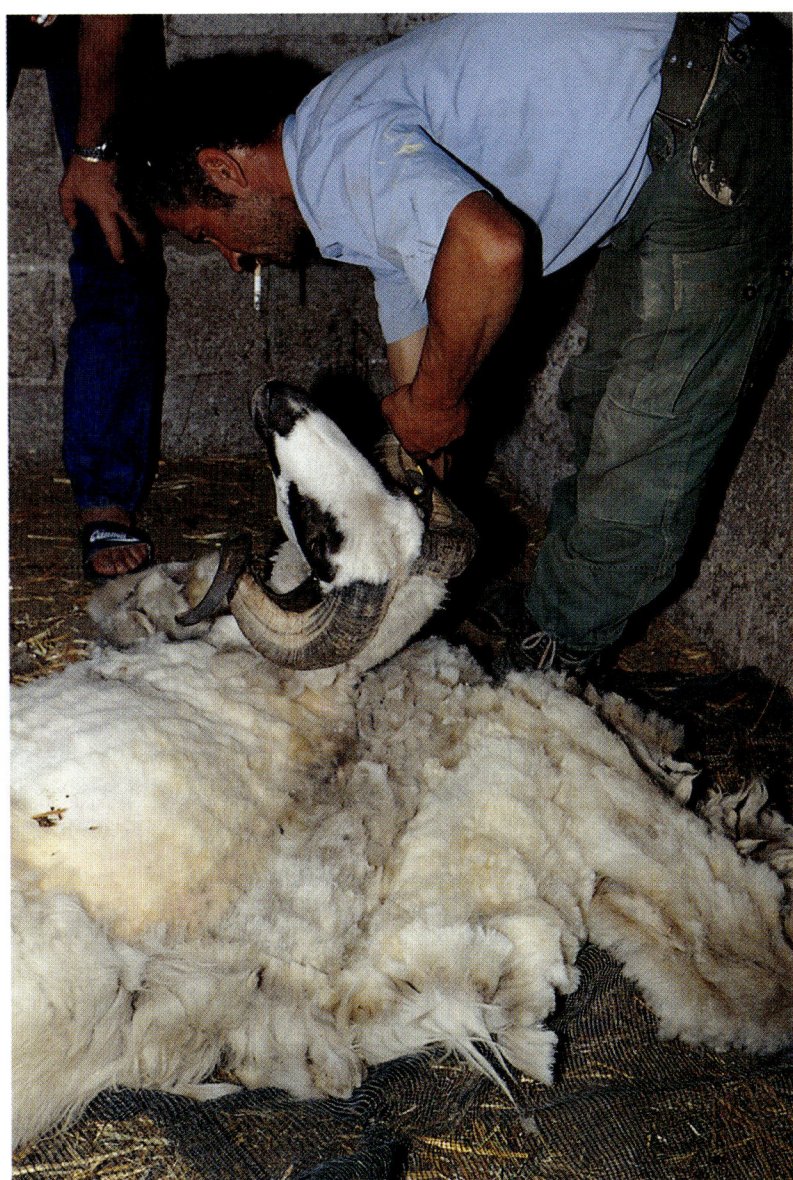

MARIENDISTEL

Silybum marianum

Ihre roten Blütenkissen an hohen, stacheligen Stengeln sind in der dürren Sommerlandschaft ein erfreulicher Schmuck. Eine hübsche Legende will wissen, daß die Blätter der Distel ihre weißen Flecken erhielten, als Maria das Jesuskind stillte und Milchtropfen auf die Distel fielen. Die Blütenknospen sehen aus wie kleine Artischocken. Tatsächlich sind sie eßbar und schmecken ähnlich wie diese. Nur die Ernte ist erheblich mühseliger.

Blühende Artischocke (links), Mariendistel (rechts)

Archäologie

Wenn auch die Archäologie nicht unbedingt eine Brauchtumserscheinung ist, so gehören die archäologischen Entdeckungen zu Griechenland wie der Wein, die Oliven, die Kirche oder das Meer. Welcher Grieche ist nicht stolz auf seine Akropolis, wenn er sie vielleicht auch nie gesehen hat, oder auf das Grab Philipps II. von Makedonien, dem die vielgerühmte und vielumstrittene sechszehnstrahlige makedonische Sonne entstammt? Jedes Schulkind in Griechenland hört von Heinrich Schliemann und Sir Arthur Evans, und wenn auch die Details, wie das mit Schul-

wissen so der Fall ist, wieder in Vergessenheit geraten: Der Stolz auf die große Vergangenheit der Heimat prägt jeden Griechen.

Diese Vergangenheit macht den modernen Griechen jedoch das Leben nicht besonders leicht, blickt doch das übrige Europa mit kaum verhohlenem Neid darauf. Und, was jedenfalls für den „kleinen Mann" noch viel schwieriger zu verarbeiten ist, erwartet doch der Fremde von jedem griechischen Bauern und Fischer, daß er ein unmittelbarer Nachfahre von Platon, Sokrates oder Aristoteles ist. Ganz besonders dann, wenn dieser Bauer oder Fischer einen dieser anspruchsvollen Namen trägt. Wer Apollo heißt, muß unweigerlich schön sein, von einer Artemis wird eine Mischung aus Sportlichkeit und Liebreiz erwartet, und die Aphrodite muß das Idealbild weiblicher Vollkommenheit darstellen. Daß gegen eine moderne Griechin mit Namen Kassandra Vorurteile bestehen, versteht sich von selbst.

Es liegt auf der Hand: Schon die Tradierung der antiken Namen vom Großvater auf den Enkel bis in die Gegenwart beweist den Stellenwert der alten Geschichte und in deren Folge der Archäologie im griechischen Alltag.

Die Geschichte der Archäologie beginnt mit Johann Joachim Winckelmann, dem Wiederentdecker der antiken Kunst, Mitte des 18. Jh. Obwohl er selbst nie die Möglichkeit hatte, griechische Altertümer im Original zu betrachten, weil er auf dem Weg zu seiner ersten Griechenlandreise im Jahr 1768 in Triest ermordet wurde, stammt von ihm doch der berühmte Ausspruch von der *„edlen Einfalt und stillen Größe"* griechischer antiker Kunst. Mit seinem Hauptwerk *„Geschichte der Kunst des Altertums"* von 1764 lenkte er die Aufmerksamkeit europäischer Kunstliebhaber auf das unter osmanischer Herrschaft in Vergessenheit geratene Griechenland. Ein nicht abreißender Strom von „Kunstkennern" aus allen Teilen Europas setzte sich in Richtung Griechenland in Bewegung.

Welcher Art ihre Liebhaberei und Kenntnis griechischer Kunst war, sei am Beispiel des englischen Lord Elgin erläutert.

Thomas Bruce Earl of Elgin war seit 1798 britischer Botschafter in Konstantinopel. Als leidenschaftlicher Altertumsfreund nützte er diese Stellung, beim Sultan die uneingeschränkte Erlaubnis zu erwirken, Antiken aus Griechenland zu erwerben und abzutransportieren, wovon seine Beauftragten massiven Gebrauch machten. Unersetzbare Verluste sind beim unsachgemäßen Abbau und Transport entstanden. Doch fast der gesamte Parthenon-Fries, erhebliche Teile der Parthenon-Skulpturen, der Fries des Apollo-Tempels von Bassai, um nur einige zu nennen, traten so den Weg nach England an. Nur der Empörung in der europäischen Kunstwelt ist es zu danken, daß Elgin zwar die Rechtmäßigkeit seiner Erwerbungen zugestanden wurde, er aber gleichzeitig gezwungen wurde, seine

Sammlung (mit Verlust) an den britischen Staat zu verkaufen, wodurch sie wenigstens für die Weltöffentlichkeit erhalten blieb.

Der Ausverkauf Griechenlands hielt an. Als im Jahr 1820 ein Bauer auf der Kykladeninsel Milos die wunderschöne Marmorstatue der *„Venus von Milos"* entdeckte, wanderte diese geradewegs in den Louvre von Paris. Ein zwar ehrlicher Freund und Gönner des Landes war König Ludwig I. von Bayern, was ihn jedoch nicht hinderte, alles, was nicht niet- und nagelfest war, in Griechenland für seine Kunstsammlung zu erwerben. Zu diesem Zweck unterhielt er einen Beauftragten, den Bildhauer Johann Martin Wagner, den er als Agenten zunächst nach Rom, dann nach Griechenland schickte. Die bedeutendste Erwerbung waren die Aigine-

Karyatide von der Akropolis. Von Lord Elgin nach London entführt

Olympia – unter den Ruinen einer frühchristlichen Kirche wurden die Reste der Werkstatt des Bildhauers Pheidias identifiziert

ten, die Giebelskulpturen des Aphaia-Tempels von Aigina. In seiner Haupt- und Residenzstadt München errichtete Ludwig geeignete Ausstellungsräume. Die Glyptothek und die Staatliche Antikensammlung sind das bleibende Ergebnis. Zur Ehrenrettung muß gesagt werden, daß Ludwig alles legal erwarb und dank seiner Fachleute auch mit der gebotenen Umsicht vorging. Er hat seine Erwerbungen wohl auch vielfach bezahlt, als die europäischen Großmächte im Griechenland des Jahres 1833 einen moderaten König brauchten und den Sohn Ludwigs, Otto, zum griechischen Monarchen erkoren. Nicht nur, daß Ludwig schon zuvor auf eigene Kosten bayerische Truppen in den Freiheitskampf seines geliebten Griechenland gegen die Osmanen geschickt hatte, er half auch seinem Sohn Otto oft genug aus prekärer finanzieller Staatssituation, in die ihn die Europäer schlittern ließen. Und Otto selbst, als er längst nicht mehr König war, unterstützte aus seiner Privatschatulle den kretischen Freiheitskampf von 1866 gegen die auf der Insel andauernde Osmanen-Herrschaft.

Die eigentliche Geschichte der Archäologie beginnt jedoch erst mit Heinrich Schliemann, dem Fantasten aus Ankershagen. Denn alles Vorhergegangene, seien es die Ausgrabungen auf Aigina vor Athen, seien es die Ausgrabungen beim Apollo-Tempel von Bassai auf der Peloponnes, war mehr oder weniger dilettantische Schatzsucherei.

Dilettantismus allerdings werfen noch heute viele Fachleute Heinrich Schliemann vor, der andererseits wieder euphorisch als „Vater der Archäologie" apostrophiert wird.

Schliemann war beides. Aus dem kleinen Jungen, der Homers Ilias las und überzeugt war, daß es sich um reale Geschichte handle, wurde ein Mann, der seinen Kindheitstraum, dieser Geschichte auf den Grund zu gehen, um jeden Preis realisieren wollte. Es grenzt an ein Wunder, daß dies dem armen Kaufmannssohn gelang. Zielbewußt häufte er Vermögen an, lernte insgesamt 15 Sprachen, fuhr 1870 nach Kleinasien und grub Troja aus. Er war inzwischen 48 Jahre alt. Daß er nach so vielen Jahren der Vorbereitung bei den Ausgrabungsarbeiten etwas hastig vorging und alles, was ihm nicht „trojanisch" erschien, einfach beiseiteschob, sollte man ihm nachsehen. Vor allem schon deshalb, weil es noch keine

*Das römische
Odeon von
Gortys, Kreta*

Wissenschaft der Archäologie gab, weil Schliemann keine Fachwelt hatte, an der er sich orientieren konnte. Ihm ging es einzig um den Beweis, daß das homerische Troja, ca. um 1200 v. Chr., wirklich existiert hatte. Es blieb ihm versagt zu erfahren, daß er mit seiner Entdeckung des vermeintlichen Schatzes des Priamos in eine mindestens tausend Jahre frühere Epoche vorgedrungen war.

Ordnung in das von Schliemann angerichtete Chaos in Troja brachte der seit 1877 in Olympia auf der Peloponnes grabende Architekt Wilhelm Dörpfeld. Ab 1882 wurde er Mitarbeiter Schliemanns. Er ging, beeinflußt von seinem Beruf, systematisch vor, berücksichtige Grabungsschichten und Fundgemeinschaften und entwickelte eine archäologische Ordnung.

Nun begannen sich die Ereignisse in der archäologischen Forschung zu überschlagen. Von 1870 bis 1882 hatte Schliemann in Troja gegraben. Im Jahr 1876 wandte er sich zusätzlich Mykene zu und entdeckte die Königsgräber. *„Ich habe Agamemnon ins Antlitz geblickt"*, lautete sein euphorisches Telegramm an König Friedrich II. von Preußen, als er die erste mykenische Goldmaske barg. Auch hier verkalkulierte er sich in der Zeit. Er woll-

te unbedingt die Helden der Ilias finden und fand deren Vorfahren. Als Schliemann im Jahr 1890 unerwartet in Neapel verstarb, setzte der inzwischen zum Leiter des Deutschen Archäologischen Instituts in Athen avancierte Wilhelm Dörpfeld die Arbeiten in Troja fort.

Fast gleichzeitig, nämlich 1878, wurde auf Kreta ein Mann namens Minos Kalokairinos in Knossos fündig und legte, ziemlich ahnungslos, was er eigentlich gefunden hatte, Teile des Palastes des Minos frei, nachdem schon seit dem 16. Jh. Reisende aus ganz Europa die Insel topographisch erforscht und historische Stätten lokalisiert hatten. Schliemann, der auch an Kreta und dem Minos-Palast interessiert gewesen war, war mit den auf Kreta noch immer anwesenden osmanischen Herren nicht handelseinig geworden.

Dort taten sich nun andere hervor. Im Jahr 1878 wurde der *„Verein der Bildungsfreunde"* gegründet. Sein führender Kopf, der Kreter Joseph Chatzidakis, war weltoffen und arbeitete bald mit dem äußerst tatendurstigen Italiener Federico Halbherr zusammen. Gemeinsam gruben sie 1885 in der Zeus-Höhle im Ida-Gebirge. Bald darauf erkannte Halbherr die Be-

Der Parthenon, Tempel der jungfräulichen Athena

deutsamkeit der römischen Stadt Gortys. Aber auch Amnisos, die Eileithyia-Höhle, die Kamares-Höhle u.v.a. wurden entdeckt.

Doch noch gab es keine Minoische Kultur auf Kreta. Alle Funde wurden in die von Schliemann geöffnete mykenische Schublade gesteckt. Bis eines Tages ein unbekannter Außenseiter auf der archäologischen Bühne erschien: Arthur Evans (der „Sir" wurde ihm erst später für seine Verdienste um Knossos verliehen). Dieser Engländer hatte ein ausgefallenes Hobby. Ihn interessierten alte Schriften. Als auf Kreta unbekannte Schriftzeichen auf Siegeln auftauchten, reiste er im Jahr 1894 auf die Insel. Seine Forschungen führten ihn bis in die Dekolletés der einheimischen Frauen. Denn die Kreterinnen trugen die alten Siegelsteine mit den geheimnisvollen Zeichen als Amulette um den Hals, weil sie glaubten, sie zauberten Milch für ihre Säuglinge herbei. Auf den Spuren dieser „Milchsteine" kam Evans nach Knossos. Er wurde mit den Osmanen handelseinig bzw. verließen diese im Jahr 1898 die Insel.

Von 1900 bis 1904 legte Arthur Evans den Palast des Minos von Knossos frei und erkannte, daß er es hier mit einer völlig neuen, von der mykenischen und allen bislang bekannten abweichenden Kultur zu tun hatte. Der einzige Anhaltspunkt, der sich bot, war die Sage um König Minos, und flugs taufte Evans die neue Kultur „die Minoische", als die wir sie bis heute kennen.

Ebenfalls 1894 begannen die Italiener unter A. Taramelli mit den Ausgrabungen von Phaistos, die ab Ende 1900 von L. Pernier fortgesetzt wurden.

Doch zurück zu König Otto I. von Griechenland, zu seinem philhellenischen Vater und zu dem seit 1830 von den Osmanen befreiten Teil des Landes.

Wenn es sich auch nicht um archäologische Forschung im eigentlichen Sinn handelt, so ist doch die Wiederherstellung und die Konservierung der Altertümer Athens das Verdienst Ottos I. und Ludwigs. Der Münchner Architekt und Hofbauintendent Leo von Klenze wurde bereits im Jahr 1834 von Ludwig nach Athen geschickt. Unter seiner Regie wurde die Akropolis von allen fremden Über- und Verbauungen, die sie als fränkischer Palast und osmanische Garnison erlitten hatte, befreit. Von 1835 bis 1839 setzten Architekten den in die osmanische Befestigung verbauten Niketempel Stein für

Stein wieder zusammen. Den letzten Fremdkörper auf der Akropolis, den sogenannten Frankenturm, einen Wehrturm aus dem 14. Jh., ließ Schliemann auf seine Kosten entfernen.

Angeregt durch die Erfolge Schliemanns begannen nun überall Ausgrabungen großen Stils. Französische Archäologen gruben ab 1873 auf der Insel Delos im Apollo-Heiligtum und ab 1880 in dem ebenfalls dem Apollo geweihten Heiligtum von Delphi, wozu ein ganzes Dorf umgesiedelt werden mußte. Schliemann und Dörpfeld dehnten ihre Arbeiten 1884/85 von Mykene nach Tiryns aus, Schliemann engagierte sich obendrein in Orchomenos in Boiotien und Dörpfeld auf der ionischen Insel Lefkas. Hier suchte er zu beweisen, daß sie das alte Ithaka, die Heimat des Odysseus, war. Im Jahr 1908 begann Th. Wiegand mit der Erforschung der Polykrates-Insel Samos, dem Geburtsort des Pythagoras. Ab 1912 begannen Ausgrabungen unter italienischer Regie auf den Dodekanes-Inseln Kos und Rhodos. 1915 entdeckte der noch immer auf Kreta aktive Joseph Chatzidakis den dritten Minoischen Palast in Malia.

Bis zum Beginn des Zweiten Weltkriegs dauerten in ganz Griechenland die Ausgrabungen an. In Troja setzte von 1932 bis 1938 der Amerikaner Blegen neue Maßstäbe. In Olympia wurden die Arbeiten Dörpfelds fortgesetzt. Neue Fundstätten kamen hinzu. Eine wesentliche Entdeckung aus dieser Zeit ist der sagenumwobene Palast des Nestor in Messenien auf der Peloponnes.

Die Beschreibungen des Herodot, vor allem aber die des ersten Fremdenführers der Geschichte, Pausanias, leisteten bei der Lokalisierung historischer Stätten unersetzliche Hilfe. Oft spielten auch zufällige Oberflächenfunde eine entscheidende Rolle. Nun füllten sich die griechischen Museen, vor allem das unter dem Architekten Ernst Ziller 1891 fertiggestellte und inzwischen mehrmals erweiterte Nationalmuseum Athen, das größte archäologische Museum der Welt.

Während des Zweiten Weltkriegs kam, wie so vieles, auch die archäologische Forschung in Griechenland zum Stillstand und schlummerte wegen innergriechischer Schwierigkeiten (Bürgerkrieg bis 1949) sogar bis Anfang der fünfziger Jahre. Dann wurden überall die Arbeiten wieder aufgenommen. Einer Sensation kam im Jahr 1953 die Entzifferung der Linear-B-Schrift gleich. Arthur Evans in Knossos

*Im Minoi-
schen Palast
von Kato Za-
kros, Kreta*

*In der minoi-
schen Stadt
Akrotiri auf
Santorin*

und in der Folge andere Forscher in Theben, Mykene, und Pylos hatten die Ton-
täfelchen mit diesen Schriftzeichen entdeckt, die schließlich ein englischer
Nachrichtenoffizier mit Namen Michael
Ventris in Zusammenarbeit mit dem Hi-
storiker John Chadwick als zu einem sehr
alten griechischen Dialekt gehörend erkannte.

Im Jahr 1961 führten Chefarchäologe
Zufall und der ausgeprägte Spürsinn des
Fachmannes den Archäologen Nikolaos
Platon zur Entdeckung des vierten Minoischen Palastes auf Kreta in Kato Zakros,
wo, da der Palast seit seiner Zerstörung
um die Mitte des 2. Jt. v. Chr. unter einer
dicken Schuttschicht verborgen geblieben
war, sensationelle Funde zutage kamen.

Noch sensationeller, weil mit kilo-
grammschweren Goldfunden verbunden,
war die Entdeckung der makedonischen
Königsgräber in Vergina durch Manolis
Andronikos im Jahr 1977. Auch diese
Gräber von König Philipp II. und seiner
Frau Olympia, den Eltern Alexanders des
Großen, waren nicht geplündert gewesen.
Sie enthielten prachtvolle Grabbeigaben;
Goldobjekte, wie sie seit Troja und Myke-
ne nicht mehr entdeckt worden waren.

Nicht minder sensationell, war die Entdeckung der minoischen Handelsnieder-
lassung auf der Kykladen-Insel Santorin:
Akrotiri. Spyridon Marinatos, der schon
1936 auf Kreta gearbeitet hatte, nahm
Hinweise aus der Zeit der Jahrhundert-
wende auf, als Hiller von Gaertringen auf
Santorin die dorische Stadt Thera ausge-
graben hatte. Im Jahr 1973 entdeckte
Marinatos eine unter meterdicker Bims-

steinschicht verborgene minoische Stadt mit bis zu dreistöckigen Häusern und allen zivilisatorischen Einrichtungen einer modernen Siedlung, die offensichtlich rechtzeitig vor einer gewaltigen Naturkatastrophe von den Menschen verlassen worden war; denn weder Skelette noch Wertgegenstände waren vorhanden. Marinatos war es nur bis 1976 gegönnt, an seinem Lebenswerk zu arbeiten. Dann ereilte ihn, 76jährig, der Tod durch herabfallendes Mauerwerk in der Ausgrabungsstätte.

Doch die Arbeiten dauern an, wie sie überall andauern und den Archäologen fast täglich neue Überraschungen bescheren. Wie auf Kreta, wo Iannis Sakellarakis im Jahr 1979 am Fuß des Iouchtas ein dreischiffiges, mittelminoisches Heiligtum (um 1700 v. Chr.) entdeckte, das zur Überraschung der Fachwelt ein Menschenopfer enthielt. Eine andere Ausgrabung ganz in der Nähe, auf dem Hügel Phourni, hält Sakellarakis bereits seit 1965 in Bann, wo sich damals eine vermeintliche Lagerhütte der Bauern als mykenisches Tholosgrab erwies und – bis heute – in dessen Umgebung immer neue, von 2500 bis 1400 v.Chr. reichende Grabstätten zum Vorschein kommen, die wertvolle Funde beinhalten.

Dieser bei weitem unvollständige Einblick in die Geschichte der Archäologie Griechenlands verdeutlicht, welchen Wert sie für die Menschen hat. Nicht nur, daß sie das Bewußtsein ihrer Vergangenheit und der Besitz unermeßlicher – beileibe nicht nur materieller – Reichtümer stolz macht. Ungezählt sind die Menschen, die durch die Archäologie Arbeit und Brot fanden in Zeiten, als es dem Land ungleich schlechter ging als heute.

Aber auch in der Gegenwart zählen die Arbeitsplätze in den Ausgrabungen, als Aufseher in den archäologischen Stätten und Museen, zählt vor allem als wirtschaftlicher Faktor für das Land der Tourismus, den neben Sonne und Meer und anderer Lebensart auch die Geschichte, sprich: die Sehenswürdigkeiten ins Land führen.

Rosmarin

ROSMARIN
Rosmarinus officinalis

Die modellhaft kleinen Kirchen aus Blech oder Stein am Wegrand heißen im Griechischen *ikonostasio* und dienen als Wegweiser zu einer Kirche oder einem Kloster oder aber sie erinnern, ebenso wie die Marterl in den Alpenländern, an einen tödlich Verunglückten. Die Ikonostase, die Bilderwand zwischen dem Altarraum und dem Gemeinderaum in der orthodoxen Kirche, heißt im Griechischen *templon*.

Rosmarin war der Weihrauch der Alten in Ländern, wo es den echten Weihrauch (Gummi olibanum, griech. *livani*) nicht gab. Wohl deshalb heißt der Rosmarin im Griechischen auch *dendro-livano*, Baumweihrauch. Aphrodite soll ihn den Menschen geschenkt haben. Bei religiösen Ritualen wurden Rosmarinzweige auf dem Altar verbrannt, damit der duftende Rauch zu den Göttern emporsteige. Der religiösen Tradition folgend finden sich Rosmarinsträucher, oft regelrechte Bäume, in Klostergärten und Kirchhöfen oder schmücken ein *ikonostasio* am Straßenrand. Rosmarin war stets auch ein Symbol der Treue und wird noch gelegentlich bei Hochzeiten und Beerdigungen als Schmuck verwendet. Nicht zuletzt sind seine schmalen, nadelartigen Blätter ein beliebtes Gewürz für Huhn, Lamm und Fisch.

*Das Wein-
baugebiet
Malevision
auf Kreta*

Weinernte – Keltern und Destillieren

Wein nach Kreta bringen hieße, Eulen nach Athen tragen. Übrigens: Es handelt sich dabei nicht um den Vogel, sondern um die antike Münze, die mit der Eule, dem Symbol der weisen Göttin Athene, geschmückt war. Davon hatte Athen im goldenen Zeitalter des Perikles im Überfluß. Denn es beutete schamlos die griechischen Stadtstaaten aus, die seit 477 v. Chr. im Attischen Seebund unter der Hegemonie Athens zusammengeschlossen waren.

Gleichwohl, ein deutscher Urlauber, Weinhändler von Beruf, brachte seinem Hotelier und langjährigen Freund eine Flasche edlen Bordeaux mit nach Kreta. Er war entsetzt, als die Flasche, entgegen seiner Anweisung, sie kühl und liegend aufzubewahren, am andern Tag noch immer neben dem Fernseher prangte. Er vergaß, daß auch bei uns ein Geschenk, so der Beschenkte ein wenig Takt besitzt, nicht sofort in der nächsten Schublade verschwindet und verstieg sich zu der Behauptung, die Griechen verstünden

nichts vom Wein. Dann setzte er noch eins drauf: *„Sie haben alle Voraussetzungen, guten Wein zu produzieren. Sie brauchen sich nur an uns zu orientieren."* Bleibt zu bemerken, daß besagter Weinhändler einer Generation entstammt, die mit dem Slogan groß geworden ist: *„Am deutschen Wesen soll die Welt genesen."*

Aber die Überheblichkeit reicht über die deutschen Grenzen hinaus. Wird doch behauptet, das Rhône-Tal sei die Wiege des europäischen Weinbaus. Wenn sie wenigstens sachlich genug wären zu sagen, des westeuropäischen Weinbaus. Denn es ist ein offenes Geheimnis, daß es Dionysos war, der die Griechen den Weinbau lehrte. Will man den Gelehrten glauben, so kam dieser Dionysos mit seinem Kult aus Thrakien oder Nordwest-Kleinasien im 6. Jh. v. Chr. zu den Griechen, zu einer Zeit also, als es in unserem Sprachgebrauch noch gar kein Wort für Wein gab. Das Kultivieren der wilden Weinrebe und das Keltern von Wein reicht im östlichen Kleinasien sogar in das frühe

3. Jt. v. Chr. zurück. Das Wort Wein stammt vom altgriechischen *oinos*, das in der Fachsprache der griechischen Winzer nach wie vor gebräuchlich ist. Die Römer machten daraus *vino* und die Germanen schließlich den Wein. Das umgangssprachliche griechische Wort *krasi* für Wein entstand aus *oinos akratos* = unvermischter Wein, wie ihn die Götter tranken.

Was den orgiastischen Gott Dionysos und das 6. Jh. v. Chr. anbelangt, so haben selbst die Griechen damit gewisse Schwierigkeiten. Denn schon Homer erwähnt ihn, und der war bekanntlich Anfang des 7. Jh. v. Chr. als Rhapsode tätig. Aber mehr noch: In der Überlieferung der antiken Autoren ist Dionysos als Zagreus das göttliche Kind, das von den Titanen zerrissen und gekocht wird und das die Göttermutter Rhea wieder zum Leben erweckt. Jene Göttermutter, die dann auch auf Kreta die Mutter des olympischen Göttervaters Zeus wird. Den vorgeschichtlichen Mythos von Dionysos-Zagreus verpflanzten die Alten nach Kreta. Der mächtige Zeus des Olymp schließlich war für sie der „kretageborene", derjenige, der in der Höhle im Ida-Gebirge geboren und dort von der Muttergöttin Rhea vor

seinem grausamen Vater Kronos verborgen wurde. Nach anderer Meinung soll er in der Dhiktäischen Höhle über der Lasithi-Ebene geboren und in der Ida-Höhle aufgewachsen sein. Dieser Zeus wurde durch die phönikische Prinzessin Europa Vater des Minos, dieser wiederum Vater der Ariadne und – so schließt sich der Kreis: Ariadne, von Theseus schmählich verlassen, heiratet auf der Insel Naxos Dionysos, den Zeus ein zweites Mal geboren hat. Denn nach einem anderen Mythos war Semele, eine Tochter des thebanischen Königs Kadmos und somit Cousine der Europa, von Zeus, der über selbige Europa ihr Schwipp-Cousin war, schwanger. Sie verstieg sich dazu, ihren geheimnisvollen Geliebten in seiner göttlichen Gestalt sehen zu wollen und wurde von seinem Blitz getötet. Den Embryo Dionysos trug der Göttervater in seinem Schenkel aus.

Auf Kreta wurde aus dem Vegetationsgott Dionysos-Zagreus, der starb und wiedergeboren wurde, der unsterbliche Zeus, in dem die Kreter sinnigerweise ebenfalls einen Gott sahen, der jährlich wiedergeboren wurde. Seinen Kult feierten sie fast 2000 Jahre lang – von ca. 1800 v. bis ca. 200 n. Chr. – in der Höhle am Ida; sein

Zuckersüße, kernlose Sultaninen

117

Grab zeigten sie auf dem Berg Iouchtas. Deshalb auch nannte der Weise Epimenides aus Knossos die Kreter schon im 6. Jh. v. Chr. alle Lügner, was der Apostel Paulus in die christliche Zeit kolportierte, ohne allerdings das Warum hinzuzufügen. Dionysos selbst kennt die kretische Überlieferung zwar als Gatten der Lichterkönigin Ariadne und bis in römische Zeit als Gott des Weines, wovon ein Mosaik in Knossos zeugt. Die orgiastischen Kulte des Festlandes haben auf der Insel jedoch nie Einzug gehalten.

Gleichwohl ist die Erinnerung an Dionysos lebendig. Die *„Kleinen Dionysien"*, ein Fest, das mindestens seit klassischer Zeit auf dem Festland Anfang November begangen wurde, wenn die *pithoi* mit dem jungen Wein geöffnet wurden, hat irgendwann in christlicher Zeit ein kretischer Lokalheiliger namens Georg übernommen. Er feiert am 3. November seinen Namenstag, und an diesem Tag öffnen noch heute diejenigen Winzer, die nach traditionellen Methoden keltern, voller Spannung auf Kreta ihre Weinfässer. Dem Heiligen haben sie einen besonderen Namen gegeben. Sie nennen ihn *Agios Georgios o methytis*, den Betrunkenen. Warum, das bleibt das Geheimnis der Kreter.

Eine minoische Weinpresse (Patitiri). Vathypetro, Kreta, 16. Jh. v. Chr.

Weshalb ich dem eingangs genannten deutschen Weinhändler so kritisch gegenübersehe? Nicht nur wegen seiner Überheblichkeit, auch wegen seiner Ahnungslosigeit. Denn mit ein klein wenig Interesse an Kretas großer Vergangenheit hätte er schnell erfahren können, daß mindestens seit dem 16. Jh. v. Chr. auf der Insel Wein gekeltert wird. Vor allem im mittleren Kreta, aber auch im Osten wur-

de von den Archäologen eine Reihe von minoischen Weingütern entdeckt, die mitten in modernen Weinbaugebieten liegen. Sogar der terrassierte Anbau konnte stellenweise bis in minoische Zeit zurückverfolgt werden. Überflüssig zu fragen, was damals in „Germanien" oder im Rhône-Tal los war.

Das schönste Beispiel ist das Weingut von Vathypetro, wenige Kilometer südlich des Weinstädtchens Archanes, das heute unter Kennern international einen guten Namen hat. Ringsum liegen gepflegte Weinberge, die hinüberreichen bis nach Peza, einem weiteren, heute namhaften kretischen Weinbaugebiet. Vom minoischen Weingut Vathypetro aus dem 16. Jh. v. Chr. sind nicht nur die Grundmauern eines ausgedehnten landwirtschaftlichen Gutshofes mit Wohn- und Wirtschaftsgebäuden sowie Heiligtum (Hauskapelle!) erhalten. In einem Raum, der vom Spaten der Archäologen ans Licht geholt wurde und dessen Mauern fast mannshoch erhalten sind, kamen insgesamt sechzehn herrliche *pithoi* zutage, von denen einige vollständig erhalten waren – die Weinfässer der Minoer. Ein anderer, ebenfalls gut erhaltener Raum enthielt zur Überraschung der Wissenschaftler eine vollständige Weinpresse in situ. Aus einem runden, tönernen Bottich, in dem die Trauben gepreßt wurden, floß der Most in ein tieferstehendes Tongefäß, aus dem er in die großen Tonkrüge gegossen wurde. Sogar ein Becken, in dem sich die Frauen oder Männer, die die Trauben stampften, die Füße wuschen, ist vorhanden. In den *pithoi* erfolgte die Gärung. Der auf diesem direkten Weg gewonnene Wein war stark. Trotzdem weigerten sich die Kreter – und weigern sich bis heute –, dem Wein Wasser beizumischen. Die klassischen Griechen tranken nämlich den Wein nie ungemischt, vielmehr nannten sie all jene Barbaren, die das Gesetz 1/3 Wein – 2/3 Wasser mißachteten. Wie sie es insoweit mit den kretischen Griechen hielten, ist nicht bekannt.

Es würde zu weit führen, hier alle traditionellen griechischen Weinbaugebiete aufzuführen, die mindestens bis in klassische Zeit nachweisbar sind. Es sei nur erwähnt, daß zahlreiche griechische Weine von Kreta bis Makedonien mit hohen internationalen Auszeichnungen weltweit ihre Konkurrenzfähigkeit beweisen.

Die minoische Art des Kelterns hat sich bis heute erhalten. Als Mitte August auf Kreta die Weinernte anfing, machte ich

mich auf die Suche, denn ich wollte rechtzeitig zur Stelle sein, wenn das Treten im *patitiri* begann. „*Patitiri? Das gibt es nicht mehr*", sagten mir die Weinbauern der näheren Umgebung. Aber ich begriff rasch. In der Mesara waren sie hauptsächlich Sultaninenbauern, diejenigen, die die zuckersüßen, kernlosen, kleinen weißen Trauben kultivieren, die sie nach der Lese waschen und etwa zwei Wochen, entweder auf Drahtgerüsten aufgehängt oder auf dem Boden ausgebreitet, an der Sonne trocknen lassen. Diese werden dann in einer zentralen Verwertungsanlage noch einmal gewaschen, getrocknet, geschwefelt, verpackt und als Sultaninen in alle Welt exportiert. Auf die gleiche Art produzieren die Weinbauern der Peloponnes ihre Korinthen. Allerdings hat sich seit der Antike das Zentrum des Anbaus der zuckersüßen, schwarzen Trauben aus dem Bezirk Korinth, woher sie ihren Namen haben, nach Messenien verlagert, wo sie von Kalamata aus exportiert werden.

Die Sultaninenbauern auf Kreta wissen nicht mehr viel vom Keltern. Doch der eine oder andere hat sein Hauspatent. Wie das funktioniert, erlebte ich im Bezirk Malevision, südwestlich von Heraklion,

der seit der Venezianer-Herrschaft (1208–1669) bis heute für seinen schweren Wein berühmt ist. Die Venezianer gingen sogar soweit, ihre eigenen Weine mit dem kretischen zu verschneiden und Malvasier zu nennen. Ihren Zwischenhafen auf dem Weg Kreta – Venedig, Monemvasia an der Ostküste der Peloponnes, nannten sie Napoli di Malvasia.

Als *patitiri* dient ein Kleinlaster, dessen Ladefläche der Winzer mit einer Nylonfolie auslegt. Hier werden die Trauben mit

Bei der Weinernte

Die Sultaninen werden zum Trocknen ausgebreitet

bloßen Füßen getreten. Über die raffiniert gefältelte Folie fließt der Most in ein Gefäß, wo er einige Tage bleibt, damit sich Unreinheiten absetzen. Erst dann wird er zur Gärung in ein Faß abgefüllt. „Du hörst es", sagte mir der Bauer. „Es kocht, wie wenn Du einen Wasserkessel auf dem

Behelfs-Patitiri auf dem Lastwagendeck

In riesigen Containern gärt der Most

Herd hast, Wenn es aufhört zu kochen, nach ungefähr einem Monat, ist der Wein fertig." Das ist ziemlich genau um den 3. November; denn die Ernte der Keltertrauben erfolgt ziemlich spät, damit sie viel Zucker anreichern. Dann erklärte er mir noch, wie der Wein seine Farbe bekommt. Denn weiße oder rote Trauben – der Most ist weiß oder bestenfalls rosé. Die Farbe kommt von der Schale. *„Du mußt unter die Treber eine Lage schwarzer Trauben geben, sie treten und den Most darübergießen. Je nachdem, wie dunkel der Wein sein soll, läßt Du ihn so einige Stunden oder eine ganze Nacht stehen, bevor Du den Most wieder abfließen läßt."*

Zum Abschied füllte er mir eine große Plastiktüte mit herrlichen weißen Trauben und einen Brotzeitbeutel mit Sultaninen – ungeschwefelt!

Vorbelastet mit diesen Kenntnissen fuhr ich in das Weindorf Daphnes, ein weiteres bekanntes Weinbaugebiet, das ebenfalls im Nomos Heraklion liegt. Zwanzig Gemeinden bauen hier auf ca. 400 ha Fläche Wein an. Ich war zwischenzeitlich beim Gemeindesekretär angemeldet worden. Nach dem üblichen Begrüßungskaffee und einer beinahe an Inquisition grenzenden Fragestunde, an der einige Dorfbewohner beteiligt waren – männliche, versteht sich –, wurde ich zu einem Weinbauern begleitet, dessen Anwesen ein wahres Volkskundemuseum war und hoffentlich bleiben wird. Vom steinernen Waschtrog mit Waschbrett über Handpflug bis Getreidesieb und Teigwanne war alles vorhanden. Selbstverständlich auch alles, was zum ordentlichen Keltern notwendig ist. Doch zuerst mußte ich den hausgebrannten Raki und den selbstproduzierten Schafskäse versuchen, was mich beinahe um meine Standfestigkeit in bezug auf die bevorstehenden Fotoarbeiten fürchten ließ. Dann flogen mir Begriffe um die Ohren, bis ich am Ende eine perfekte kretische Winzerin war.

Also: Vom *patitiri* fließt der *moustos* in das *docheio*. Nach einem Monat, das ist eigentlich die Zeit, zu der die Alten schon ihre Fässer öffneten, wird er in das *vareli*, das Faß, abgefüllt. Früher erfolgte dies per *asky*, Ziegenschlauch, heute bedient man sich profaner Eimer und natürlich, wie immer, eines Trichters. Den allerdings brauchte man im minoischen Kreta nicht, denn die *pithoi* hatten eine weite Öffnung, die mit einer Steinplatte zu verschließen war. In großen Kellereien geschieht das Umfüllen per Pumpe, die den Most in den

Gärcontainer befördert, von wo der Wein in Flaschen oder – der Landwein – in Kanister oder Fässer abgefüllt wird. In „meiner" Kellerei gab es drei solcher Container mit einem Fassungsvermögen von je zehn Hektolitern. Eine kleine Kellerei, die nur Landwein produziert.

Das Faß muß selbstverständlich vor dem Füllen gründlich gereinigt werden. Die Sauberkeitsprüfung erfolgt mit der *apeiriastra*, einem an einem Draht befestigten, mit Schwefel getränkten Stoffstreifen, der angezündet und durch den Spund in das Faß gehalten wird. Ist das Faß sauber, verbrennt der Schwefel, gleichzeitig werden alle eventuell vorhandenen Bakterien getötet und der Wein haltbar gemacht. Das Retsinieren mit dem Harz der Strandkiefer kam auf Kreta, im Gegensatz zum griechischen Festland, nie zur Anwendung. Die eigentliche Heimat des Retsina-Weines ist die Mesogion-Ebene östlich von Athen, jenseits des Hymettos.

Im Container wird der Wein der Gärung überlassen, und zwar in diesem Fall wegen der Menge drei Monate lang, anders als der hausgemachte vom Lastwagendeck. Auffallend ist dabei, daß die Weinprobe mit dem *klephtys*, dem Dieb, einem

konischen Kännchen an einem Draht, zu einer Zeit erfolgt, zu der im antiken Griechenland die „*Großen Dionysien*" gefeiert wurden, nämlich im Februar / März. Doch wie dieses Fest mit der antiken Kelter zusammenhängt, läßt sich heute nicht mehr nachvollziehen.

Natürlich wollte ich mit eigenen Augen sehen, wie das Pressen der Trauben mit bloßen Füßen vor sich geht. Dazu mußte ich am Abend noch einmal in Daphnes anreisen. Weil die Weinernte heuer nicht besonders gut ausgefallen war, war das *patitiri* auch am Abend nur spärlich gefüllt. Trotzdem wuschen sich die Söhne des Winzers, bei dem ich jetzt zu Gast war, die Füße und kletterten in den steinernen Trog. Der eine schaufelte die Trauben mit einer „Mistgabel" immer wieder auf einen Haufen, während der andere, die Arme über einen Holzrahmen, der aussah wie eine Leiter ohne Sprossen, in dem süßen Brei herumstampfte. Spaß hatten wir alle dabei und hörten mit Vergnügen, wie der *moustos* ins *docheio* gluckerte. Anschließend fand im Keller in Gesellschaft von vierhunderjährigen – gefüllten – Weinfässern eine unvergeßliche Weinprobe statt. Bis zu acht Jahre alte, kräftige, rubinrote und goldfarbene Weine

In vielen Klöstern reift der Wein in alten Fässern. Kloster Megalo Meteora, Thessalien

türkisches Wort. Und der türkische Raki ist das, was man in Griechenland unter dem Namen Ouzo kennt, nur um einiges stärker. Auf Kreta heißt der Treberschnaps richtig *tsipouro* oder *tsikoudhia*. Er wird aus den *straphila*, Treber, gebrannt, und zwar noch in hauseigenen Brennereien. Allerdings dürfte dies schon sehr bald der Vergangenheit angehören; denn die europäische Alkoholsteuer greift auch in Griechenland, resp. Kreta.

Der Vorgang ist einfach. Die *straphila* kommen in das *kasani*, einen Kupferkessel, und werden mit Wasser oder, noch besser, mit Wein angereichert. Dann wird darunter ein Feuer entzündet, das entweder von Olivenholz oder von *peirina*, dem letzten, trockenen Rückstand aus der Ölgewinnung, genährt wird. Der *atmos*, der Dampf, der sich im *loulos*, einer Rohrleitung, niederschlägt, wird durch ein Kühlsystem geleitet, und am anderen Ende kommt langsam, aber stetig tropfend der *tsipouro* heraus, noch warm aber trinkfertig und ziemlich stark. Gebrannt wird im Oktober/November. Und wer einmal an einem lauen Herbstabend bei Vollmond mit den Dorfbewohnern um das *kasani* saß, möglichst noch im ersten, warmen Herbstregen, warmen *tsipouro* getrunken

Noch heute werden vielerorts die Trauben getreten – nur das Patitiri ist größer

Eine fröhliche Weinprobe

aus Daphnes wurden kredenzt. Seither weiß ich auch, warum mit Weingläsern angestoßen wird: Der Mensch hat bekanntlich fünf Sinne. Er kann das Glas fühlen, kann den Wein sehen, ihn riechen und schließlich schmecken. Aber wie sollte er ihn hören?

Meine Lehre war noch nicht zu Ende. Denn wie – bitteschön – ist das denn nun mit dem *Raki*, der fast so etwas wie das Nationalgetränk der Kreter ist? Eigentlich heißt er ja gar nicht Raki, denn das ist ein

und dazu heiße Kartoffeln aus der Oliven-
holzasche gegessen oder die saftigen, roten Kerne aus einem Granatapfel geschält
hat, weiß, welch schöner kretischer
Brauch Europa geopfert wird.

*Kasani – hier entsteht der kretische
Treber-Schnaps*

FEIGENKAKTUS
Opuntia ficus indica

Der Feigenkaktus ist ein Fremdling
in Griechenland. Erst nach Entdeckung der neuen Welt hat die me-
xikanische Pflanze den Weg in den
Mittelmeerraum gefunden, wo sie
ideale klimatische Bedingungen vor-
fand. Dank ihrer großen, stacheligen
Blätter diente sie als sichere Einfrie-
dung von Grundstücken. Heutzutage schmücken die verwilderten
Pflanzen mit ihren gelben Blüten
Ruinen und Gartenzäune.
Verführerisch sind die ab August
reifenden Früchte. Aber Vorsicht bei
der Ernte! Sie sind von einem dichten „Fell" haarfeiner, penetrant spit-
zer Stacheln überzogen. Am besten,
man trägt Handschuhe oder nimmt
eine Plastiktüte zu Hilfe. Zum
Schälen steche man die Frucht mit
einer Gabel an und schlitze die Haut
mit einem scharfen Messer auf, um
das schmackhafte Fruchtfleisch
herauszuschälen. Einige Stunden
im Gefrierfach des Kühlschranks
machen die Kaktusfeige zu einem
leckeren Eiskonfekt.

Herbst – Winter

Peloponnes: Tiefverschneite Berge

Fast ebenso drastisch wie die Ansicht, daß mit dem August der Sommer zu Ende geht, ist die allgemein gültige Regel, daß am 14. September, dem Tag der Kreuzerhöhung, in Griechenland der Winter beginnt. Die letzte Toleranzgrenze ist der 26. Oktober, der Tag des hl. Dimitrios, wenn auch die klaren, warmen, auf Kreta oft noch heißen Tage des *mikro kalokairinaki,* des kleinen Sommerchen, der Vergangenheit angehören und die ersten Regenschauer über das Land hinweggezogen sind. Die Tage werden kürzer, die Abende frisch bis kalt, Feuchtigkeit liegt in der Luft. Feuchte, klamme Kälte schleicht sich in die Häuser, und die Menschen versuchen, so gut es geht, sich dagegen zu schützen. Sie holen die Winterkleidung aus den Mottenkisten. Kurzärmeliges wird gegen Langärmeliges getauscht. Wollpullover und Windjacken beherrschen das Bild, in den Städten bald sogar Pelze. Und sie versuchen, ihre Wohnungen und Häuser warm zu bekommen. Mancher Fremde aus dem hohen Norden kann ein Lied von solchen, selbst in modernen Häusern oft kläglichen Versuchen singen und schwört, nie so gefroren zu haben wie im „milden" griechischen Winter. Denn bei aller modernen Erkenntnis

ist die griechische Bauweise an Sommer und Wärme orientiert.

Doch längst ist das *mangali,* das Kohlebecken, von effektiveren Heizmethoden abgelöst, obgleich in manchem Kafenion in Bergdörfern und sogar in recht modernen Haushalten ein solches noch in der Ecke steht und über die ersten Tage hinweghilft, bis endlich in den städtischen Mietshäusern die Zentralheizung anläuft, oder in den Dörfern der Hausherr den Herd in Betrieb gesetzt hat, der den Sommer über, mit Silberbronze sauber gestrichen und unter Häkeldeckchen verborgen, sein Dasein als Ablagetisch fristete. Nun wird das Ofenrohr aus dem Schuppen geholt und über einen möglichst langen Weg durch die Stube geführt, damit auch von ihm Wärme ausströmen kann. Durch ein Loch in irgendeiner hochgelegenen Fensterscheibe führt es schließlich den Rauch nach draußen.

Anderswo wird die letzte Asche vom vergangenen Winter aus dem *tsaki,* dem Kamin, geräumt. Hier wie dort knistert dann bald am Abend ein heimeliges Feuer, von dicken Olivenscheiten genährt. Etwas modernere Haushalte in den Dörfern bevorzugen Öl- oder Propangasheizung, und die ganz Fortschrittlichen statten ihre

Winterstürme am Meer

*Sonne,
Schnee und
Schafe
(Kreta)*

neuen Häuser über den nach wie vor geliebten *tsaki* mit einer zentralen Warmwasserheizung aus.

Überall werden auf den Stein- oder Marmorfußböden Teppiche und Läufer ausgerollt, die, im Frühjahr im Waschtrog, manchmal auch im Bach gewaschen, den Sommer über eingemottet in Plastiksäcken schlummerten oder in der chemischen Reinigungsanstalt aufbewahrt worden waren.

Jetzt ist man gerüstet für den Winter. Vom Herbst hat kaum einer gesprochen. Denn der geänderte Lebensrhythmus, der jetzt einkehrt, dauert an, bis der April vorüber ist, bis wieder Sommer wird im Land. Die gewöhnlich späte Abendmahlzeit findet jetzt bald nach Sonnenuntergang statt. Wo die Menschen monatelang ihren Hof, die Gasse vor ihrem Haus, das Kafenion an der Platia zur Wohnstube gemacht hatten, versammeln sich die Familien jetzt allabendlich in dem einzigen Raum des Hauses, wo das Kamin- oder Herdfeuer Wärme verbreitet. Im Kafenion sind die Türen geschlossen, und die Männer rücken eng zusammen um den Herd, der in der Mitte des Raumes steht, ganz wie das Herdfeuer im antiken Megaron im Zentrum brannte.

Doch während einst solche Abende beim Flackern einer Öllampe die Frauen zum Geschichtenerzählen und die Männer zum Musizieren, Singen und Tanzen ermunterten und die Kinder mit glänzenden Augen auf dem Boden hockten und den Alten lauschten, ergötzen sie sich jetzt am Fernsehprogramm. Trotzdem: Wenn die richtige *parea*, Gesellschaft, sich zusammenfindet, kommt es schon vor, daß einer zur Lyra oder zum Bouzouki greift, oder daß beim Summen des Wasserkessels und beim Knistern und Duften der Kastanien auf der heißen Herdplatte Geschichten erzählt werden vom Leben, wie es früher war, vom harten Alltag, als kein Neid herrschte, weil sie alle arm waren; als sie einander nötig hatten und sich gegenseitig halfen; als schlichtweg mehr Liebe unter den Menschen war. Ungläubig lauschen die Jungen diesen Erzählungen, können sich ein solches Leben nicht vorstellen. Doch manch einen mag am heimatlichen Herd der Eltern oder der Großeltern das Gefühl beschleichen, daß er den Fortschritt, möglicherweise sein Leben in der Stadt oder gar im Ausland, daß er Erfolg und Bequemlichkeiten, die die Alten nie kannten, teuer bezahlt.

Ganz überwiegend sind es diese Alten in den Dörfern, für die eine wichtige Etappe im Jahreskreis anbricht. Es ist die hohe Zeit der Landwirte, deren Arbeit für die junge Generation mehr und mehr an Attraktivität verliert. In der mythischen Dreiteilung des Jahres ist jene Zeit angebrochen, in der die jungfräuliche Demeter jedes Jahr aufs neue unbekümmert auf Erden wandelt und das Korn sprießen läßt. Wie Demeter als Kore sich langsam zum Weib entwickelt, um zu empfangen und zu gebären, so wird die Erde bereit zu empfangen und zu gebären, die Saat aufzunehmen, die im Frühling reiche Frucht tragen soll. Den ganzen Sommer über, seit der letzten Ernte, waren die Felder brach gelegen. Mehrmals hat sie der Bauer gepflügt, hat die Erde gelockert, damit sie bereit ist, den ersten Winterregen tief in sich eindringen zu lassen, um der Saat ein feucht-warmes Bett zu bereiten. Im dreimal gepflügten Brachfeld hat sich ja auch Demeter mit Iasion vereinigt, um Plutos, den Reichtum, zu gebären.

Jetzt ist die Zeit der Aussaat gekommen. Spätestens bis zum 21. November, dem Tag Mariä Einkehr, soll der gute Bauer mindestens die Hälfte seiner Saat ausgesät haben. Deshalb heißt der Tag auch *„Panagia, die Halbgesäte"*. Der traditionsbewußte Bauer füllt Teller mit Saatgut: Roggen, Weizen, Hafer, Kichererbsen, Bohnen usw. und läßt sie vom Papas segnen, damit alles gut gedeihe. Bevor er auf das Feld geht, gibt er in den Sack mit dem Saatgut auch einige Nüsse, Mandeln und Süßigkeiten, die er vor der Aussaat ißt, damit diese ihm „süß" gelinge.

Für die Olivenbauern beginnt die Zeit der Ernte. In den Zitrushainen leuchten Orangen, Zitronen, Mandarinen und Grapefruit und warten darauf, gepflückt zu werden. Sie allerdings sind Fremdlinge wie auch die Agave, der Feigenkaktus, die Bougainvillea, die Mittagsblume, der Hibiskus, die verschiedenen Akazien, der Eukalyptus, der Gummibaum, die Banane ebenso wie Mais, Kartoffel, Tomate, Aubergine, Baumwolle und Tabak. Doch fanden sie alle in Griechenland hervorragende klimatische Bedingungen für ihr Gedeihen. Alexander der Große brachte die Zitrone aus Asien, während die Orange erst seit Beginn des 16. Jh. in Griechenland kultiviert wird.

Beide, die Oliven- und die Zitrusernte, halten den Bauern bis in den Frühling in Atem. Dazu kommt die Ernte von Herbstfrüchten wie Äpfel, Birnen, Feigen, Nüs-

sen, Kastanien und anderen, der Baumwolle im Norden des Landes sowie der verschiedenen Wintergemüse während der folgenden Monate. Obwohl moderne Anbaumethoden, Düngemittel, Treibhauskulturen sowie die aus fremden Klimazonen eingeführten Pflanzengattungen gelegentliche Abweichungen vom althergebrachten Rhythmus bedingen, steht der griechische Bauer ganz in der Tradition des Naturjahres seiner Vorfahren, deren Zeiten für die landwirtschaftlichen Arbeiten sich aus den klimatischen Verhältnissen, den Veränderungen im Tier- und Pflanzenreich und nicht zuletzt aus der Beobachtung der Gestirne ergaben. Er steht damit nicht nur in der Tradition des Demeter-Mythos, sondern auch in jener des Homer, der Sommer, Winter und Frühling unterschied, letzterem noch eine Periode des Reifens anfügte, die jedoch mit dem Frühling verschmolz. Er steht sogar in der Tradition des Hesiod, der um 700 v. Chr. als freier Bauer in Boiotien zum Poeten wurde und den Wert der bäuerlichen Arbeit lobte. In seiner *„Werke und Tage"* genannten Dichtung erteilt er nicht nur allgemeine Lebensregeln, sondern gibt dem Bauern genaue Anweisungen, wann er ernten bzw. säen soll, näm-

Blumenmeer Bougainvillea, ein Fremdling in Griechenland

lich beim Auf- bzw. Untergang der Plejaden, des Siebengestirns, Mai und November. Er sagt, wann er seine Reben beschneiden soll, nämlich *„... wenn die Schwalbe wieder ans Licht kommt für die Menschen, sobald der Frühling herannaht. Aber vor ihr noch schneide die Reben; so ist es das Beste."* Und: *„Wann der Orion nun und Sirius mitten am Himmel stehn, den Arktur anblicket die rosenfingrige Eos, Perses, schneid' und hol' jetzt sämtliche Trauben nach Hause."* Das ist der 18. September, die Zeit, zu der auch heutzutage die Weinernte im wesentlichen beendet ist.

Keuschlamm

KEUSCHLAMM
Vitex agnus castus

In zahlreichen Mythen hat er seinen Platz, und bis in den Oktober hinein ist der Strauch mit seinen duftenden blauen oder zartlila Blütenähren an Straßen- und Wegrändern, wo nur einigermaßen sich etwas Feuchtigkeit hält, nicht zu übersehen. Hera, die Schwester und Gattin des Zeus, soll unter einem Keuschlammstrauch geboren worden sein. Weil sie die Beschützerin der Ehe ist, wurde der Strauch zum Sinnbild der Keuschheit und war verbunden mit den Frauenmysterien der Demeter in Eleusis ebenso wie mit Artemis, deren uraltes, hölzernes Kultbild in Sparta unter einem Keuschlammstrauch aufrechtstehend gefunden wurde. Seither hieß sie in Sparta *„Artemis Orthia"*, „die Aufrechte". Aber auch Asklepios, der Sohn Apollos und Gott der Heilkunst, hieß in Sparta „der Keusche" oder „der Geläuterte", weil die Spartaner sein Standbild aus dem Holz des Keuschlammstrauches geschnitzt hatten. Die elastischen Zweige des Strauches dienten Odysseus und Achilles als Fesseln und eigneten sich vorzüglich zum Binden von Kränzen.

Bauernregeln im Herbst/Winter

Oktober
- Wer im Oktober sät, darf mit vollen Scheunen rechnen.
- Am Tag des hl. Dimitrios, dem 26. Oktober, fängt der Winter an.

November
- Am 3. November, dem Tag des hl. Georg, des Besoffenen, werden die Weinfässer geöffnet und der junge Wein probiert.
- Am 21. November, dem Tag Mariä Einkehr, soll der gute Bauer die Hälfte seiner Saat ausgesät haben. Deshalb heißt der Tag auch *„Panagia die Halbgesäte"*.
- Den hl. Andreas (30. November) nennen sie den *„Pfannenlöcherer"*. Denn wer an diesem Tag nicht zu Ehren des Heiligen etwas in der Pfanne brät, dem wird sie kaputtgehen.
- Ableger sollen im November und Dezember gepflanzt werden, damit sie gut gedeihen.

Dezember
- An Barbara (4. Dezember) und Nikolaus (6. Dezember) frieren sogar die Mauern.
- Vom hl. Spyridon heißt es, daß sein Geist lebt und daß er oft seine Kirche auf Kerkyra (Korfu) verläßt, um zum Wohl der Menschen im ganzen Land herumzuwandern. Deshalb gehen seine Schuhe kaputt. Und so kaufen die Menschen jedes Jahr am 12. Dezember ein Paar neue Schuhe.
- An den *„Zwölftagen"* (Rauhnächte) soll der Weinbauer Asche sammeln, die er an Theophanie in den Weingarten bringt, damit die Rebstöcke nicht an Cholera erkranken.
- Schnee im Dezember, Gold im Sommer.

Januar
- Am 1. Januar soll man kein Geld ausleihen, ja nicht einmal dem Müllmann den Abfall mitgeben, damit nichts Gutes aus dem Haus geht.
- Am 1. Januar darf nicht gestritten werden, sonst streitet man das ganze Jahr über.
- Wenn der Hausherr Jäger ist, muß er am Neujahrstag wenigstens ein Huhn schlachten, damit er das ganze Jahr Hasen und Rebhühner erwischt.
- Weil die Schicksalsgöttinnen sich am Vorabend zu Neujahr die Haare waschen, werden am Neujahrstag alle Wasserkrüge mit frischem Wasser gefüllt.
- Schnee im Januar bedeutet Gold für den Müller.

Allgemeine Regeln zum Wetter

- Wenn die Katze hustet, kommt bald der Sommer.
- Wenn die Kohlen im Herd flackern, gibt es schlimmes Unwetter.
- Wenn Schafe und Ziegen in tiefere Gegenden laufen, kommt schlechtes Wetter.
- Wenn die Rebhühner im Winter nahe an die Dörfer kommen, gibt es einen strengen Winter.
- Wenn die Regenwürmer auf eine saubere, feuchte Straße kriechen, wird es regnen. Kriechen sie auf eine Erdstraße, gibt es Wind.
- Wenn das Käuzchen schreit, wird das Wetter schön.
- Wenn der Regen Blasen wirft, wird es noch viel mehr regnen.
- Wenn die Katze im Winter nahe an den Ofen kommt, wird es bald schneien.
- Wenn im Winter ein Tag besonders heiß ist, wird es hinterher umso kälter.
- Wenn Hirten ein Lamm oder eine Ziege schlachten, reinigen sie ein Schulterblatt und weissagen daraus das bevorstehende Wetter. Für den Frühling 1995 sagten sie eine Rückkehr des Winters voraus. Tatsächlich schneite es in den Nächten zum 25. März und zum 1. April auf Kreta bis auf 600 m über dem Meer. In Heraklion fielen bis zu 20 cm Hagel. Insgesamt war der gesamte März des Jahres 1995 „für die Jahreszeit zu kalt".

NARZISSEN

Narcissus tazetta – Pancratium maritium

Es gleicht einem botanischen Abenteuer, schon im Januar blühende Narzissen zu finden. Das Manoussaki (Narcissus tazetta), das an hohem Stiel blühende, weiße Sternchen mit goldener Blütenstaubkrone, verbreitet einen betäubenden Duft und durchdringt mit seinem Leuchten auch den düstersten Wintertag. An Straßenrändern stehen Kinder und bieten kleine Sträuße der Manoussakia zum Kauf an.

Ich fand meine ersten Manoussakia, wie könnte es auf Kreta anders sein, einst im Februar an einem plätschernden Rinnsal. Wie Narkissos, der Sohn einer Waldnymphe, der in sein eigenes Spiegelbild verliebt war, beugten sich die Blütenköpfchen über das Wasser.

Im Sommer dagegen erblüht die nicht weniger süß duftende Strandnarzisse (Pancratium maritium) in Sanddünen nahe am Meer. Ihre großen, aus zierlich gezackten, röhrenartigen Kronen mit außen grün gestreiften Deckblättern bestehenden Blüten waren schon in minoischer Zeit ein beliebtes Dekorationsmotiv. Man findet sie auf Wandmalereien von Knossos bis Santorin, auf Tongefäßen und Sarkophagen.

Nur noch selten findet man sie auf Kreta in freier Natur. Denn seit die kretischen Strände von Touristen überschwemmt sind, ist diese wunderbare Blume vom Aussterben bedroht. Also bitte schonen!

Monoussaki

Strandnarzisse

BASILIKUM

Ocimum basilicum

In keinem kretischen Hausgärtchen fehlt das Basilikum. Nicht als Gewürz wohlgemerkt, sondern aus Tradition. Es war die byzantinische Kaiserin Helena, die Mutter Konstantins des Großen, die Anfang des 4. Jh. in Jerusalem das verschollene Heilige Kreuz Christi fand, vergraben in der Erde an einer Stelle, wo – nach der Legende – ein stark duftendes Kraut wucherte. Als kein Zweifel mehr bestand, daß es sich um das wahre Kreuz handelte, nannte man das Kraut, unter dem es gefunden wurde, Basilikos – Königskraut. Denn Christus ist der Basileus, der König der Welt. Helena wird seither als Heilige verehrt. Sie feiert zusammen mit Konstantin am 21. Mai. Der Tag der Kreuzauffindung wird in der Katholischen Kirche am 3. Mai begangen. Die Orthodoxe Kirche feiert am 14. September das Fest der Kreuzerhöhung zum Gedächtnis an das wiederentdeckte Kreuz Christi, das am 14. September des Jahres 353 in Konstantinopel aufgerichtet wurde. Die Ehrfurcht verbietet es dem orthodoxen Christen, das Basilikum als Gewürzkraut zu verwenden, dafür fehlt es bei keiner Weihezeremonie mit dem Handkreuz und schmückt mit seinem frischen Duft und Grün am 14. September alle Kirchen.

Basilikum fehlt bei keiner Weihezeremonie: „Durch Dein Kreuz hast Du die Erde erleuchtet und die Sünder zur Reue gerufen." (Aus: Das Fest der Kreuzerhöhung)

Handwerk

Das älteste Handwerk ist zweifellos die **Töpferei.** Als sich die ersten aufrecht gehenden Lebewesen ihres Menschseins bewußt wurden, begannen sie, nach Möglichkeiten zu suchen, ihr Leben angenehmer zu gestalten. Zunächst wohnten sie wie die Tiere in Höhlen. Sie lebten von Kräutern und Beeren. Fleisch, so sie ein Tier erlegen konnten, verzehrten sie roh. Ihr Trinkgefäß war die hohle Hand. Blätter oder Rinden dienten als Schalen. Als die Menschen das Feuer kennenlernten, brieten sie ihr Fleisch an Spießen oder rösteten es auf heißen Steinen. Es war Prometheus, der Vorausdenkende, der Hephaistos, dem Gott der Schmiedekunst, das Feuer stahl und es gegen den Willen des Zeus den Menschen schenkte. Er mußte bitter dafür büßen.

Wie in alten Zeiten wird der Brennofen geschürt

Zum gebratenen Fleisch gehörte das Getränk aus einem Gefäß. Bald verstanden die Menschen, daß sich mit Wasser vermischte Erde formen und an der Sonne trocknen ließ. Welche Haltbarkeit solche Gefäße hatten, liegt auf der Hand. Aber angeborene Neugier und Experimentierfreudigkeit ließen erkennen, daß es auf die Qualität der Erde und auf die Intensität des Trockenvorgangs ankam. Sie fanden Lehmerde und trockneten die Gefäße am Feuer. Und sie experimentierten weiter. So fanden sie zur immer feiner geschlemmten Tonerde und zum Brennofen.

In Griechenland begann die Jungsteinzeit etwa um 6000 v. Chr. Seit dieser Zeit gibt es gebrannte Tongefäße, die sich allmählich regional in Form und Verzierung unterscheiden. Denn der jungsteinzeitliche Mensch entwickelte auch seinen Schönheitssinn.

Um 2600 v. Chr. gibt es einen Entwicklungschub in der Technik. Das Metallzeitalter beginnt, wenn auch die Bronze noch für lange Zeit nur besonderen Schichten vorbehalten bleibt. Doch man will wenigstens den Anschein erwecken und versucht, Bronzegefäße anderer in Ton nachzuahmen. Dazu war die Erfindung der Töpferscheibe erforderlich, die um 1800 v. Chr. erfolgte. Großartige Beispiele von auf der Töpferscheibe gedrehten Tongefäßen, die als Nachahmung von Bronzevorbildern gelten, sind aus der Minoischen Kultur Kretas erhalten.

Von nun an standen den Töpferhandwerkern alle Möglichkeiten der Formgebung offen. Ihre Technik des Drehens und Brennens hat sich bis zum heutigen Tag nicht verändert, lediglich verfeinert und vereinfacht. An die Stelle der durch einen Sklaven bewegten oder fußbetriebenen Drehscheibe ist die elektrisch betriebene getreten. An die Stelle des aus Stein oder aus Tonblöcken aufgebauten und nach jedem Brennvorgang zum Teil wieder abgerissenen Brennofens ist der elektrische getreten.

Auch wenn die *pithoi*, die großen, tönernen Vorratsgefäße, in denen seit mittelminoischer Zeit bis vor wenigen Jahrzehnten Getreide, Wein, Öl, Honig und anderes gelagert wurden, durch Plastik- oder Metallfässer verdrängt sind: das Töpferhandwerk blüht nach wie vor. Zwar ziehen die

Töpferfamilien nicht mehr durch das Land, um dort, wo Bedarf an Gefäßen ist, wo Tonerde ansteht und genügend Brennmaterial vorhanden ist, ihre Zelte aufzuschlagen, einen Brennofen zu errichten und auf Bestellung zu arbeiten. Doch hält in traditionellen Töpferdörfern noch manch alter Meister an den hergebrachten Methoden fest. Er schlemmt seine Tonerde selbst, er baut und heizt seinen urzeitlichen Töpferofen und füllt ihn mit Kännchen und Vasen und Bechern, aus denen vor allem Touristen gerne ihren Wein trinken.

Zu den lebensnotwendigen Utensilien der frühen Menschen gehörte selbstverständlich die **Kleidung.** Handwerkszweige, die sich vor allem auf Kreta bis in die vorgeschichtliche, die minoische Zeit zurückverfolgen lassen, sind die Lederverarbeitung und die Weberei. Webgewichte wurden zu Tausenden gefunden. Gebogene Bronzenadeln dienten zweifellos zum Nähen von Lederkleidung.

Noch im Neolithikum hüllten sich die Menschen vermutlich in die nur notdürftig gereinigten Felle, die sie ihren Schafen und Ziegen abzogen. Denn Schaf und Ziege waren in Griechenland immer der Hauptlieferant für Fleisch, Milch, Felle und Wolle.

Der Mensch wünschte sich im Lauf der Zeit seine Kleidung bequemer, abwechslungsreicher und schöner. Er experimentierte mit den Mitteln, die ihm die Natur zur Verfügung stellte. Mit Meersalz löste er Fleisch- und Fettreste an den Häuten auf. Die Kalkmilch diente zur Enthaarung. Wasser zum Waschen gab es ausgiebig, aber auch Gerbstoffe, die die Häute weich und wasserundurchlässig machten, fanden sich in der Natur wie in der Eichenrinde und den Eicheln, in Galläpfeln oder Akazienschoten. Sie entdeckten die Alaunerde als Beizmittel und hatten das Olivenöl, mit dem sie die Häute einfetteten, um sie dann weich zu stampfen. Abbildungen auf minoischen Gefäßen und Fresken zeigen Gürtel, Lendenschurze und Fußbekleidungen aus Leder. Die Nachfahren der Lederhandwerker des minoischen Kreta haben sich in einem Straßenzug der Altstadt Chanias niedergelassen, fertigen Gürtel, Taschen, Schuhe und Jacken nicht viel anders als ihre minoischen Vorfahren.

Der Mensch versuchte, die Wolle, die er den Schafen mit Stein-, später mit Bronzemessern „abschnitt" und die immer wieder nachwuchs, zu nutzen und erfand

Töpfer bei der Arbeit

Eine besondere Keramik entstand unter orientalischem Einfluß auf Rhodos – die rhodischen Teller

133

Weben wie in alten Zeiten

Spinnen ist vor allem die Arbeit der Alten

das **Spinnen** und in der Folge das **Weben.** Pflanzensubstanzen und seifenhaltige Erde dienten zum Entfetten und Reinigen der Wolle. Disteln dienten zum Kämmen. Darstellungen aus dem minoischen Kreta beweisen die Vielfarbigkeit minoischer Tuche. Mineralsalze zum Fixieren der Farben stellte die Natur zur Verfügung und auch die Farbstoffe selbst. Rot und verschiedene Nuancen von Blau und Gelb, Weiß und Schwarz waren die vorherrschenden Farben, die aus dem Färberwaid, der Kermesschildlaus, der Hyazinthe, der kretischen Iris, dem Sauerampfer und vielen anderen gewonnen wurden. Das tiefste Schwarz lieferte der Tintenfisch, das Purpurrot die Stachel- oder Purpurschnecke, die bekanntlich später die Phönikier für ihre purpurfarbenen Tuche berühmt machte.

Nun brachten sie beim Weben verschiedenfarbige Fäden miteinander in Einklang, entwickelten Muster, die vor allem auf Kreta bis heute überdauert haben. Ornamente wie die Spirale, stilisierte Pflanzen und Tiere wie der Seelenvogel oder der Lebensbaum sind auf minoischen Fresken und Vasendekorationen ebenso selbstverständlich wie auf neuzeitlichen Webwaren.

Vielerorts in Griechenland, wie in Metsovo oder Ioannina auf dem Festland oder in Emponas auf Rhodos, lebt die Färber- und Webertradition fort. In Kritsa auf Kreta, der Nachfolgesiedlung des dorischen Lato, läßt sie sich weit in die antike Zeit zurückverfolgen. Wenn sich auch hier die Methoden ebenfalls verfeinert haben – geändert haben sie sich nicht. Und manch traditioneller Familienbetrieb färbt seine Wolle sogar noch mit Naturfarben.

Die **Metall- und Holzverarbeitung** ist weitgehend industrialisiert, ebenso wie die Verarbeitung vom heimischen **Marmor.** Handwerk im eigentlichen Sinn gibt es in diesen Bereichen nicht mehr. Es sind die Künstler, die wirklich noch Hand anlegen an Bronze, Marmor oder Holz. Auch in der Antike waren es nach unserem Verständnis Künstler, die Tempel erbauten, Marmorreliefs und Marmorskulpturen sowie Bronzestatuen schufen. In spät- und nachbyzantinischer Zeit schufen kretische Holzschnitzer prachtvolle hölzerne Ikonostasen und schmückten damit Kirchen in der gesamten orthodoxen Welt (s. S. 136). Sie alle verstanden sich jedoch als Handwerker. Als solche verstanden sich auch die Goldschmiede,

Häkeln für die Aussteuer von Töchtern oder Enkelkinder ist Ehrensache für die Frauen

Geschnitzte Ikonostasen aus Kreta versorgen die orthodoxe Welt. Kloster Agia Triada, Kreta

die schon im 18. Jh. v. Chr. im Minoischen Palast von Malia auf Kreta so ausgesuchte Goldschmuckstücke wie den berühmten Bienenanhänger schufen, oder jene, die die prächtigen Goldmasken aus den Königsgräbern von Mykene herstellten. Auch die Goldschmiede des Makedonenkönigs Philipps II. dachten im 4. Jh. v. Chr. nicht daran, sich Künstler zu nennen, wenngleich wir auch ihre Arbeiten als Kunstwerke betrachten.

Das **Gold- und Silberschmiedehandwerk** hat in Griechenland ungebrochene Tradition, wenn auch die Gold- und Silberlager auf Siphnos, in West-Thrakien oder in Laurion längst erschöpft sind. Manche moderne Werkstatt orientiert sich nicht nur an überlieferten Mustern und Vorbildern, sondern entwickelt wie eh und je dem Zeitgeist entsprechend neue, künstlerische Ideen, um das uralte menschliche Bedürfnis zu erfüllen, sich und seine Umgebung zu schmücken.

Ein Zentrum weltweit bekannter Silberschmiedekunst liegt in Ioannina in Nordgriechenland, dessen Wurzeln allerdings nicht in der Antike zu suchen sind; denn die Anfänge der Stadt reichen „nur" in das 6. Jh., in das Zeitalter Justinians, zurück. Bereits unter der Osmanen-Herrschaft, besonders aber, als der selbstherrliche Ali Pascha ab 1788 die Stadt zum Zentrum seines eigenen kleinen Reiches machte, wurde Ioannina zur blühenden Stadt, in der sich Handwerk und Handel, aber auch Wissenschaften entwickeln konnten. Von den damals ansässigen Kunsthandwerkszweigen haben vor allem die Silberschmiedekunst und das Kupferhandwerk überdauert.

Andere Handwerkszweige entstanden aus Bedürfnissen der Menschen, denen sie mit praktischen Ideen zu begegnen suchten. Wer kennt nicht die typischen, anheimelnden und doch denkbar unbequemen griechischen Stühle? Selbst sie lassen sich auf minoischen Fresken identifizieren. Immer waren sie mit der *psadha*, einem feinen Schilfgeflecht, bespannt, wie auch Körbe und Taschen aus Stroh oder Schilf geflochten wurden, die die Natur reichlich lieferte.

Kunstvoll, oft aus buntem Stroh geflochten waren die Körbe zur Aufnahme aller möglicher Dinge vom Handarbeitszeug bis zum Obst. Sie sind durch Plastikschüsseln verdrängt worden. Das Strohgeflecht der Stühle ersetzte ein Geflecht aus Schnüren, bis in der Gegenwart auch diese allerletzten „Griechenstühle"

Ganz oben: Goldschrein mit der 16strahligen Sonne, Emblem Philipps II. von Makedonien. Museum Thessaloniki, 4. Jh. v. Chr.

Darunter: Einer der letzten Kalligraphen im Kloster Epanosiphi, Kreta

Links: Die beliebten „Griechenstühle" sind vom Aussterben bedroht

durch weiße oder bunte Plastiksessel abgelöst werden. Einzig in traditionellen Käsereien trocknet noch die *mizithra*, der milde, weiche Frischkäse, in kleinen Körben. Volakas, ein Dorf auf der Kykladeninsel Tinos, rühmt sich, ganz Griechenland mit diesen Körben zu versorgen. Was sonst an Korbwaren gewünscht wird, liefern Zigeuner als ambulante Händler in die Dörfer und Städte.

Die immergrüne Platane von Gortys

PLATANE
Platanus orientalis

Der prächtige Laubbaum, der methusalemisches Alter erreicht, ist immer da zu finden, wo es Wasser gibt: neben dem Dorfbrunnen, dem Klosterbrunnen oder in Flußtälern. In der Antike pflanzte man ihn in heiligen Hainen oder in der *agora* – dem Versammlungs- und Marktplatz. Unter Platanen haben die Philosophen von Athen und der weise Arzt Hippokrates von Kos gelehrt. Die Olympischen Wettkämpfe fanden im Schatten von Platanen statt.
Auf Kreta führte Zeus, in einen Stier verwandelt, die phönikische Prinzessin Europa unter eine immergrüne Platane, nachdem er sie aus ihrer Heimat entführt hatte.
Dieses Exemplar der seltenen Gattung, die auch im Winter ihr Laub nicht abwirft, steht in Gortys und nährt sich seit jeher vom Wasser des antiken Lethaios, der heute nur noch ein Rinnsal ist, das im Sommer ganz austrocknet. Hier hat sich Zeus seiner Braut als Gott zu erkennen gegeben und mit ihr die Könige von Kreta, Minos, Rhadamanthys und Sarpedon, gezeugt.

28. Oktober – Ochi-Tag – Nationalfeiertag

Ein 28. Oktober war der zweite Tag im griechischen Jahreslauf, an dem sich das seit dem antiken System der Stadtstaaten so oft gespaltene griechische Volk zu nationaler Einheit zusammenfand.

Wir schreiben das Jahr 1940. In Europa wütet der Zweite Weltkrieg. Hitler-Deutschland ist in Polen, Dänemark, Norwegen und Frankreich eingefallen. Über England tobt der Luftkrieg. Die Sowjets nutzen die Gelegenheit, partizipieren an Polen, reissen Bessarabien und die Bukowina an sich, erobern die baltischen Staaten. Das faschistische Italien träumt nach wie vor seinen Traum vom Wiedererstehen des Römischen Reiches und sucht nach einer Möglichkeit, es dem großen Verbündeten Hitler gleichzutun, nämlich zu erobern. Griechenland, einst Teil des römischen Großreichs, bietet sich an.

Die Italiener beginnen mit kleinen Nadelstichen. Sie bombardieren, aus Versehen, wie sie behaupten, griechische Marineeinheiten vor griechischen Küsten. Am 15. August 1940 versenkt ein italienisches U-Boot vor der Insel Tinos das Kreuzfahrerschiff *„Elli"*. Es ist nicht nur eine kriegerische Provokation gegenüber dem nach wie vor neutralen Griechenland, es ist an diesem hohen Festtag ein Affront gegen die um den Frieden besorgten, religiösen Griechen.

Dem griechischen Diktator Metaxas gelingt es, Besonnenheit zu bewahren und das Volk angesichts der nicht mehr zu übersehenden Kriegsgefahr von der Notwendigkeit des Zusammenhalts zu überzeugen. Mit Sorge beobachtet er die Aktivitäten der Italiener an der griechisch-albanischen Grenze.

Dann kommt der 28. Oktober. Morgens um 3 Uhr erhält der italienische Botschafter in Griechenland von seiner Regierung den Auftrag, Metaxas ein Ultimatum zu überreichen dahingehend, daß den italienischen Truppen die Besetzung verschiedener Orte Griechenlands und die Errichtung von Stützpunkten bis zum Kriegsende gestattet wird. *„Zu Italiens Sicherheit"*, wie ausdrücklich betont wird. Um 6 Uhr morgens des gleichen Tages läuft das Ultimatum ab.

Metaxas reagiert als Staatsmann. Er lehnt das Ultimatum rundheraus ab. Es sind von ihm weiter die Worte überliefert: *„Also, das ist der Krieg."*

Metaxas *„Nein"* zum Ultimatum, auf griechisch *„Ochi"*, war das magische Wort, das die militärischen Kräfte Griechenlands über sich hinauswachsen ließ; war das Wort, das in die Geschichte Griechenlands einging und einem Nationalfeiertag seinen Namen gab: Der 28. Oktober ist seither der *„Ochi-Tag"*.

Das neutrale Griechenland sieht sich ohne jeden Grund plötzlich im Krieg mit Italien, sieht sich gezwungen, sich mit allen Kräften gegen die eindringenden Italiener zu wehren, was ihm dank der Geschlossenheit der Truppen und der moralischen Unterstützung durch das Volk mit großem Erfolg gelingt. Nicht nur, daß die italienischen Truppen den Rückzug antreten müssen, sie werden von den griechischen Truppen weit nach Albanien hinein verfolgt.

Doch nun, Ende Januar 1941, stirbt Metaxas und mit ihm der Geist der griechischen Einigkeit. Dem Nachfolger Koryzis fehlt das Charisma eines Metaxas. Angst vor den den Italienern zu Hilfe eilenden deutschen Truppen greift um sich. Nach dem Beitritt Bulgariens zum Dreierpakt Deutschland – Italien – Japan ist die Invasion der Deutschen in Griechenland nur noch eine Frage der Zeit.

Einer letzten großen Offensive der Italiener vom 9. März 1941 können die Griechen noch erfolgreich widerstehen, und Mussolini muß seine Truppen zurückziehen. Doch nun kommt die „Ehrenrettung" durch Hitler. Am 6. April 1941, früh um 5.30 Uhr, überreicht der deutsche Botschafter dem griechischen Ministerpräsidenten Koryzis die Kriegserklärung. Gleichzeitig setzen sich die deutschen Truppen von Bulgarien aus nach Griechenland in Bewegung. Nach wenigen Tagen harter Kämpfe, in denen die Deutschen schwere Verluste hinnehmen müssen, ergeben sich die griechischen Truppen an der albanischen und der bulgarischen Grenze. In die Lücken strömen die Italiener. Ministerpräsident Koryzis begeht Selbstmord. König Georg II. zieht sich nach Kreta zurück und flieht nach dessen Eroberung durch die Deutschen im Mai 1941 nach Ägypten. Die Okkupanten Deutschland, Italien und Bulgarien teilen Griechenland unter sich auf.

Trotz des stolzen „Ochi" am 28. Oktober 1940, trotz des heldenhaften Widerstandes und vieler Siege im Kampf gegen die Eindringlinge versinkt Griechenland für vier Jahre in einem Meer von Blut und Tränen, Hunger und Verzweiflung. Alle Reserven des Landes werden abtransportiert; für den Unterhalt der Besatzungstruppen hat Griechenland pro Monat drei Milliarden Drachmen zu zahlen, um nur einige Fakten zu nennen.

Das griechische Volk wehrt sich verbissen. Schon im Sommer 1941 beginnt sich – unter britischer Anleitung – der Wider-

Fragment der „Elli" in einer Kapelle der Wallfahrtskirche von Tinos

Mancherorts wird der Ochi-Tag als Sportfest gefeiert. Die Jugend schwört den „Olympischen Eid"

Lieber Sport statt Krieg

stand zu formieren. Partisanenkämpfe verwickeln die Besatzer in einen unerwarteten Stellungskrieg besonders auf Kreta, der alle anderen Unternehmungen, vor allem den geplanten Rußlandfeldzug der Deutschen, erheblich verzögert mit dem Ergebnis, daß diese im tiefsten Winter vor Moskau und Leningrad grauenhaft leiden.

Die bittere Bilanz für Griechenland bei Kriegsende: 16.000 Gefallene, 7.000 Bomben- und Schiffstote, 70.000 von Deutschen, Italienern und Bulgaren Hingerichtete, 1.700 im Zuge von Repressalien zerstörte Dörfer. Dazu kommen etwa 300.000, die vor allem in den Städten den Hungertod starben (bei einer Gesamtbevölkerung von ca. sieben Millionen!).

Doch 1945, als Europa endlich wieder aufatmen kann, ist für Griechenland das Leid nicht zu Ende. Denn die nach verschiedenen politischen Richtungen orientierten Widerstandsgruppen stürzten das Land in einen blutigen Bürgerkrieg. Erst mit vierjähriger Verspätung konnte Griechenland seine Auferstehung aus dem Chaos beginnen.

Die *katochis*, die Besatzungszeit, scheint fast vergessen. Wenn die Alten, die sie selbst erlebt, erlitten und überlebt haben, davon sprechen, schütteln sie mit ernster Miene den Kopf: *„Was soll man machen? Es war Krieg."* Die Erinnerung an diese schlimmen Zeiten und noch mehr die Erinnerung an die folgenden Jahre, als das Land gespalten war, als Griechen Griechen töteten, verdrängen sie. Ob je eine Aufarbeitung und Veränderung dieser für die Griechen so bedrückenden historischen Last der mangelnden Einheit erfolgen wird, darf in Frage gestellt werden.

Einheit und Einigkeit der griechischen Nation werden jedoch jedes Jahr zweimal von Neuem beschworen: am 25. März, dem Gedächtnis des Aufstandes gegen die Osmanen-Herrschaft, und am 28. Oktober, dem Ochi-Tag. Beide Tage stehen für die Geschlossenheit der griechischen Nation, wenn es darauf ankommt. Am 25. März 1821 schworen alle Anführer der Widerstandsgruppen den heiligen Eid auf die von Bischof Germanos von Patras gehißte Fahne. Am 28. Oktober widersetzte sich Metaxas dem italienischen Ultimatum, und das ganze Volk stand hinter ihm. Wenn auch beide Male der Widerstand letztlich zerbröckelte, Gruppeninteressen den Vorrang hatten und die Befreiung schließlich nicht aus eigener Kraft resultierte, bleibt doch die Erinnerung an einen historischen Moment der Einigkeit.

Dem Geschehen des Zweiten Weltkriegs sowie der gegenwärtigen geopolitischen Lage Griechenlands entsprechend, ist der 28. Oktober ein Feiertag, dem militärische Ehren zuteil werden. Selbstverständlich ist auch die Orthodoxe Kirche beteiligt, die – seit Kaiser Konstantin der Große im Jahr 330 das Christentum zur Staatsreligion erklärte – untrennbar mit staatlichen Ereignissen verbunden ist. Landauf, landab zelebrieren Bischöfe und Papadhes Festgottesdienste. Musikkorps nehmen vor den Kirchen Aufstellung. Dem feierlichen Gottesdienst folgen Ansprachen von Politikern und die *parelasi*, die Parade, die vor allem in der Hauptstadt Athen eine Truppenparade ist. Aber auch in den Hauptstädten der Verwaltungsbezirke marschieren Angehörige aller Truppenteile im großen Umzug mit, an dem alle Honoratioren und vor allem die Jugend beteiligt sind.

Tagelang haben sie in den Schulen geübt. Adrett gekleidet, die Mädchen in Rock und Bluse, die Jungen in Hemd und Hose, schwarzweiß oder hellblau-dunkelblau, warten sie am Sammelpunkt auf ihren Einsatz. Im Gleichschritt, die Arme im Gleichtakt rhythmisch schwingend, marschieren sie an der Tribüne der Ehrengäste vorbei durch die Stadt oder durch das Dorf. Vorneweg die Kleinsten aus dem Kindergarten, Mädel und Buben getrennt. Dann die Volksschüler, Schule für Schule, Klasse für Klasse, sodann die Gymnasiasten und schließlich die Lyzeumsschüler, immer Mädchen und Jungen getrennt. Eine beeindruckende Demonstration der griechischen Jugend für die Einigkeit und Freiheit Griechenlands.

Der vordergründig martialisch anmutende Aufmarsch, besonders die gedrillt wirkende Jugend, stellen auch die Machtdemonstration eines Landes dar, das sich, obwohl seit 1952 NATO-Mitglied (mit Unterbrechung von 1974 – 1980) und seit 1981 EU-Mitglied, in seinen Grenzen nicht sicher fühlen kann. Am südöstlichsten Zipfel Europas gelegen, sieht es sich ständigen Sticheleien des NATO-Partners Türkei ausgesetzt. Ein jahrzehntealter Zankapfel zwischen beiden Ländern ist u. a. Zypern, dessen griechisch-zypriotischer Bevölkerung und Orthodoxer Kirche sich Griechenland historisch verbunden fühlt.

An seinen Nordgrenzen war Griechenland bis vor wenigen Jahren von kommunistisch-diktatorischen Regimen umklammert. Die Hoffnung von 1989, daß sich diese zu demokratischen Nachbarn entwickeln würden, hat sich durch den kroatisch-bosnisch-serbischen Krieg für lange Zeit zerschlagen ebenso wie durch die Proklamation eines Staates Mazedonien im ehemaligen Jugoslawien. Dieser Staat verhehlte seine Expansionsgelüste in Richtung Griechenland, in Richtung ägäischer Küste ebensowenig wie seinen Wunsch, die zweitgrößte griechische Stadt, Thessaloniki, zu seiner Hauptstadt zu machen. Über Jahre war Griechenland von Europa abgeschnitten. Die einzigen „Tore" waren die Hafenstadt Patras zum ionisch-adriatischen Meer sowie der Luftweg.

Bleibt zu hoffen, daß der Friedensvertrag von Dayton von 1995 sowie das fast gleichzeitige Einlenken von Skopje – Mazedonien die griechische Situation entspannen wird. Bleibt weiter zu hoffen, daß die Zollunion mit der Türkei diese enger an Europa und damit auch enger an Griechenland bindet.

ALRAUNE

Mandragora officinalis

Mit der Mandragora war in unseren Breiten erst im 16. und 17. Jh. allerlei Aberglaube verbunden. Den Namen Alraune erhielt sie vom althochdeutschen *alb* für Kobold und *runen* für flüstern, womit den ihr unterstellten Kräften Rechnung getragen wurde. Die Alraune war die Zauberwurzel der Alchimisten, in deren Hand sie nicht ohne den „schwarzen Hund" denkbar war. Die lichte Seite der Alraunwurzel weckte den Wunsch, in ihren Besitz zu gelangen, weil damit Glück und Reichtum verbunden sein sollten.

Die geheimnisvolle Pflanze gehört zu den Nachtschattengewächsen und ist vor allem im Mittelmeergebiet zu Hause. Was lag deshalb näher, als daß schon die antiken Griechen auf die seltsame „Menschenwurzel" aufmerksam wurden, deren gespaltene Wurzel gespenstisch an einen kopflosen menschlichen Körper erinnert. Der antike Arzt Dioskourides zitiert im 1. Jh. n. Chr. in seiner Heilpflanzenlehre Pythagoras aus dem 6. Jh. v. Chr., der die Wurzel als anthropomorphos – menschengestaltig – bezeichnet hatte. Die einmal geweckte Neugier führte rasch zu der Erkenntnis, daß diese Wurzel stark alkaloidhaltig ist. Bereits um die Zeitenwende wurde die Alraunwurzel daher als Anästhesetikum verwendet, indem man den Patienten ein Stück davon zu kauen oder einen Schluck des aus der Wurzel gewonnenen Saftes zu trinken gab. Die mangelnde Dosierungsanleitung konnte allerdings gelegentlich fatale Folgen haben.

Schon im 4. Jh. v. Chr. galt die Pflanze den Griechen als magisches Kraut, dessen Name *Mandragora* – wie viele andere ins Griechische eingegangene Namen und Worte – aus der vorgriechischen, der pelasgischen Sprache stammt. Damit führt der Weg zur Mandragora weit in den geheimnisvollen Osten, nach Persien, von dort zu ihrer Bedeutung als Liebeskraut der Genesis und weiter in die christliche Symbolik.

Denn zunächst war die Mandragora mit ihrer magischen Wirkung ein Aphrodisiakum und sogar der Aphrodite heilig. Die wesentliche Bedeutung des Krauts über die gesamte Antike hinweg lag dann jedoch in seiner narkotisierenden Wirkung. Diese, sowie die gespenstische Gestalt der Wurzel und die Tatsache, daß sie besonders tief in der Erde,

nahe bei den unterirdischen Dämonen steckt, machte sie zur Zauberpflanze. Um ihre dämonischen Kräfte zu bannen, durfte sie nur nachts gezogen werden. Mit einem eisernen Schwert wurden drei Kreise um sie gezeichnet. Erst dann durfte die Erde um die Wurzel entfernt werden, wobei der Blick des antiken Rhizotomen beständig nach Westen, zu den düsteren Dämonen der Unterwelt gerichtet sein mußte, gleichsam, um sie zu bannen oder aber, um sie um Erlaubnis zu fragen. Weil die ungeheure Kraft der Zauberwurzel dem Herausreißenden unfehlbar den Tod brachte, bediente er sich eines schwarzen Hundes, den er an die Wurzel band. Wenn der Hund dann seinem Herrn folgte, zog er die Wurzel aus der Erde und starb für seinen Herrn den Sühnetod. Dieser hatte nun die Pflicht, den Hund an der Stelle, wo die Wurzel stand, zu begraben.

Die christliche Symbolik sieht in der Mandragora, die kopflos tief in der Erde, nahe den Dämonen der Unterwelt steckt, den Menschen, der Gott nicht kennt, der verstrickt ist in die Mächte des Bösen. Erst der kundige Rhizotom, der die Mandragora aus dem Reich der Dämonen zu lösen versteht, bannt ihre tödlichen, ihre dämonischen Kräfte. Er macht sie zu einem Mittel der Liebe und der Beruhigung. So wie Christus, der die „kopflose Wurzel der Menschheit" durch seinen Tod ausgerissen, den teuflischen Mächten entrissen hat, um sie zur Liebe und zum Frieden zu führen.

Alraune in Blüte (rechts) und in Frucht (links)

Weihnacht und Neujahr –
Agios Basilios

Das Weihnachtsfest der Ostkirche hat bei weitem nicht den Stellenwert des Weihnachtsfestes der Westkirche. Vielmehr reiht es sich als das Fest der Geburt Christi gleichwertig in den Kreis der zwölf Hochfeste des orthodoxen Kirchenjahres ein. Erstes Hochfest in dem am 1. September beginnenden Kirchenjahr ist das Fest Mariä Geburt am 8. September. Es folgen: Kreuzerhöhung am 14. September, Tempelgang Mariens am 21. November, Geburt Christi am 25. Dezember, Taufe Christi (Theophanie) am 6. Januar, Darstellung Christi im Tempel am 2. Februar, Mariä Verkündigung am 25. März, Christi Verklärung am 6. August, Entschlafung Mariens am 15. August. Dazu kommen die beweglichen Hochfeste: Einzug in Jerusalem (Palmsonntag), Christi Himmelfahrt (40 Tage nach Ostern) und Pfingsten (50 Tage nach Ostern).

Das Osterfest selbst steht in seiner Bedeutung hoch über den übrigen. In der Symbolik stehen die zwölf Hochfeste für die Zwölf Apostel, das Osterfest jedoch für Christus, der über den Aposteln steht.

Daß Tod und Auferstehung Christi für die Ostkirche symbolhafte Bedeutung erlangten, steht außer Frage. Denn in ihrem Wirkungsbereich herrschten seit den Anfängen des Christentums, seit der Trennung zwischen Ostrom und Westrom, nur Eroberung und Kampf um Befreiung und um Auferstehung aus der Unterdrückung.

Der Fremde, der um die Weihnachtszeit nach Griechenland reist, darf sich daher keinesfalls von der vordergründig westlich anmutenden Weihnachtsatmosphäre täuschen lassen. Der oft künstliche Weihnachtsbaum auf dem Flughafen, Kitsch und Glimmer auf Märkten und in den Geschäften sind fast ausnahmslos *„Made in China"* und befriedigen das griechische Bedürfnis nach Farbe im Leben. Die aus allen Lautsprechern dröhnenden Weihnachtslieder sind westeuropäischer oder amerikanischer Import.

Dagegen hat der gelegentlich schon im Oktober vom Fernsehschirm lächelnde weißbärtige Mann mit roter Kapuze und rotem, weiß verbrämten Mantel nichts gemein mit dem hl. Nikolaus oder gar dem Weihnachtsmann aus dem Norden; ebensowenig seine oft zur lächerlichen Karri-

katur verzerrten Gefährten aus Plüsch und Pappe oder – zum Aufblasen – aus Plastik. Wenn auf diesen ebenfalls das Schildchen *„Made in China"* unübersehbar ist, so ist ihr Vorbild doch in der Ostkirche beheimatet. Doch hat dieses, der hl. Basilios, in Griechenland zu Weihnachten noch gar nichts zu suchen.

Das Weihnachtsfest der Ostkirche ist ausschließlich ein Kirchenfest, eines jedoch, das auch als gesetzlicher Feiertag gilt. Es sind zwei Feiertage. Am 25. Dezember wird der Geburt Christi gedacht. Obendrein feiern alle mit Namen Christos, Chrisoula oder Christina sowie alle mit Namen Emanuel, also Manolis und Emanuela, ihren Namenstag. Denn Christus ist auch der Emanouil, der *„Gott ist mit uns"*. Der 26. Dezember ist der Tag der Versammlung zu Ehren Mariens, der Gottesgebärerin. Ihrer wird als der wichtigsten Person im Zusammenhang mit Christi Geburt gedacht ebenso wie am Tag nach Theophanie, dem 7. Januar, des hl. Johannes des Täufers oder am 3. Februar, dem Tag nach der Darstellung Jesu im Tempel, des hl. Simeon gedacht wird, der Christus als das Licht bezeichnet hat.

In der Urkirche war das Fest der Erscheinung des Herrn am 6. Januar das Weihnachtsfest. Im 4. Jh. verlegte die Römische Kirche die Geburt Christi auf den 25. Dezember, den Geburtstag des heidnischen Sonnengottes Sol, und erleichterte

Weihnachtsmarkt in Athen

Auch unter dem Weihnachtsbaum singen die Kinder ihre Kalanta

somit den verbliebenen Heiden, sich dem neuen Gott zuzuwenden. Ende des 4. Jh. folgte die Ostkirche, die gleichzeitig auch die Erscheinung der Heiligen Drei Könige vorverlegte, während die Westkirche diese auf dem 6. Januar beließ. In der Ostkirche blieb der 6. Januar das Fest der Taufe Christi, mit der sein Wirken in der Welt einsetzte: das Fest der Theophanie, der Erscheinung von Vater, Sohn und Heiligem Geist.

Schulferien, zwei Feiertage sowie das bevorstehende Neujahrsfest führen ähnlich wie Ostern (oder wenn in Griechenland Wahlen bevorstehen und alle an ihren Geburtsort fahren, um ihre Stimme abzugeben) zu einem Exodus aus den Städten. Jeder, der es irgendwie einrichten kann, fährt in sein Heimatdorf, um die Tage mit Verwandten und Freunden zu verbringen. Allein deshalb hat Weihnachten im Kreis der kirchlichen Hochfeste, die Einzeltage und oft keine gesetzlichen Feiertage sind, eine herausragende Bedeutung.

Am Weihnachtstag geschieht, was an jedem kirchlichen Festtag geschieht. Man nimmt an der Liturgiefeier teil und trifft sich zum gemeinsamen Essen entweder zu Hause, bei Verwandten oder in der Taverne, so man sich zu einem Ausflug entschlossen hat. Traditionelles Weihnachtsessen ist Schweinefleisch von sehr jungen, gerade dem Spanferkelalter entwachsenen Tieren. Mancherorts wird das Schwein selbst gemästet und geschlachtet. Gegrillt ist es ein wahrer Leckerbissen.

Den einzigen Hauch von weihnachtlicher Festlichkeit vermitteln die Kinder, die am Vorabend (ebenso am Vorabend von Neujahr und von Theophanie) mit der

Triangel von Haus zu Haus ziehen und ihre *kalanta*, kleine Glückwunschballaden, singen. Wie unsere Sternsinger werden sie mit Obst und Nüssen oder mit ein wenig Kleingeld entlohnt. Mancherorts schleppen sie einen Kanister mit sich, den die mit Gesang Verwöhnten nach und nach mit einer Ölspende füllen. Das Öl verkaufen die Kinder, um ihr Taschengeld aufzubessern.

Wenn in der Dämmerung glöckchengleich die Triangel klingt und schüchterne, reine Kinderstimmen ertönen, ergreift auch den Westeuropäer das wärmende Weihnachtsgefühl, das angeblich nur bei Kerzenschein und Schnee zu erfahren ist. In den Häusern sitzen sie dann am Ofen oder vor dem Kamin. Das Holz verbreitet knisternd-heimelige Wärme. Der Duft gebratener Kastanien zieht durch die Räume, und auf den Tischen stehen Schalen mit frisch geernteten Orangen und Mandarinen. Auch Weihnachtsgebäck fehlt nicht. Tage vorher haben die Hausfrauen die saftig-süßen *melomakarona*, die Honigmakaronen, und die nicht minder süßen *kourampiedhes*, dick mit Puderzucker bestreutes Mandelgebäck, vorbereitet.

Wenn auch Kerzenschein zu Weihnachten fremd ist, so hat sich doch der *christougenniatiko dentro*, der Weihnachtsbaum, in Griechenland in den Nachkriegsjahren seinen festen Platz erobert. Er fehlt in kaum einem Haus, ist oft aus Plastik, mit großen, bunten Plastikkugeln und allerlei farbigem Flitter geschmückt und flackert unter einer ebenfalls bunten, elektrischen Lichterkette, die in schöner Regelmäßigkeit an- und ausgeht; eine Nervensäge für empfindliche Gemüter. Und alles – siehe oben – „Made in China". Doch der Wunsch nach dem echten Weihnachtsbaum nimmt zu. So ist in vielen Bergregionen vor allem Nordgriechenlands ein neuer, der Umwelt durchaus freundlicher Industriezweig entstanden. Etwa 150 griechische Dörfer züchten bereits dreiviertel aller in Griechenland zum Absatz kommenden Weihnachtsbäume; Tendenz steigend. Der Rest wird eingeführt. Sogar frische Weihnachtssterne in Blumentöpfen finden aus westeuropäischen Treibhäusern den Weg in die abgelegensten Dörfer, wenngleich auch das Wolfsmilchgewächs Weihnachtsstern z.B. auf Kreta um Weihnachten im Freien in Blüte steht. Allenthalben findet sich in kunstgewerblichen Fachgeschäften durchaus ausgefallener und schöner Weihnachtsschmuck. Aber mit der vereinheitlichenden Entwicklung schwinden alte Gewohnheiten.

Der Weihnachtsbaum, der im 17. Jh., von Deutschland ausgehend, seinen Platz in der christlichen Welt eroberte, ist der Lichterbaum. Denn Christus, der in die Welt kam, ist die Sonne, ist das Licht, das über die Finsternis siegte. Der Lichterbaum ist daher auch Christus als Lebensbaum, der aus der Wurzel Jesse sprießt, ist die Leiter zum Leben.

Der Sinn der Weihnachtskrippe ist offenkundig, wenngleich mit ihr in Griechenland keine künstlerische Tradition verbunden ist, wie das besonders in den Alpenländern der Fall ist. In den Häusern ist sie meist aus Faltpappe, bestenfalls sind die Figuren aus Gips in einer mit Watte ausgelegten Hütte aus Pappe. Doch hat beinahe jede Stadt, jedes Dorf seine *phatni*, seine Weihnachtskrippe, auf dem zentralen Marktplatz oder vor der Kirche stehen. Eine Schneehöhle aus Pappmaché stellt den Stall dar. Tief drinnen knien auf Stroh Maria und Joseph in Lebensgröße vor dem Kind in der Krippe. Doch als ich zum ersten Mal eine Weihnachtskrippe auf Kreta sah, traute ich meinen Augen nicht. In der Höhle und auf dem mit Stroh bedeckten Vorplatz tummelten sich munter Schafe, Ziegen, Esel und sogar ein Pony. Daß nicht nur die Kinder ihre Freude daran hatten, erfuhr ich während der Weihnachtstage aus den Nachrichten. Denn es wurde immer mehr zur Gewohnheit, die Tiere aus den Krippen zu stehlen, wenn diese nicht rund um die Uhr bewacht waren. Auf diese Weise sind Weihnachtskrippen mit lebenden Tieren zur Rarität geworden.

Doch weder der Weihnachtsbaum noch die Krippe ist das eigentliche Weihnachtssymbol der orthodoxen Christenheit. Es ist das Schiff, das die Menschheit aus dem Chaos, aus dem Meer der Sünde errettet; das von Christus gesteuerte Lebensschiff im Gegensatz zum Totennachen des Charon, der die Seelen in die Unterwelt führt. Im Kirchenschiff hat es seinen Niederschlag gefunden. Die Kirche ist das rettende Schiff. Der Mastbaum ist das Kreuz, das Christus auf sich genommen hat. Die dem Heiland vorausgehende Gestalt in dieser Symbolik ist Odysseus, der sich an den Mastbaum binden ließ, um gerettet zu werden, um nicht durch den Gesang der Sirenen verführt und in das Chaos gestürzt zu werden.

Nur noch selten, mehr jedoch auf den Inseln als auf dem Festland, schmücken die Menschen in Griechenland an Weihnachten aus Stroh geflochtene oder aus Holz geschnitzte, kleine Schiffe, oder sammeln die Kinder die Spenden für ihre *kalanta* in solchen Schiffchen.

Sogar das „*Kala Christougenna – Gute Weihnacht*", macht dem ach so modernen „*Merry Christmas*" Platz. Die Großstädte versuchen, sich mit dem üppigsten Lichterschmuck Konkurrenz zu machen und ihren Bürgern in weihnachtlichen Vergnügungsparks und mit Straßenpartys Unterhaltung zu bieten. Bleibt zu vermu

Weihnachtskrippe in Heraklion

Das Schiff als Weihnachtssymbol

ten, daß über kurz oder lang aus dem weißbärtigen, rotgewandeten Gesellen der Weihnachtsmann wird, der die Kinder am Vorabend des Weihnachtstages beschert, womit dann der seit dem 4. Jh. überlieferte Agios Basilios ausgedient haben dürfte.

Denn das Fest, an dem vor allem die Kinder ihre Freude haben, findet erst eine Woche später statt.

Der „Agios Vasili" im Kreis der Familie

Anschneiden der Vasilopitta

Am 31. Dezember feiert wie in der Westkirche der hl. Silvester seinen Namenstag. Er ist ein Heiliger von so untergeordneter Bedeutung, daß er selbst als Namens- und Kirchenpatron nur selten vorkommt. Gleichwohl war er Papst und derjenige, der den byzantinischen Kaiser Konstantin den Großen vom Aussatz geheilt und getauft haben soll.

Der letzte Abend des alten Jahres ist ein Abend wie jeder andere. Was soll man auch groß feiern? Das Jahr ist zu Ende, nichts mehr zu ändern, ob es auch gut

oder schlecht gewesen sein mag. Der Blick ist in die Zukunft gerichtet. Die Männer sitzen im Kafenion und spielen Karten, vielleicht, um das Glück für das kommende Jahr zu testen. Die Frauen und Kinder tun, was sie immer tun, sie warten. Es sei denn, man lebt in einer Stadt, wo immer häufiger Silvesterpartys angeboten werden, oder gar in Athen, wo das Neue Jahr neuerdings mit einer riesigen Freiluftparty am Syntagma und mit Feuerwerk von allen Hügeln der Stadt begrüßt wird.

In den Dörfern warten die Kinder heute mit besonderer Spannung. Wird er kommen? Wird er nicht kommen? Wird er mir etwas bringen?

Die Rede ist vom Agios Basilios.

Basilios der Große zählt zusammen mit seinem Bruder Gregor von Nyssa, mit Gregor von Nazianz und mit Johannes Chrisostomos zu den vier großen Kirchenvätern. Auf Basilios gehen die Ordensregeln der griechischen Mönche zurück, die sogar von den katholischen Benediktinern übernommen wurden. Basilios, der im Jahr 330 in Caesarea in Palästina in einer christlichen Familie zur Welt kam, wurde erst im Alter von 34 Jahren Priester. Aber bereits sechs Jahre später, im Jahr 370, war er Bischof von Caesarea. Eine der beiden orthodoxen Liturgien wurde von Basilios dem Großen verfaßt. Es handelt sich um die Klosterliturgie von Kappadokien, die nur zehnmal im orthodoxen Kirchenjahr an besonderen Festtagen gefeiert wird.

Mit Recht gilt Basilios der Große als der erste Sozialreformer der christlichen Welt. Er war es, der während seiner Amtszeit als Bischof Einrichtungen zur Betreuung Armer und Kranker gründete. Seine besondere Aufmerksamkeit galt der Jugend. Er gründete Klosterschulen und verfaßte zahlreiche theologische Schriften; auch eine Predigt gegen den Hunger ist von ihm überliefert.

Was Wunder, daß sich mit dem Leben des Heiligen eine Legende verbindet. Einst soll ein grausamer Herrscher Caesarea erobert und der Stadt und den Einwohnern alle Wertsachen abgenommen haben. Basilios bewegte ihn mit einer eindringlichen Predigt zur Umkehr und veranlaßte ihn dazu, alles Geraubte der Stadt und den Menschen zurückzugeben. Wie aber sollte Basilios, der als Vermittler auftrat, nun wissen, was wem gehörte? Wie sollten alle Wertsachen zu ihren rechtmäßigen Besitzern zurückkehren?

Basilios' Gefühl für Gerechtigkeit fand eine Lösung. Er ließ Münzen und Wertgegenstände in Brote einbacken und verteilte diese an die Bevölkerung. So erhielt jeder, was Gott ihm zugedacht hatte.

Auf diese Weise wurde Basilios zum Gabenbringer für die Kinder, den sie sehnlich am 31. Dezember um Mitternacht, bei Anbruch des 1. Januar erwarten. Denn Basilios starb am 1. Januar 379. Seither ist der 1. Januar sein Festtag. Die Westkirche feiert ihn am 2. Januar.

Ebenfalls bei Anbruch des 1. Januar schneidet der Hausherr in Griechenland traditionell die *vasilopitta*, den Basilios-Kuchen, an. Wie einst Bischof Basilios die Wertsachen in Brote verbacken ließ, so bäckt die griechische Hausfrau einen Neujahrskuchen, in dem sie eine Münze versteckt. Das erste Stück des Kuchens ist für Christus und die Kirche. Das zweite Stück gehört der Panagia. Das dritte Stück des Kuchens ist für den Heiligen selbst. Denn im Volksglauben kommt jeder Heilige an seinem Namenstag zur Erde; hier soll er eine kleine Labung vorfinden. Dann folgen der Hausherr, die Familie, die Heimat, Freunde usw. Griechen im Ausland, die die *vasilopitta* traditionell in Vereinen feiern, widmen oft auch ein Stück dem Gastland. Wer nun aber das Kuchenstück erwischt, in dem die Münze versteckt ist, ist der Glückspilz des Jahres. Wie es zugeht, daß die Münze nicht in dem für Christus, die Panagia oder den Heiligen versteckt ist, das weiß nur Agios Basilios selbst.

Jedenfalls ist die Bescherung, vor allem dann, wenn sich jemand als „*Agios Vasili*" verkleidet, als der „echte" kommt, sowie das anschließende Anschneiden der *vasilopitta* in jeder Familie ein Riesenspaß für groß und klein.

Der Bräuche zum Neuen Jahr sind viele. Es fängt schon zu Weihnachten an. Denn in den zwölf Nächten zwischen Weihnachten und Theophanie, die wir die Rauhnächte nennen, gehen die *kallikanzari* um. Sie sind eine Art Wichtel, die das ganze Jahr unter der Erde leben und an dem Baum knabbern, der die Welt trägt. Ab Weihnachten locken die Düfte der Speisen sie an die Oberfläche, denn die *kallikanzari* sind ungeheuer verfressen. Jetzt ist nichts mehr vor ihnen sicher. Sie durchwühlen alle Häuser nach Eßbarem. Vor allem nachts, und am andern Morgen finden die Bewohner ein Chaos vor, daß sie ihren Augen nicht trauen wollen. Es soll mehrere wirksame

Möglichlichkeiten geben, sich vor ihnen zu schützen. Auf Kreta hängt die Hausfrau Spindeln in den Kamin, damit die Wichtel, die in der Regel durch den Kamin kommen, darin hängenbleiben. Anderswo legen sie Süßigkeiten auf das Dach oder sie hängen Siebe vor den Haustüren auf. Dann sättigen sich die *kallikanzari* schon auf dem Dach oder sie fangen aus lauter Neugier an, die Löcher in den Sieben zu zählen. Damit sind sie so sehr in Anspruch genommen, daß sie nicht merken, wie die Tage vergehen. Und am 6. Januar ist es für sie höchste Zeit, wieder unter die Erde zu verschwinden. Inzwischen sind die Wurzeln des Weltenbaumes nachgewachsen, und die *kallikanzari* beginnen von neuem zu knabbern.

Am Abend des 31. Dezember geht die Hausfrau mit Weihrauch durch das Haus, verabschiedet das alte Jahr und heißt das neue willkommen. Um Mitternacht werden möglichst drei Brunnen aufgedreht mit den Worten: „*So wie das Wasser läuft, so soll der Papas ins Haus laufen. So wie das Wasser läuft, sollen auch die guten Schicksalsgöttinnen ins Haus laufen.*"

Am Neujahrsmorgen wirft die Hausfrau den Tieren besonders reichlich Futter vor. Denn sollte der hl. Basilios vorbeikommen, sollen sie ihm nur Gutes über sie sagen. Die jungen Mädchen gehen ins Freie und rufen die Moiren, die Schicksalsgöttinnen, an, sie mögen ihnen am Abend im Traum den Mann zeigen, den sie heiraten werden. Schon am Vorabend stecken sich manche einen Bissen Brot in den Mund, dann legen sie ihn unter das Kopfkissen und rufen dreimal die Moiren an, ihnen einen Mann zu schicken, reich und gut oder auch arm und gut, Hauptsache, er nimmt sie. Wenn die Menschen am Neujahrsmorgen von der Kirche nach Hause konmen, setzen sie sich auf einen Stein und murmeln: „*So stark wie der Stein, so stark mögen wir das ganze Jahr sein. So schwer wie der Stein, so schwer möge auch unser Geldsack sein.*"

Auch heutzutage hat noch vielerorts Bedeutung, wer am Neujahrsmorgen als erster ein Haus betritt. Auf der Insel Amorgos hoffen sie auf ein Familienmitglied. Mit einer Ikone in der Hand muß dieses dann dreimal eintreten und wieder hinausgehen und jedesmal sagen: „*Glück, komm herein*" bzw. „*Unglück, geh hinaus.*" Anderswo werfen sie einen Granatapfel auf den Boden, daß er birst, um Glück und Reichtum zu beschwören oder sie essen Honig, damit das Jahr süß werde. Im

Norden Griechenlands sieben sie Korn und Münzen, auf daß viel Mehl klingende Münze bringe.

Auf Kreta war der Brauch weit verbreitet, ein kleines Mädchen aus der Nachbarschaft ins Haus zu holen, damit es das *podariko* durchführe. Es sollte der erste Mensch sein, der am Neujahrsmorgen das Haus betrat, um Unglücksboten von vornherein die Kraft zu nehmen. Es mußte einen Stein mitbringen, der in die Mitte des Hauses gelegt wurde. Das Mädchen setzte sich mit gekreuzten Beinen eine gute Weile darauf, damit die Hühner im neuen Jahr auch brav brüten. Es sprach gute Wünsche für das Haus und seine Bewohner, daß das Baby gedeihen möge und das Vieh viele Junge werfe, daß das Getreide reife und sich die Fässer mit Öl und Korn füllen mögen. Läuse und Mäuse und sonstiges Ungeziefer wünschte es aus dem Haus, damit es sauber bleibe und von Gott gesegnet. Zuletzt wünschte es, daß die zur Welt kommenden Schafe und Ziegen weiblich, die Kinder aber männlich sein mögen.

Wie stark der Glaube an den Glücksboten des Neujahrsmorgens noch verwurzelt ist, durfte ich selbst erleben. Es besuchte mich der Nachbarssohn. In seiner Begleitung war ein kleiner Junge, den ich besonders gut leiden mochte. Mit einem kleinen Lächeln schob der Nachbarssohn den Kleinen vor sich her, als er am Neujahrsmorgen mein Haus betrat, um mir ein gutes Neues Jahr zu wünschen.

MEERZWIEBEL
Urginea maritima

Daß diese bis zu Kindskopfgröße anschwellende Zwiebel, die in völliger Trockenheit den Sommer übersteht und im Herbst nach dem ersten Regen ohne Blätter meterhohe Blütenschäfte austreibt, schon früh das Interesse der Menschen weckte, ist nicht verwunderlich. Nicht nur als Heilpflanze gegen alle möglichen Krankheiten bis hin zur Herzwassersucht fand sie Verwendung. Seit der Antike wurden ihr dank ihres seltsamen Eigenlebens auch reinigende und übelabwehrende Kräfte zugeschrieben. Die Menschen suchten sich derer zu bedienen, indem sie die Zwiebel über die Haustür hängten, um so alles Böse abzuwehren. So finden sich in Dörfern und sogar in Städten noch immer Häuser, in denen dieser Brauch gepflegt wird. Als ich mich vorsichtshalber anschließen wollte, belehrte mich meine Nachbarin, daß ich gegen *to mati*, wörtlich *das Auge*, sprich den „bösen Blick", nur sicher sei, wenn ich die *askelletura* am 1. Januar aufhängte. Dann ist sie verblüht und hat ein dekoratives Büschel dunkelgrüner, lanzenförmiger Blätter ausgetrieben, wodurch sie zumindest einen hübschen Schmuck darstellt.

Meerzwiebel in Blüte und als Talisman vor dem Haus

6. Januar – Theophanie

Am 6. Januar feiert die Westkirche das Fest der Heiligen Drei Könige. Die Menschen gehen in die Kirche, über den Türbalken der Wohnungstür zeichnen sie die Jahreszahl und die Anfangsbuchstaben der Namen der Könige K + M + B, und die Sternsinger ziehen von Haus zu Haus.

Für den orthodoxen Christen ist es der Tag der *Epiphanie*, der Erscheinung des Herrn, auch *Theophanie*, Gotteserscheinung, oder *Photismos*, Erleuchtung, genannt.

Jahrelang habe ich mich über den kleinen, runden „swimming pool" neben der Kirche am Rand unseres Dorfes gewundert. Vielleicht war es ja ein Wasserreservoir zum Blumengießen und Saubermachen in der Kirche. Nur, es war nie Wasser in dem himmelblau gestrichenen Becken. Irgendwann habe ich auch jemanden gefragt. Aber mein Griechisch war damals noch zu schwach, um die ausführlichen, in breitem Kretisch vorgetragenen Erklärungen zu verstehen. Es war mir nur klar geworden, daß es irgend etwas mit Weihnachten zu tun hat. Seltsam. Da gab es nur eine Lösung: Weihnachten im Dorf zu verbringen und mit eigenen Augen zu sehen.

Aber an Weihnachten passierte gar nichts. Auch nicht an Neujahr. Als ich allerdings von unserem Brauch des Sternsingens an Heilig Drei König erzählte, weil mich die kretischen Kinder und ihre *kalanta „gia ta phota"*, für die Erleuchtung, daran erinnerten, lüftete sich allmählich das Geheimnis. Ein Fest dieser Art gibt es nicht. Die Könige kommen in der Orthodoxen Kirche bereits an Weihnachten, um das Jesuskind zu besuchen. *„Am 6. Januar, da feiern wir die Theophanie, Du weißt schon, die Taufe des Herrn, als er die Stimme seines Vaters hörte und der Heilige Geist erschien. Die Taube, Du erinnerst Dich?"* Jetzt dämmerte es mir. Deshalb also das Becken. Es versprach, spannend zu werden.

Es begann schon am Vorabend mit der *„Kleinen Wasserweihe"*. Mit diesem geweihten Wasser segnete der Papas am andern Tag die Felder und Ställe, die Pflanzen und die Haustiere. In der Liturgiefeier des 6. Januar erfolgte die Wasserweihe zum Heil der Menschen. Es war ein feierlicher Akt mit Kerzenlicht und viel duftendem Basilikum und dem Kreuz Christi in der Hand des Papas. Die Gemeinde drängte sich um das große, kupferne Becken, in dem das Wasser geweiht wurde. Aus dem Altarraum wurde eine Flasche gebracht, in der sich Weihwasser befand, das ursprünglich irgendwann aus Jerusalem stammte; so jedenfalls erzählten mir Dorfbewohner voller Stolz. Dieses Wasser wurde zu dem gewöhnlichen Wasser im Becken gegossen. Durch die Weihezeremonie wurde alles Wasser im Becken zu heilbringendem Weihwasser, mit dem die Flasche wieder vollgefüllt wurde, um sie erneut im Altarraum zu verwahren. Das Wundersame daran ist, daß dieses Wasser in der Flasche nie verdirbt.

„Im Jordanfluß stehend, ruft heute der Herr zu Johannes: Mich zu taufen, zaudere nicht, denn zu retten bin ich gekommen ..."
Fresko in der Marienkirche von Kapetaniana, Kreta. (Aus: Fest der Taufe Jesu)

Nach der Zeremonie wurde der Kupferkessel mit dem Weihwasser ins Freie gebracht. Jeder, der an seine Kraft glaubte, trank von diesem reinigenden, heilenden und stärkenden Wasser oder trug ein Fläschchen für seine alten und kranken Angehörigen nach Hause. Und wer glaubte nicht?

Dieses am 6. Januar durch die Taufe Christi, durch das Kreuzeintauchen, geweihte Wasser ist ein Weihwasser von besonderer Kraft und mit besonderer Bedeutung im religiösen Verständnis. Es steht den geweihten Gaben der Eucharistie nahe. Wer von diesem Wasser trinkt, erfährt eine heilbringende geistige Nahrung beinahe wie durch das Abendmahl. Nur deshalb wird Weihwasser vom 6. Januar das ganze Jahr über verwahrt, um Menschen, denen es aus irgendwelchen Gründen vorübergehend nicht erlaubt ist, an der *koinonia* teilzunehmen, nicht ohne geistlichen Beistand zu lassen. Das übriggebliebene Wasser wird anläßlich der nächsten Weihe mit dem neuen Weihwasser vermischt.

Der 6. Januar war ein traumschöner, klarer Sonnentag. Die Liturgie hatte wie immer in der Hauptkirche des Dorfes stattgefunden. Dann machte sich die Pro-

zession auf den Weg, voran der Auserwählte, der die Ikone mit der Darstellung der Taufe Christi tragen durfte, dann der Papas in prachtvollem Ornat, umringt von den *papadakia*, den Ministranten, gefolgt von den Honoratioren und der Dorfgemeinschaft. Es war ein langer, fröhlicher Zug, der sich durch die Gassen und vorbei an grünen Wiesen zu der kleinen Kirche am Ortsrand bewegte. Die Schlauesten hatten sich schon die besten Plätze rund um das blaue Wasserbecken gesichert. Ich natürlich auch, um alles ganz genau zu sehen. Gerüchte wollten nämlich wissen, daß der Papas Tauben in den Hosentaschen hätte und sie in das Becken werfen würde, damit der Heilige Geist auch bei uns erscheine.

Bald drängte sich die ganze Gemeinde rund um das Becken, auf dessen Rand der Papas Aufstellung genommen hatte. Sein goldener Ornat glitzerte in der Wintersonne. Es war ein feierlicher Augenblick, als er die heiligen Worte zur Taufe Christi im Jordan verkündete, als die Stimme Gott Vaters ertönte: *„Dies ist mein geliebter Sohn, an dem ich Wohlgefallen habe“*. Es war der Augenblick der Wiederholung der Taufe und des *photismos*, der Erscheinung des Heiligen Geistes und somit der Erleuchtung. An einem weißen Band trug der Papas ein goldenes, mit Edelsteinen geschmücktes Kreuz mit sich. Dreimal tauchte er es in das Becken, dreimal zog er es an dem weißen Band wieder heraus. Nach jedem Eintauchen ereignete sich das, was vor allem für die Kinder durchaus nicht den Ernst hatte, den es haben sollte: die Erscheinung des Heiligen Geistes. Tatsächlich. Papas Manolis greift unter sein Sticharion und, so schnell konnte kaum der Auslöser meines Fotoapparates klicken, hatte er schon die Taube ins Wasser geworfen und war diese auch wieder aufgetaucht und in panischem Schrecken davongeflogen. Es gab eine zweite Taube und eine dritte. Wie ein Magier zauberte er die Tauben hervor, zum Gaudium der Zuschauer, der Gläubigen, die sich auf ihre unkomplizierte Art über den Heiligen Geist freuten. Die dritte Taube schien ihre Wichtigkeit begriffen zu haben. Sie entfloh zwar ebenso blitzschnell wie ihre Vorgängerinnen dem ungewohnten Bad. Doch sie ließ sich auf dem Dach der Kirche nieder und blickte erhaben auf die Gemeinde herab. Die Dörfler freuten sich. Der Heilige Geist war über sie gekommen.

Nach Verlegung des Weihnachtsfestes durch die Römische Kirche auf den 25. Dezember blieb in der Ostkirche der 6. Januar das Fest der Erscheinung, der Taufe Christi, anläßlich derer sich die Heilige Dreifaltigkeit offenbart hat.

Mit der Taufe im Jordan begann Christus drei Jahre vor seinem Leiden sein öffentliches Wirken. Sie stellt gleichsam einen Neubeginn, eine Neuschöpfung dar, weshalb der 6. Januar im Brauchtum auch als Neuanfang des Jahres verstanden wird. Mit dem durch die symbolische Wiederholung der Taufe und durch die Weihe geheiligten Wasser werden stellvertretend alle Gewässer geheiligt. Die gesamte Schöpfung ersteht neu aus den geheiligten, reinigenden Gewässern. Sie erhebt sich aus dem Chaos, in das sie nach dem Volksglauben in den Tagen und Nächten zwischen Weihnachten und Theophanie versunken ist. Auch die Liturgie dieses Tages bezieht sich auf die Schöpfungsgeschichte und bildet so die Brücke zwischen religiösem und volkstümlichem Charakter.

Es ist nicht „nur" das Weihwasser, das Bedeutung hat. Es ist das Wasser schlechthin, das für Leben und Gesundheit unentbehrlich ist. Es wird gesegnet durch das Eintauchen des Kreuzes, damit

es gesund bleibt und seine in der Taufe heilbringende Kraft auch im Alltagsleben bewahrt. Gott heilt nicht nur den Menschen, sondern auch seine Umwelt.

Auch das Meer wird durch Eintauchen des Kreuzes gesegnet, damit es friedlich bleibt und dem Menschen keinen Schaden zufüge. In kleinen Orten am Meer begnügt sich der Papas mit einer einfachen Segenszeremonie. In größeren Küstenorten, vor allem in Hafenorten, kann sich die Andacht zu einem Volksfest entwickeln mit Schiffsprozession und mit einer sportlichen Herausforderung an die männliche Jugend. Dreimal wird das Kreuz im Hafenbecken versenkt, dreimal steigt die weiße Taube in den Himmel. Die Mutigsten lassen es sich nicht zweimal sagen, nach dem Heiligen Kreuz zu tauchen. Berühmt für dieses Fest ist der Hafen von Piräus. Fröhlicher und hautnaher freilich läßt es sich in einem Fischerhafen auf einer Insel erleben.

Der 7. Januar, der Tag danach, ist Johannes dem Täufer gewidmet, und alle, die Ioanis oder Ianoula heißen, feiern in Griechenland ihren Namenstag.

„... und der Geist in Gestalt der Taube verkündet des Wortes Untrüglichkeit."
(Aus: Fest der Taufe Jesu)

RIZINUS
Ricinus communis

Es war für mich beinahe eine Enttäuschung, als ich den dekorativen Strauch mit seinen großen, gezackten Blättern und den roten, beerenartigen Blütendolden als Rizinusstrauch identifizierte. Beruhigt war ich wieder, als ich feststellte, daß er ein afrikanischer Import aus ältester Zeit ist und daß nicht einmal Hippokrates von Kos seine Patienten mit Rizinusöl traktierte. Vielmehr erfreuten sich die Menschen am Rizinus als Zierstrauch. Das Öl fand im Altertum lediglich als Lampenöl Verwendung. Der Samen ist übrigens hochgiftig.

Rizinus

Geburt und Taufe

Das aufregendste Ereignis im Leben eines Menschen ist – jedenfalls nach moderner Ansicht in manchen zivilisierten Ländern – die Geburt. Kein anderes Erlebnis wird als einschneidend genug betrachtet, um ihm das Attribut „Schock" zu geben. Der Verlauf der Geburt ist nach Meinung vieler Psychologen maßgeblich für die seelische Entwicklung eines Menschen.

Nicht so in Griechenland. Selbstverständlich tun auch hier die werdende Mutter, der betreuende Arzt und die Familienangehörigen alles für das wachsende Menschenkind im Mutterleib. Doch allein schon der die Mutter begleitende Wunsch *„Kali elevtheria"* zeigt, wer in diesem Stadium und bis zur vollzogenen Geburt die Hauptperson ist. Denn der Mutter gilt der Wunsch *„Gute Befreiung"* von der neunmonatigen Last. Wenn ihre Stunde gekommen ist, werden alle Gürtel, alle Knoten gelöst, darf keiner die Hände, Arme oder Beine verschränken. Seit Hera die Geburt des Herakles verzögerte, indem sie sich mit gekreuzten Beinen vor die Tür der Alkmene hockte, bis sein Kon-kurrent um die Macht in Mykene, Eurystheus, von Nikippe geboren war, wird alles Verbundene gelöst für eine gute „Entbindung".

Zwischen Zeus und Hera herrschten damals eheliche Spannungen, denn Zeus rühmte sich im Olymp, einen Sohn gezeugt zu haben, der über das edle Haus des Perseus herrschen solle. Hera wußte, daß er wieder einmal einen Seitensprung begangen hatte, indem er Alkmene vortäuschte, ihr Gatte Amphitrion zu sein, der von einer erfolgreichen Schlacht zurückgekehrt war. Zeus weilte eine Nacht bei Alkmene, der er die Länge von drei Nächten gab. Als er mit seiner Tat prahlte, ließ die eifersüchtige Hera ihn schwören, daß derjenige König werden solle, der vor Einbruch der Nacht das Licht der Welt erblickte. Zeus schwor und wurde durch die Verzögerungstaktik der Hera hereingelegt, die andererseits die Geburtswehen der Nikippe beschleunigte, so daß Eurystheus als Siebenmonatskind zur Welt kam. Doch Zeus hielt sich schadlos. Er schloß mit Hera einen Pakt, der es ermöglichte, daß Herakles später als einziger Sterblicher in den Olymp aufgenommen wurde.

Nicht weniger mythische Wurzeln hat der Begriff *„das Licht der Welt erblicken".* Denn Helios, der Sonnengott, war vor Urzeiten, noch vor Apollo, der Gott des Lichts. Er war Schützer des Augenlichts und Zeuge aller guten und bösen Taten. Er war die personifizierte Sonne als Lebensspender und der Gott des Kindersegens. Was lag näher, als das Geborenwerden mit dem Erblicken des Lichts der Welt zu vergleichen.

Wenn schon die Heirat für junge Menschen der entscheidende Schritt ins Leben ist, der sie in die Welt der Erwachsenen aufnimmt, wieviel mehr erst die Tatsache, ein eigenes Kind zu haben. Deshalb ist es noch heute für junge Paare beinahe obligatorisch, wenige Wochen nach der Hochzeit die Schwangerschaft zu verkünden und möglichst genau neun Monate nach der Heirat die Geburt eines Kindes bekannt zu geben.

Trotzdem ist der Trend nicht zu übersehen, wonach junge Paare sich mehr und mehr von dieser traditionellen Verpflichtung lösen. Sie planen ihren Kinderwunsch sowohl nach Zeitpunkt als auch nach Zahl. Wo noch vor wenigen Jahrzehnten möglichst viele Söhne, die arbeiten und später die Eltern erhalten konnten, das Ziel waren, legen sie heute Wert auf nicht besonders viele, aber gesunde Kinder, gleich welchen Geschlechts. Gleichwohl findet eine Schwiegertochter, die einen oder gar mehrere Söhne zur Welt bringt, vor allem auf Kreta noch immer besondere Anerkennung.

Die Geburt ist seit der Antike ein Familienereignis. Eigens dafür ausgebildete Frauen, Hebammen, kannten schon die alten Griechen. Mangels geeigneter Vorsorge, entsprechender hygienischer Voraussetzungen und Kenntnis der Behandlungsmethoden von Kinderkrankheiten war die Säuglings- und Kindersterblichkeit noch bis in unser Jahrhundert extrem hoch. So unmenschlich es klingen mag: Es überlebten tatsächlich nur die Stärksten. Im alten Sparta, gelegentlich auch anderswo, trennte man sich sogar ganz bewußt von schwächlichen Säuglingen und auch von überzähligen Mädchen, indem man sie in eine Felsschlucht warf. Die Langada-Schlucht bei Tripi oberhalb von Mistra wird heute noch als jene Schlucht gezeigt.

Ist das Wunschkind glücklich entbun-

den, wird es, wie in alten Zeiten, gebadet. Die Spartaner fügten dem ersten Bad sogar Wein hinzu. Bis in die späten fünfziger Jahre erhielt sich in Griechenland die seit der Antike überlieferte Gewohnheit, den Säugling zu „binden". Meine 52jährige Freundin Zambia hat ihre heute 24 bis 27 Jahre alten Kinder auf dieselbe Weise gewickelt, wie es auf antiken Abbildungen mindestens seit dem 5. Jh. v. Chr. dargestellt ist. Auch auf byzantinischen Fresken mit dem hl. Stylianos, der als Patron der Kinder immer mit einem Säugling abgebildet ist, sind die Neugeborenen vom Hals bis zu den Fersen mit breiten Binden umwickelt. Die Arme sind mit eingebunden, und das Köpfchen ist umwickelt. Diese Methode, die zu einem aufrechten, geraden Körper verhelfen und das Kind obendrein warm halten sollte, ist bei Platon ausführlich beschrieben. Sie wurde etwa bis zum vierten Lebensmonat beibe-

Auch das Jesuskind ist nach antiker Art gewickelt. Mosaik, Kloster Daphnis bei Athen

halten. Die Spartaner allerdings verzichteten – jedenfalls in der Antike – auf die wärmenden Windeln und begannen schon im Säuglingsalter mit der spartanischen, der abhärtenden Erziehung.

Der Säugling der Antike wurde anläßlich des Festes der Amphidromien, einer Reinigungszeremonie, die meist zehn Tage nach der Geburt stattfand, in den Kreis der Familie aufgenommen. Opfer wurden dargebracht. Mutter und Kind, die nach überliefertem Glauben als unrein galten, wurden rituell gereinigt, indem die Hebamme das Kind um den heiligen Herd in der Mitte des Hauses trug und die Mutter und alle, die mit ihr in Berührung gekommen waren, hinterher gingen. Dann erhielt das Kind seinen Namen. Der erstgeborene Sohn einer Familie wurde nach uraltem Brauch nach dem Großvater väterlicherseits benannt. Die Verwandten überhäuften das Kind mit Geschenken. Die Amme, der seine Pflege anvertraut war, behängte es mit Amuletten gegen den „bösen Blick", dem so ein wehrloses, kleines Wesen besonders ausgeliefert war. Schließlich wurde gefeiert, gegessen, getrunken und getanzt.

Der Säugling der christlichen Epoche wird anläßlich der Taufe in die Gemeinschaft der Kirche aufgenommen. Wie ehedem erhält der erstgeborene Sohn den Namen des Großvaters väterlicherseits, der zweitgeborene denjenigen mütterlicherseits. Ebenso wird bei Mädchen mit den Namen der Großmütter verfahren. Sicher auch deshalb haben Namen, die uns aus der Antike überliefert sind, bis in die heutige Zeit überdauert. Bei weiteren Kindern ist die Namenswahl frei. Ausnahmen von dieser Regel gibt es, wenn das zu erwartende Kind aus irgendeinem Grund, sei es wegen einer problematischen Schwangerschaft, von der Mutter einem Heiligen geweiht wird, von dem sie Hilfe erbittet.

Die Wahl des Zeitpunkts der Taufe bleibt den Eltern überlassen. Sicher findet sie nicht vor Ablauf von 40 Tagen nach der Geburt statt. Denn wie in der Antike gilt die Mutter als unrein. Sie darf 40 Tage das Haus nicht verlassen, schon gar nicht ein anderes Haus oder gar die Kirche betreten. Bis in die Gegenwart wird diese Regel streng beachtet. Ihr profaner Hintergrund diente vielleicht dem Schutz von Mutter und Kind. Denn in Agrarländern, wo die landwirtschaftliche Arbeit auch und vor allem von Frauen geleistet wurde (und wird), war es notwendig, die Kinder mit auf das Feld zu nehmen. Bis in unsere Tage benützen sie dann den umgestülpten Sattel ihres Esels als Wiege, während die junge Mutter ihrer Arbeit nachgeht.

Vierzig Tage nach der Geburt begeht die junge Mutter die *sarantissi*, den Vierzigsten. Sie stellt ihr Kind in der Kirche vor, wie einst Jesus vierzig Tage nach seiner Geburt (2. Februar) im Tempel dargestellt wurde, wo ihn der weise Simeon als das Licht bezeichnete. In Verbindung mit frühchristlichen Lichtumzügen am 2. Februar erinnert daran das Fest Mariä Lichtmeß der Westkirche.

Die mit der Taufe erfolgende Aufnahme in die Gemeinschaft der Kirche bedeutet, daß ein Ungetaufter aus dieser Gemeinschaft ausgeschlossen bleibt. Stirbt ein nicht Getaufter, wird er ohne kirchlichen Segen bestattet. Dies erfolgte in frühen Zeiten sogar außerhalb des Friedhofs. Allerdings maßt sich die Orthodoxe Kirche nicht an, die Seele eines ungetauft verstorbenen Kindes als verloren zu betrachten. Das Schicksal der Seele liegt allein in der Gnade Gottes. Gleichwohl gibt es auch in der Orthodoxen Kirche die Nottaufe.

Ansonsten lassen sie sich meist viel Zeit mit der Taufe. Oft laufen die Kinder auf ihren eigenen Beinchen zur Taufe in die Kirche, sind zwei oder drei Jahre alt. Bis dahin sind sie allerdings namenlos. Sie werden mit *Bebi* (Knaben) oder *Beba* (Mädchen) gerufen. Und vielerorts gilt es als schlechtes Omen, wenn jemand ein Kind vor der Taufe mit seinem künftigen Namen anspricht.

Die Taufe ist in erster Linie ein kirchliches Ereignis. Sie erst macht den Menschen zum Christen. Sie ist nach der körperlichen Geburt eine Neugeburt, die Geburt des Geistes. Mit der Taufe Christi im Jordan, als der Heilige Geist herabstieg und sich die Dreifaltigkeit offenbarte, erstand die Welt aus dem Chaos, wurde sie neu geboren. Christi Wirken in der Welt nahm seinen Anfang. Nicht von ungefähr ist Johannes der Täufer nach Maria, der Gottesgebärerin, für das orthodoxe Christentum der zweitwichtigste Mensch und nimmt immer in der Ikonostase rechts neben der Schönen Pforte den Platz unmittelbar neben Christus ein. Seit dem 13. Jh. wird er mit Flügeln dargestellt. Denn er ist ein Bote, ein Engel. Er ist der wiedergekehrte Prophet, der *Prodromos*, der Vorläufer Christi, der die Taufe zur Vergebung der Sünden spendete und den Messias ankündigte.

Manche orthodoxe Christen vermeiden es, ihre Kinder zwischen dem 25. Dezember, der Geburt Christi, und dem 6. Januar, der Taufe Christi, taufen zu lassen. Allerdings bedeutet es eine besondere Nähe zu Christus, am 6. Januar getauft zu werden. Weil die Taufe, die Neugeburt, als Schritt vom Heiden zum Christen für die Urchristen als die wahre Geburt galt, feierten sie auch das Weihnachtsfest bis in das 4. Jh. am 6. Januar. Für einige autokephale Kirchen innerhalb der Ostkirche bedeutet diese Neugeburt als die Neuerschaffung der Welt gleichzeitig den Neubeginn des Jahres.

Die Taufe ist eine rituelle Reinigung, ein rituelles Sterben des Bösen im Menschen durch „Ertrinken" und ein Wiedergeborenwerden des reinen Geistes, die Geburt der Seele. Sie ist das erste Mysterium und macht den Menschen zum Gotteskind. Sie ist unwiederholbar. Durch Weihwasserspenden erfolgt jedoch eine Erneuerung der Taufe.

Es muß nicht betont werden, daß der ncuc Mcnsch, der aus der Taufe hervorgeht, auch äußerlich ein neuer ist. Dies bedeutet, daß sich das Ereignis für die meisten Täuflinge zum persönlichen Drama entwickelt. Ohne Rücksicht auf Alter und Geschlecht wird er in der Kirche all seiner Kleider entledigt und nackt in die Hände des Papas gegeben wie Christus, der entblößt im Jordan steht, während ein Engel neue Kleider bereithält. Eine dichte Menschentraube umringt das Geschehen. Die Mutter hat kaum Gelegenheit, ihr völlig verstörtes Kind zu beruhigen. Der Taufpate als *koumbaros* der Eltern, Großmütter und Tanten versuchen ihr Bestes, doch kaum ein Säugling, der nicht verzweifelt weint und schreit. Mehr noch größere Kinder, denen zwei oder drei Jahre lang ein ausgeprägtes Schamgefühl anerzogen wurde. Sie wehren sich oft vehement gegen das Entkleiden vor allen Menschen und mehr noch gegen das Eintauchen in die *kolymvithra*, das Taufbecken, mit dem für die Taufe geweihten Wasser.

Ich habe selbst Taufen beigewohnt, wo alle Beteiligten „getauft" waren, bevor es dem Papas gelang, den Täufling dreimal unterzutauchen. Denn nachdem der Taufpate gegen Westen, das Reich der Finsternis gewandt, dreimal stellvertretend für den Täufling dem Satan entsagt hat, übernimmt der Papas das Kind und taucht es *„im Namen des Vaters, des Sohnes und des Heiligen Geistes"* dreimal

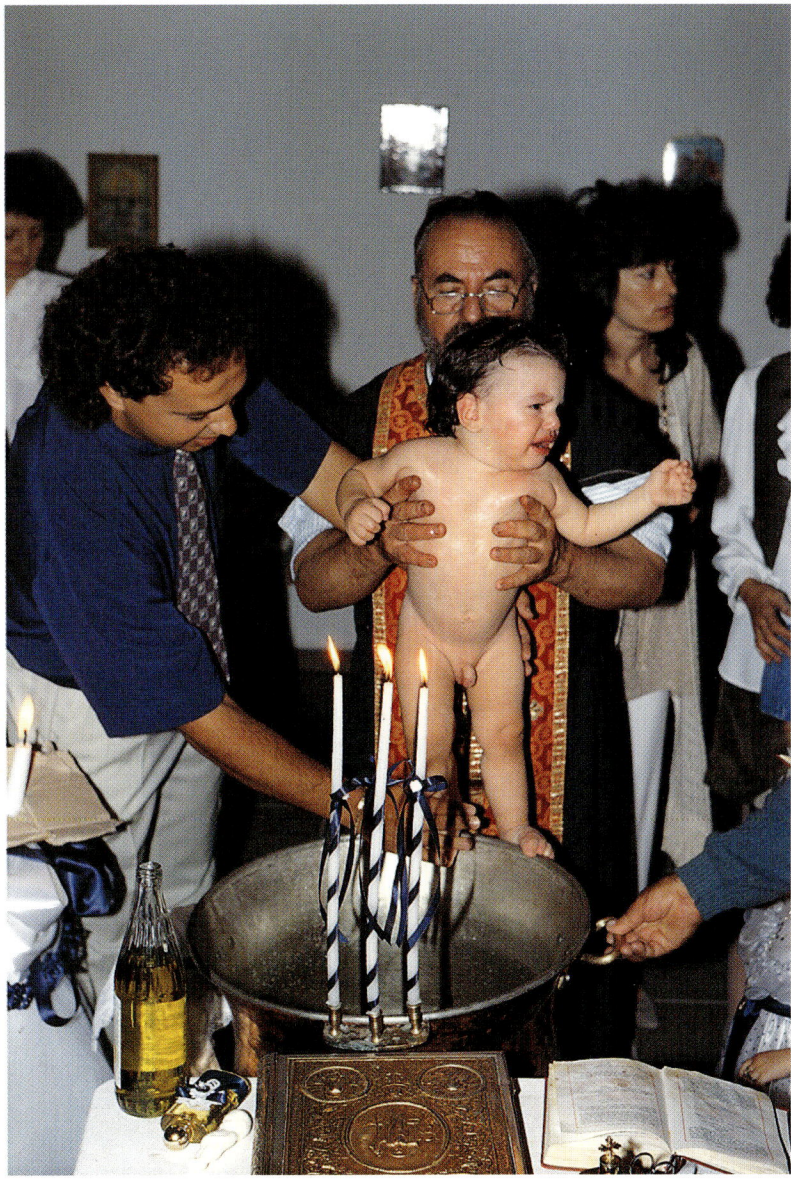

vollständig unter. Wie bei allen Mysterien (Sakramenten) wird auch bei der Taufe der Priester zum Werkzeug Gottes. Nicht er tauft, sondern das Kind wird vermittels der rituellen Handlungen des Priesters durch die Gnade Gottes getauft.

Das geistige Drama, das sich vollzieht, mag für den Außenstehenden gelegentlich wie ein menschliches Drama aussehen und anstelle des erwähnten Geburtsschocks den Taufschock vermuten lassen. Gleichwohl, wenn der Täufling dann in neue, blütenweiße Tücher gehüllt in den Armen des Paten liegt, beruhigt er sich in der Regel sehr rasch.

Im Gegensatz zur Westkirche steht nicht nur das dreimalige, vollständige Untertauchen im Taufwasser. Gemeinschaft der Kirche bedeutet in der Orthodoxie auch die unverzügliche Salbung (Firmung bzw. Konfirmation) und die *koinonia* (Teilnahme an der Eucharistie). Die Myron-

„Daß dieses Wasser ihm werde zum Bad der Wiedergeburt, zur Vergebung der Sünden und zum Kleid der Unverweslichkeit." (Aus: Das Sakrament der Taufe)

155

salbung mit aromatischem Öl erfolgt wie die Taufe nur einmal im Leben. Der Papas salbt mit dem Kreuzeichen Stirn, Augen, Nase, Mund, Ohren, Brust, Hände und Füße des Täuflings, verleiht ihm so die Gaben des Heiligen Geistes und versieht sie mit dem Siegel des Kreuzes.

Dann werden dem Täufling kreuzförmig ein paar Haare abgeschnitten zum Zeichen der Unterwerfung unter Gottes Gesetz. Nonnen und Mönche unterwerfen sich so durch Abschneiden der Haare bzw. die Tonsur, während langes Haar und Bart östlicher Orden die Trauer um die Sünden der Welt und um die eigenen Sünden zum Ausdruck bringen ebenso wie die schwarze Ordenskleidung. Im profanen Bereich symbolisiert der kurze Haarschnitt der Soldaten den Gehorsam gegenüber den weltlichen Gesetzen.

Dem Täufling werden auch das dritte und vierte Mysterium zuteil. Wie die Katholische Kirche kennt die Ostkirche die Beichte und Vergebung der Sünden durch den Priester. Es ist nicht die geheimnisvolle Ohrenbeichte im Beichtstuhl. Es ist ein vertrauliches Gespräch zwischen Papas und Gläubigen. Dann legt der Papas dem vor ihm Knienden das Epitrachelion auf das Haupt. Aber nicht er spricht kraft seines Amtes von Sünden frei, vielmehr werden kraft der Gnade Gottes die Sünden vergeben. Immer ist eine Christusikone dabei, in der Kirche sowieso, und wenn die Beichte eines alten oder kranken Menschen zu Hause abgenommen wird, wird ein Tisch mit der Ikone, Kerzen, einem Schälchen Wasser und Basilikum in einem kleinen Altar verwandelt.

Der Täufling ist kraft des Mysteriums der Taufe von der Erbsünde befreit und bereit zur *koinonia*, zur Gemeinschaft mit Christus und allen Gläubigen. Er ist bereit zur Teilnahme am heiligsten Mysterium, der Eucharistie. Auch dem allerkleinsten Menschenkind werden nun auf einem silbernen Löffelchen Leib und Blut Christi in Gestalt von Brot und Wein eingeflößt.

Es ist nicht der von der Westkirche vorausgesetzte reale menschliche Verstand, das im Kopf vorgehende Begreifen des Wunders der Auferstehung, das den orthodoxen Christen zur Teilnahme an den Mysterien berechtigt. Es sind die Taufe und der *photismos*, die Erleuchtung, die für die Entwicklung der Seele verantwortlich sind, die den Menschen zum Christen machen und ihn auch bereit machen zur innigen Gemeinschaft mit Gott. Es ist die Salbung, die ihm einen viel höheren, den Heiligen Geist verleiht.

Nun wird der neue Mensch in lauter neue, prächtige Kleider gehüllt. Angefangen von den Windeln bis zum schmückenden Kopfputz muß alles funkelniegelnagelneu sein. Und welche griechischen Eltern, welcher Taufpate vor allem, würde sich das nicht etwas kosten lassen? Denn der Taufpate oder die Taufpatin ist nun Vater oder Mutter vor Gott. Es ist eine geistige Verwandtschaft, die bei gläubigen Christen höhere Bedeutung hat als die leibliche Verwandtschaft zum Elternteil. Ebenso wie in den durch Trauzeugenverwandtschaft verbundenen Familien dürfen die Mitglieder von durch Taufpatenverwandtschaft verbundenen Familien untereinander nicht heiraten. Um diese Einschränkung in Grenzen zu halten, ist der Trauzeuge in der Regel auch Pate zumindest des ersten Kindes, taufen weibliche Paten nur weibliche und männliche Paten nur männliche Täuflinge.

Auch Geschenke erhält der Täufling von allen Seiten. Das wichtigste Geschenk aber ist das goldene Kreuz am goldenen Kettchen vom Paten, das ihn von nun an immer gegen alles Böse beschützen wird, wie das Amulett den heidnischen Säugling gegen den „bösen Blick" schützen sollte. Manche allerdings wollen ganz sicher gehen. Sogar im aufgeklärten Athen ist es mir noch vor nicht allzuvielen Jahren begegnet, daß dem frisch getauften Kind das Kreuz umgehängt wurde, daß aber auch irgendeine fürsorgliche Patin, Tante, Oma, wer auch immer, ihm noch rasch mit einer Sicherheitsnadel die *„thalassini chandra"*, die blaue Perle, an die Schulter heftete. Denn der „böse Blick" trifft bekanntlich von hinten.

Am Ende der Feier nimmt der Papas den kleinen Prinzen, die kleine Prinzessin in Empfang und stellt ihn oder sie Gott und der ganzen Gemeinde vor. Vor der Schönen Pforte stehend, hebt er das neue Mitglied der Gemeinde hoch und zeichnet mit ihm das Kreuzzeichen. Knaben trägt er in den Altarraum, der von Mädchen oder Frauen traditionsgemäß nicht betreten werden darf. Nur in den linken Seitenraum haben in Ausnahmefällen Frauen Zutritt. Allerdings gibt es dafür in der Kirchenlehre keinerlei Grundlage, vielmehr beruht diese Überlieferung auf alttestamentarischen Regeln. Aufgeschlossene orthodoxe Geistliche sind daher bemüht, eine allmähliche Gewöhnung der Gläubigen dahingehend einzuleiten, daß jeder Getaufte, Christ oder Christin, Zutritt zum Altarraum hat. Selbstverständlich bleibt die Schöne Pforte, das Tor zum Paradies, immer dem Priester zu liturgischen Handlungen vorbehalten – letztlich auch zur Darstellung des neu Getauften.

Nun ist das Menschenkind, das Gotteskind, wirklich geboren, neu geboren durch die Taufe. In frühen Jahrhunderten zählten Christen sogar ihr Lebensalter nach dem Zeitpunkt der Taufe. Vielleicht ist dies auch mit ein Grund, daß von sehr alten Menschen in Griechenland das wahre Lebensalter manchmal nicht genau feststellbar ist. Zwar steht im Ausweis ein Geburtsjahr. Aber gelegentlich finden sich Bekannte, die sich erinnern, daß der- oder diejenige älter war als man selbst, sich in einer höheren Schulklasse befand, was nichts anderes heißt, als daß bei einer Registrierung ein späteres Geburtsjahr angegeben wurde. Vielleicht das Jahr der Taufe?

Nach der kirchlichen Zeremonie nehmen die glücklichen Eltern ihren Sprößling in Empfang ebenso wie die Gratulation aller Verwandten, Freunde und Bekannten, die in die Kirche geströmt sind. *„Na sas zeisei! – Es soll Euch leben!"* ertönt es von allen Seiten, und das neue Mitglied der Gemeinschaft bedankt sich mit einem kleinen Geschenk, entweder der *kouphetta*, dem süßen Geschenk, das auch nach der Hochzeit überreicht wird, oder neuerdings auch mit einem Porzellanfigürchen, einem Rähmchen mit dem Bild des Kindes, einem geflochtenen Blumenkörbchen oder sonst etwas. Alles zierlich klein, bei Mädchen mit rosa, bei Jungen mit blauem Schleifchen versehen, und auch dazu immer ein paar Zuckermandeln. Jeder Gast erhält auch eine Anstecknadel, rosa oder blau, mit einem kleinen Panagia-Medaillon versehen, manchmal auch mit der blauen Perle. Und wie in der Antike wird im Anschluß gefeiert.

Sollte der Täufling ein Erwachsener sein, ist die Zeremonie die gleiche. In der Sakristei wird auch er seiner alten Kleider entledigt. Vom Hals bis zu den Füßen in ein weißes Gewand gehüllt steigt er in das Taufbecken, wird dreimal mit dem heiligen Taufwasser übergossen und von seinem Paten neu eingekleidet.

„... damit er nicht mehr ein Kind des Fleisches sei, sondern ein Kind Deines Reiches werde." (Aus: Das Sakrament der Taufe)

PALME

Phoenix theophrastii

Wir sprechen hier von der in Kreta heimischen Palmenart, die mit der nordafrikanischen Palme verwandt ist. Es handelt sich um die wilde Dattelpalme, die wahrscheinlich schon in minoischer Zeit nach Kreta kam, als enge Beziehungen zu Ägypten bestanden. Sie ist die einzige Palme, die in Griechenland wildwachsend vorkommt und auf Kreta zusammenhängende Wälder bildet. Ihre Früchte dienen zwar nicht zum Verzehr, aber ihre Fremdartigkeit hat seit minoischer Zeit nicht an Faszination eingebüßt. Sie verleiht Küstenstreifen, wo sie ihre Wurzeln in Salzwasser nährt, einen Hauch von Südseezauber. Allerdings ist die Anziehungskraft der Palmenstrände so groß, daß die Bestände neuerdings ernsthaft bedroht sind.

Ewig jung seit minoischer Zeit ist jedoch das Palmettenmotiv als Dekorationselement ebenso wie der Mythos von Leto, die die göttlichen Zwillinge Apollo und Artemis auf Delos unter einer Palme geboren hat. Denn die delische Palme kommt wie das Palmettenmotiv aus Kreta, als nämlich Theseus, nachdem er den Minotauros getötet hatte, mit seinen jungen Athenerinnen und Athenern auf Delos zu Ehren des Apoll den Kranichtanz tanzte und Wettkämpfe veranstaltete. Die Sieger bekränzte er mit Palmzweigen.

Olivenernte

*Olivenhain
im Winter*

Die Olive ist in ganz Griechenland heimisch. Auf Kreta gilt sie als das Gold der Insel. Wenn sich aus irgendeinem Grund, vor allem, weil es im Frühjahr, während der Blütezeit, zu wenig Wind gegeben hat oder im Herbst, kurz vor Beginn der Ernte, kein Regen gefallen ist, eine schlechte Olivenernte abzeichnet, fragen die Kreter düster: *„Was sollen wir im nächsten Jahr essen?"*

Tatsächlich hat fast jeder Kreter wenigstens ein paar Olivenbäume, die ihm zumindest das Öl für den Hausgebrauch sichern. Und die Kreter verzehren viel Öl, was zur Folge hat, daß sie in der Statistik der Gefäßkrankheiten das Schlußlicht in Europa bilden. Olivenbauern mit größeren Plantagen verkaufen ihr Öl, womit sie einen Teil ihrer notwendigen Geldmittel erwirtschaften.

Auf Kreta allein gibt es ca. 30 Millionen Ölbäume (Griechenland ca. 140 Millionen). Herakles soll den wilden Ölbaum aus dem Land der Hyperboreer nach Kreta gebracht haben. Tatsächlich wird der wilde Ölbaum seit den 3. Jt. v. Chr. kultiviert. Seit minoischer Zeit war das Öl nicht nur Nahrungsgrundlage, vielmehr diente es auch der Körperpflege, spendete Licht, war Heilmittel und wurde nicht zuletzt bei religiösen Ritualen verwendet. Wie Christus wurden später Könige und Kaiser gesalbt. Der Täufling erfährt die Myronsalbung als Gabe des Heiligen Geistes. Der Totkranke findet in der Krankenölung geistige und körperliche Heilung.

Das besonders harte Holz des Ölbaumes diente vor allem der Gewinnung von Holzkohle, die wiederum in der Metallurgie Verwendung fand, aber auch zur Herstellung von Werkzeugen und Möbeln. Herakles selbst benutzte eine Keule aus Olivenholz, um den Löwen im Kithairon-Gebirge zu töten. Sehr viel bekannter ist der Streit zwischen Athene und Poseidon um die Herrschaft über die Stadt Athen. Athene schenkte der Stadt und der Landschaft Attika den Ölbaum und siegte. In Olympia diente der Ölzweig als Siegespreis. Nach

Köhlerei

Oft bis zu 1000 Jahre alt sind die Olivenbäume, die jetzt ausgewechselt werden

der Sintflut brachte die von Noah ausgesandte Taube einen Ölzweig als Friedenszeichen Gottes. Und so gilt der Ölzweig bis in unsere Tage als Friedenssymbol, das in der Orthodoxen Kirche am Palmsonntag an die Gläubigen verteilt wird.

Der Ölbaum ist relativ anspruchslos. Wenn es im Winter ausreichend regnet, ist er mit seiner ökonomischen Struktur in der Lage, den ganzen Sommer mit der gespeicherten Feuchtigkeit auszukommen. Doch er braucht viel Platz, damit er seine Wurzeln weit ausdehnen kann; soweit wie seine Baumkrone. Die schmalen, ledrigen Blätter verdunsten kaum Feuchtigkeit. Wenn dann zur Blütezeit im April bis Mai der Wind richtig fegt, ist die halbe Ernte schon gesichert. Denn die Olive ist ein Windbestäuber. Nur kurz vor der Ernte, im Oktober, sollte es noch einmal kräftig regnen, damit die Früchte Fleisch ansetzen.

Olivenbäume werden viele hundert Jahre alt und beginnen erst nach einem Menschenalter Früchte zu tragen. In alten Zeiten galt der Spruch: *„Der Großvater pflanzt für den Enkel."*

Doch die Zeiten haben sich geändert. Schnelltragende, kleinwüchsige Züchtungen sind gefragt. Die alten, ehrwürdigen Bäume mit ihren dicken, knorrigen Stämnen verschwinden immer mehr aus der kretischen Landschaft und machen zierlichen Ölbäumen Platz, die schon nach drei Jahren die ersten Früchte tragen. Und seit die Europäische Gemeinschaft jeden neu gepflanzten Ölbaum subventioniert, hat für die alten Kumpane das letzte Stündlein geschlagen. Nur noch in wenigen Gegenden wie im archäologischen Gelände der römischen Stadt Gortys in der Mesara kann man sie bewundern. Dafür hat die Köhlerei auf Kreta wieder Hochkonjunktur. Denn die uralten Stämme und Wurzelstöcke werden zu Holzkohle verarbeitet; ein einträgliches Geschäft in einem Land, wo Gegrilltes besonders beliebt ist.

Über weite Strecken beherrschen nun die wie mit dem Lineal gezogenen, modernen Olivenplantagen die Landschaft. Die jungen Züchtungen müssen jedoch bewässert werden, denn sie sind längst nicht so widerstandsfähig wie ihre Vorfahren, was einem neuen Industriezweig, dem Bewässerungsbau, eine Blüte beschert. Der kretischen Natur werden jedoch auf lange Sicht nicht wiedergutzumachende Schäden zugefügt. Allerdings sind die modernen Oliven sehr viel ertragreicher. Zwischen 15 und 30 kg Öl liefert ein Baum. Ein durchschnittlicher Bauer besitzt zwischen 500 und 1500 Ölbäume.

Wenn nun Wind und Wasser ihren Dienst getan baben, beginnt schon im September die Vorbereitung der Ernte. Riesige schwarze, feinmaschige Netze werden sorgfältig unter den Bäumen ausgebreitet und mit Steinen beschwert. In ihnen sammeln sich die Oliven, die ab Oktober allmählich anfangen abzufallen. Aber noch hat es Zeit. Erst im Laufe des November denken die Bauern ernsthaft an die Ernte, die sich, je nach Höhenlage, bis in den April hineinzieht. Denn die Olivenernte ist die längste Ernte in der gesamten Landwirtschaft. Daran hat sich seit minoischer Zeit nichts geändert.

Ein Ausflug in die Oliven macht aber erst so richtig Spaß ab Januar. Auch für die Bauern, für die es eigentlich harte Arbeit ist, bedeutet „na pame stis elies" fast soviel wie „wir machen einen Ausflug". Sie lieben diese Tage draußen in der erwachenden Natur, wenn die Luft frisch und klar ist und sie nicht von der Sonne verbrannt werden.

Ich hatte keine Ahnung, warum Zambia am Abend noch unermüdlich in der Küche werkelte, kochte und brutzelte. Für mich war nur wichtig: Morgen, um acht Uhr etwa, sollte es losgehen. Zum ersten Mal konnte ich dabei sein. Vorsichtshalber fuhr ich mit meinem eigenen Auto hinter dem Kleinbus her, in dem die Familie versammelt war; denn ich konnte mir nicht vorstellen, den ganzen Tag draußen auszuhalten. Die Arbeit würde mir Stadtfrack sicher zu schwer sein. Und nur herumzustehen, herumzusitzen würde auf die Dauer langweilig. Vonwegen.

Es war, wieder einmal auf Kreta, ein Traumtag. Mitten im Januar und eine Temperatur von 18 Grad. Sonnenschein. Blauer Himmel. In der Ferne die schneebedeckten Gipfel des Psiloritis auf der einen und des Dhikty-Gebirges auf der anderen Seite. Und die Olivenhaine, die ich nur grau, braun, staubig und ausgetrocknet kannte! Ein Velourteppich aus Klee überzog den Boden. Einfach zum Hineinwerfen und sich wälzen. Ich konnte es nicht fassen. Ich ging wie auf Watte.

Wir waren zu fünft: meine Freunde, Vater, Mutter und Sohn, ein albanischer Illegaler, der sich den Lebensunterhalt für seine Familie für das kommende Jahr verdiente, und ich. Noch stand ich mit der Kamera in der Hand herum, fotografierte und beobachtete. Jeder wußte, was er zu

Antonis beim Beschneiden der Olivenbäume

Mit technischer Hilfe werden die Früchte vom Baum geschlagen

tun hatte. Der Vater kletterte, mit einer Säge bewaffnet, auf die Bäume, schnitt da und dort einen Ast aus. Denn die Kunst des Beschneidens ist seit altersher entscheidend für den Ertrag. Der Sohn und der Albaner waren mit der Technik beschäftigt. Ein Dieselmotor machte höllischen Lärm und betrieb zwei lange Stangen, an deren Ende dünne Gummifinger wirbelten. Damit fuhren sie in die Zweige und schlugen die Oliven herunter. Denselben Zweck erfüllten die Stockschläge des Vaters auf die ausgeschnittenen Äste, die am Boden lagen. Ich bekam eine Vorstellung von der Mühe der Olivenernte,

161

als es noch keine dieselbetriebenen „Erntehelfer" gab. Denn in früheren Zeiten wurden die Oliven, die nicht von selbst abfielen, mit Stöcken von den Bäumen geschlagen. Die Stöcke lieferte die *mournia,* der Maulbeerbaum, die besonders lange und gerade Äste hervorbringt. Als es noch keine Nylonnetze gab, wurden die Oliven einzeln vom Boden aufgelesen und von Stengeln und Blättern gereinigt. Wehe dem Bauern, der nicht mindestens fünf Kinder hatte. Durch die technische Hilfe schaffte Zambia das Einsammeln ganz allein. Heute erhielt sie allerdings einen Helfer, nämlich mich.

Aus den abgeschlagenen Oliven muß der Abfall entfernt werden

Eine „phabrika" aus dem 19. Jh.

Gemeinsam entfernten wir die Steine, die die Netze beschwerten. Gemeinsam hoben wir die Netze vom Rand her hoch, rüttelten und schüttelten von allen Seiten, bis die abgefallenen und abgeschlagenen Oliven auf einem Häufchen lagen, zusammen mit Blättern, verdorrten Zweigen, Schnecken und was sonst noch an natürlichem Unrat möglich war. Saubermachen, den Mist ausklauben. Zambia zeigte mir, wie. Puh! Nach zwei Minuten schmerzte mein Kreuz. Ich ging in die Knie. Die Oberschenkel und Waden protestierten spürbar. Schließlich setzte ich mich auf den Boden. Aber der war feucht. *„Das reicht! Das reicht!"* Wie die alten Minoer war ich drauf und dran, jedes einzelne schmale Olivenblatt auszuklauben. *„Das macht die Maschine",* wurde ich belehrt, und es ging ans Einsacken. Jetzt wurde die Arbeit schon leichter, und nachdem ich die ersten beiden Olivenhaufen gesäubert hatte, beschloß ich, mich noch über zwei, drei zu machen und mich dann zu verabschieden. Ich wußte ja jetzt, wie es bei der Olivenernte zugeht.

Aber dann war der Tag doch zu schön, die Gesellschaft zu fröhlich. Und ich schämte mich. Ich blieb. Schuftete weiter. Mein Kreuz und meine Beine spürte ich schon nicht mehr. Aber ich bekam Durst. Denn selten hatte ich bei der Arbeit so geschwitzt. Gerade wollte ich ansetzen und schüchtern um einen Schluck Wasser bitten, da verkündete Zambia: *„Jetzt wird gegessen!"* Wie bitte? Natürlich. Schließlich kann der Mensch nicht den ganzen Tag ohne Essen sein. *„Oriste – bitte sehr!"*

Ein weißes Tischtuch im grünen Klee. Drumherum volle Olivensäcke und umgestülpte Obstkisten aus Plastik als Sitzgelegenheiten. Auf dem Tischtuch mehrere Gefäße der Gattung Tupperware, eine Plastiktüte mit Brot, eine mit Orangen, eine mit Tomaten. Käse. Ein Kanister mit frischem Wasser. Eine Flasche mit Wein, eine mit Raki. Für jeden ein Teller und eine Gabel. Papierservietten nicht zu vergessen. Zambia schnippelte Tomaten. Salz darüber, fertig der Salat. Und in der Tupperware? Kaninchenstiphado, gebratenes Huhn, mit Käse überbackener Blumenkohl. Deshalb also gestern abend der Aufstand in der Küche.

Ich bin mir nicht sicher, ob dieses opulente Mahl nicht mir zu Ehren stattgefunden hat, ob sie nicht sonst, unter sich, bescheidener speisen. Ob nicht auch in minoischer Zeit die Ernteausflüge erheblich bescheidener verliefen. Wahrscheinlich.

Für mich war es jedenfalls das herrlichste, fröhlichste Picknick, das ich je genossen habe.

Ehrensache, daß ich den ganzen Tag dabeiblieb und kräftig zulangte – nicht nur beim Essen. Bei Sonnenuntergang luden wir dreizehn Säcke voller Oliven in den Kleinbus. *„Schwer sind die Säcke"*, stellte der Albaner fest. *„Die Deutsche hat sauber gearbeitet".* Wollte sagen: Es waren mehr Oliven als Blätter und Zweige in den Säcken.

Am Abend rieb mir Zambia das schmerzende Kreuz und die Beine mit Voltaren-Salbe ein, und wir saßen noch lange vor dem Küchenherd, wo die Olivenscheite knisterten, der Wassertopf summte und gebratene Maroni ihren Duft verbreiteten.

In früheren Zeiten hatte jeder Bauer seine eigene, von Hand, sprich von Zugtier betriebene Ölpresse. In minoischen Landgütern ebenso wie in verlassenen Bauernhäusern des 20. Jh. sind Relikte erhalten, die beweisen, daß sich an der alten Technik des Stampfens der Oliven und des Pressens des in Säcke aus Tierhaaren gefüllten Breies nichts geändert hatte. Immer schon war das Öl der ersten Pressung das wertvollste. Das verbliebene Fruchtfleisch wurde nach einer Lagerung von ca. drei Wochen, während der es sich erwärmt hatte, erneut ausgepreßt und ergab ein weniger gehaltvolles, herbes Öl. Die dritte Pressung erfolgte unter Zugabe von heißem Wasser im Ölausscheider, einem Ton- oder Steintrog, mit einer Öffnung im Boden. Während das Öl nach oben stieg, flossen Wasser und der Oliventreber durch ein Rohr ab.

Heute hat jedes Dorf sein *ergostasio*, seine *eleiotrivio*, seine mechanische Ölpresse. Gelegentlich hört man auch noch das Wort *phabrika*, denn die Ölpresse war und ist die einzige „Industrie" in den Dörfern, die einzige Fabrik. Jeder Bauer hat bestimmte Tage, an denen seine Oliven gepreßt werden, damit er auch „sein" Öl bekommt. Die Oliven werden per Gebläse von Unrat getrennt und anschließend gründlich gewaschen. Dann gehen sie in die Presse. Der dunkle, grau-grün-braune Saft, der dabei herauskommt, hat noch keinerlei Ähnlichkeit mit Öl. Aber auch er wird gewaschen. Der Vorgang ähnelt der Ölabscheidung der Alten. Es wird Wasser beigemischt, kaltes Wasser jedoch. Der restliche Schmutz und Fremdstoffe aller Art setzen sich ab. Das reine Öl schwimmt klar und grünlich-gelb bis goldfarben, je nach Sorte der Oliven,

Sauber gewaschen geht's in die Presse

Das „Gold" fließt

oben, fließt von dort aus in ein Becken und wird in Fässer abgefüllt. Das war's. Kaltgepreßtes Olivenöl aus Kreta. Das beste Olivenöl der Welt. Italien kauft kretisches Olivenöl, um durch Beimischung zum eigenen eine bessere Qualität zu erzielen oder gar, um es als eigenes Produkt zu verkaufen.

Was aus dieser ersten und einzigen Pressung übrigbleibt, eine braune, übelriechende Masse, wandert in eine zentrale Fabrik und wird zu Industrieöl und Seife verarbeitet. *Peirina*, die verbleibende Trockenmasse, dient als Brennmaterial. Die Restflüssigkeit, das übelriechende *katsigaro,* versickert irgendwo im Fluß-bett oder in der Erde und stellt nach neu-en Erkenntnissen ein Umweltproblem dar, weil er Arsenik anreichern soll.

Wie in minoischer Zeit werden die zum Verzehr bestimmten Oliven nach mehrfa-cher Wässerung in Salzlake eingelegt. Fast jede kretische Hausfrau hat ihr eige-nes Geheimrezept, um diesen Oliven durch Beigabe von Kräutern einen beson-deren Geschmack zu verleihen. Am leckersten sind die Oliven jener Frauen, die sich die Mühe machen, jede einzelne Frucht mit einer Rasierklinge zu ritzen.

Die letzten Ernteausflüge im März und April gelten den inzwischen reifen, schwarzen Oliven. Dann heißt es, die Net-ze zu säubern und einzurollen. Die aus-geschnittenen Äste werden grob von Zwei-gen befreit und als Brennholz für den nächsten Winter nach Hause transpor-tiert.

An windstillen Tagen steigen dann über den Olivenhainen weiße Rauchwolken in den Himmel, wenn die dürren Zweige und Blätter zu Haufen gesammelt verbrannt werden.

Alkyonidhes Meres – Die alkyonischen Tage

Sanft wärmt die Winter-sonne

Es riecht wieder nach Frühling. Gegen Ende Januar werden die Tage deutlich länger. Die Kraft der Sonne nimmt zu. Die Luft ist glasklar, der Himmel tiefblau. Kein Lüftchen regt sich. Die Olivenernte läuft auf Hochtouren. Aber eine kleine Pause muß sein, um sich zu recken und zu strecken, den müden Rücken ein we-nig zu entlasten, die Augen für einen Au-genblick zu schließen und sich die Sonne ins Gesicht scheinen zu lassen.

Ein tiefer Atemzug: *„Avtes ine i alkyo-nidhes meres, pou leme! – Das sind die al-kyonischen Tage, wie man so sagt!"* – *„Wieso? Was bedeutet das?"* – *„Ach, ich weiß nicht. Ich glaube, es hat irgend etwas mit der Mythologie zu tun. So nennen wir die ersten warmen Tage, wenn der Winter zu Ende geht und die Erde anfängt zu duf-ten."*

Mehr kann mir Zambia dazu nicht sa-gen. Die Stimmung erinnert mich an un-seren Altweibersommer, wenn es im Okto-ber noch einmal warm wird, windstill und klar ist und die Tautropfen in den Spinn-weben glitzern. Nur ist es dort eben herbstlich bunt, während Kreta in fri-schem Grün prangt und der Frühling vor der Tür steht.

Alkyone? Der Name kommt mir bekannt vor. Richtig. Das war doch die Tochter des Aiolos, des Gottes der Winde. Sie war mit Keyx, dem Sohn des Morgensterns, ver-heiratet. In ihrer Verliebtheit waren die beiden so vermessen, daß sie sich Zeus und Hera nannten – obwohl diese beiden eigentlich nicht so besonders glücklich miteinander waren. Gleichwohl, das olympische Götterpaar war sauer. Und als Keyx eines Tages zu Schiff auf Reisen war, sandte es einen Sturm und Keyx ertrank. Der Gott der Träume sandte Alkyone den

Geist des Keyx. Aus Verzweiflung stürzte sie sich ins Meer. Irgendein mitfühlender Gott verwandelte Alkyone und Keyx in Eisvögel.

Die antiken Quellen verraten dazu noch, daß das Eisvogelweibchen jeden Winter seinen toten Gefährten furchtbar bejammert, dann ein Nest baut, das es auf den Wellen des Meeres treiben läßt und darin seine Eier ausbrütet, und zwar in den vierzehn Tagen um die Wintersonnenwende, wenn angeblich Aiolos seine Winde im Zaum hält.

Es stimmt, daß die Ägäis besonders in diesen Tagen ruhig ist. Nicht stimmt allerdings, daß der Eisvogel sein Nest auf dem Meer treiben läßt. Vielmehr legt er seine Eier in der Zeit der Wintersonnenwende in Höhlen am Strand oder – in festländischen Gefilden – in Höhlen von Flußböschungen ab. Ein Weiteres zur naturwissenschaftlichen Seite dieser zauberhaften Geschichte: Der Eisvogel ist ein exzellenter Fischer. Wie erstarrt lauert er am Ufer auf seine Beute und stürzt sich dann wie ein blauer Pfeil in die Tiefe. Wie Alkyone, die sich ins Meer stürzte?

Aber vielleicht war ja Alkyone die Große Göttin und Keyx der Heilige König, der jedes Jahr starb und wiedergeboren wurde, um mit der großen Göttin den Fruchtbarkeitskult des *hieros gamos*, der Heiligen Hochzeit, zu erneuern. Vielleicht symbolisieren sein Tod und seine Wiedergeburt in Gestalt des Eisvogels das Absterben und Wiedererwachen der Natur.

Alkyonisch still ist das Meer um die Jahreswende

Hier findet der Eisvogel im Winter Quartier

Allgemeine Lebensregeln

- Wenn Dir ein Haar vom Kopf ins Gesicht fällt, bekommst Du Besuch. Wenn Besucher nicht gehen wollen, mußt Du eine Prise Salz auf ihren Stuhl streuen.
- Wenn Dir eine Auge flattert, siehst Du bald einen lieben Menschen.
- Wenn Dich die Ohren jucken, bekommst Du Besuch.
- Wenn Dich die linke Hand juckt, bekommst Du viel Geld.
- Wenn Dich die rechte Hand juckt, wirst Du viel Geld ausgeben.
- Wenn Dich die rechte Hand kitzelt, wirst Du bald einen Angehörigen begrüßen.
- Nach Sonnenuntergang darfst Du weder Brot, noch Eier, noch Essig, noch Sauerteig ausleihen.
- Wenn Du zwei Haarwirbel hast, wirst Du zweimal heiraten.
- Wenn Du den Vollmond siehst, greif nach etwas Goldenem, damit dein Säckel immer gefüllt bleibt.
- In einem Schaltjahr sollst Du nicht heiraten, keine Reben pflanzen, keine großen Unternehmungen starten und keine großen Reisen machen.
- Am Monatsersten sollst Du keine Fehler machen, damit Du nicht den ganzen Monat Fehler machst.
- Am Monatsersten sollst Du die Worte *pontiki* (Maus) und *mamouna* (Kakerlake) nicht aussprechen, damit sie Dir nicht ins Haus kommen.
- Wenn die Katze auf Dein Bett springt, erwartet Dich Ärger mit Deinem Mann.
- Wenn Du ein Ameisennest im Haus hast, wirst Du sehr reich werden.
- Wenn Du beim Brotessen viele Brösel auf dem Tisch läßt, bekommst Du viele Kinder.
- Wenn Du ein neues Haus baust, sollst Du in das Fundament einen Hahn, Weihwasser und eine Goldmünze einbauen.
- Der Bauer soll nicht von seinen ersten Erzeugnissen abgeben, damit seine Ernte gut wird.
- Wenn Du jemanden verfluchst, sollst Du Salz in Wasser auflösen, damit der Fluch nicht auf Dich zurückfällt.
- Wenn Du Wein verschüttest, bedeutet es Wut, Salz bedeutet Trennung, Öl aus der Lampe bedeutet Schmutz und Kaffee bedeutet Glück.
- Wenn Dir ein Frosch über den Weg hüpft, mußt Du ihn töten, denn er bedeutet Unglück. Deshalb sagt man auch zu jemandem, der Pech hat: *„Dir ist wohl ein Frosch über den Weg gehüpft."*
- Am Abend die Stube auszukehren heißt, den Hausherrn hinauszutragen, d. h., er wird sterben.
- Am Samstag darf nicht gepflanzt werden, wenn die Stecklinge Früchte tragen sollen.
- Bei Vollmond wird gepflanzt, bei Neumond geerntet (vor allem Kartoffeln).
- Knoblauch, neben der Haustür aufgehängt, hält Schlangen fern.
- Feuer darf nicht am Samstag geholt werden, denn das bringt Unglück (galt in einer Zeit, als sich Hausfrauen noch mit der Glut aus dem *mangali*, dem Kohlebecken, gegenseitig aushalfen).
- Wenn Du eine Sternschnuppe siehst, geht Dir ein Wunsch in Erfüllung.

Literaturhinweise

Aranca: Christos anesti, Zürich 1968

Baumann, Helmut: Die griechische Pflanzenwelt in Mythos, Kunst und Literatur, München 1993

Bockhoff, Baldur: Griechenland, München 1987

Der Kleine Pauly: Lexikon der Antike in fünf Bänden, München 1979

Galistis – Mantzaridis – Wiertz: Glauben aus dem Herzen, München 1988

Geronymakis Kanakis: Sphakiani Laographia, Athen 1993

Lampithianaki – Papadaki E.: Laographia Kritis, Band A u. B, Heraklion 1982

Nilsson, Martin P.: Griechische Feste von religiöser Bedeutung, Mailand Reprint 1975

Rahner, Hugo: Griechische Mythen in christlicher Deutung, Freiburg 1992

Ranke – Graves, Robert von: Griechische Mythologie – Quellen und Deutung, Reinbek 1992

Raphtis, Alkis: Enkyklopaidia tou ellinikou chorou, Athen 1995

Raphtis, Alkis: O kosmos tou ellinikou chorou, Athen 1985

Sachs – Badstübner – Neumann: Christliche Ikonographie in Stichworten, Leipzig 1988

Spitzing, Günther: Lexikon byzantinisch christlicher Symbole, München 1989

Störtenbecker, Rainer: Geheimnisvolles Griechenland, Buxtehude 1994

Tzermias, Pavlos: Neugriechische Geschichte, Tübingen 1986

Vuidaskis, Dr. Vassilis: Tradition und sozialer Wandel auf der Insel Kreta, Heidelberg 1977

sowie Band 16 aus: Kriti, to aphieroma

Zitate sind entnommen aus „*Der Orthodoxe Gottesdienst*", Matthias Grünewald-Verlag, Mainz

Zauberstrand Myrtos auf Kephalonia

Badespaß an Korfus Stränden